U0904108

历史是个商学院

流血的历史经验　不败的商业智慧

中国的大企业，经常有大一统官僚帝国的架势；
中国的小企业，很少能跳出传统小农经济运作模式的窠臼；
中国社会最具竞争力的企业，都有点军队的风格……

张晓刚◆著

CNS
PUBLISHING & MEDIA
中南出版传媒

湖南科学技术出版社

献给我的父亲、母亲、妻子和儿子。

经济学家和政治学家的思想，无论正见，还是谬论，其影响深远，为常人所难料。但平心而论，唯有这些思想，才是支配世界的力量。自命远离书本的实践家，往往是某位过气经济学家的理论仆从。而自称天佑神助的政坛狂人，究其妄念来源，也无非是几年前流行一时的某位三流学者。我坚信，纵使根深蒂固的利益，亦远不足以匹敌逐渐蔓延的思想。

——约翰·梅纳德·凯恩斯（英国，经济学家）

《就业、利息和货币通论》1935年

自 序

这本书里所汇集的，是为实践者写的读史笔记。它们是我自20世纪80年代、90年代在美国学习政治学、管理、传播学、社会学和历史，以及后来在国际企业就职时，重新审视国故而不断积累的心得。最近几年，我作为媒体财经报道的策划顾问，也有机会采访国际政要、企业家和管理学者，得以进一步深化思想。在整理这些笔记的时候，我大致按管理教育的主要科目做了分类，为的是方便阅读，也为了具有一定的系统性。

出版这些笔记的目的，就是为了像与我一样从事各行各业管理实践的人提供一种新的读史体验：富有批判精神但无意贩卖愤恨，长于思辨但不咬文嚼字，充满想象但不脱离现实，饶有兴致但日后也会派上用场。

我们整天工作太忙，无法忍耐空洞说教和烦琐理论；我们每天处理的事太琐碎，也没有必要给自己的脑袋再塞进一些不相干的细节。我们读史，重点是要用自主的眼光去审视或重新审视那些华夏民族共同的，甚至方方面面都被史料专家反复讨论过的经验，以便从中获取那些新近发生、但尚未充分讨论的管理案例里难以得到的智慧和教训。

书的第一章到第三章，讨论的是中国社会三大组织原型以及它们对现代组织，尤其是企业组织的诸多潜移默化的影响——比如我们的大企业，经常沾染大一统官僚帝国的架势；我们的小企业，很少能跳出传统小农经济运作模式的窠臼；我们社会最具竞争力的企业，或企业在最具竞争力的阶段，都有点军队的风格，虽然这种风格如何得以保持却永远是一个问题。

书的第四章说的是战略：战略的起点，首先是一种不甘心的精神——不甘心受穷，不甘心落后，不甘心机会都被别人抢了去，不甘心失败的精神。你叫它企业家精神也行——但具有这种精神的人并不仅限于企业家。

第五章也是战略：如果说上一章概括的是“勇者奋起”的话，这一章的概括，就是“智者做局”。不过“做局”不是骗人，而是一种要求有很大想象力和很高道行的游戏。话说到这个层次上，难免地，我们也会涉及《孙子兵法》里的一些要点。

第六章是关于领导力。我绝对不相信某一个人，即令是天才，具有能够领导一个组织从胜利走向胜利的领导力的各种要素。怎样打造集体领导力才是问题的关键。所以我认为市面上所有教人怎样当一个好领导的书都有欺骗性；不会跟别人配合的领导都是瞎领导，而会跟别人配合的领导，一定都是通过不止一个人来发挥领导力的。

第七章和第八章是“人的管理”。这是一个大题目；我只讨论了两个方面的问题，一是如何造就青年，二是如何培育忠诚。中国人讲史，历来要辨别谁是“忠臣”，谁是“奸臣”。不过一个无情的讽刺，是现实生活中的忠奸之辨经常令人啼笑皆非。事实上，很多的“奸”都是被权力惯出来的，而很多的“忠”都是在权力的冷落中显现出来的。

第九章说的是学习：在一个大变局的时代，做管理的人到底学些什么好呢？即便你一辈子学习，你也只能学一些东西，所以，倒不如很专注地去学一些不能不学、不能不想的东西。你不能不学道德，不能不学历史，不能不汲取社会科学和人文学科的重大启示。

第十章是最后一章，讨论的是产品创意、营销和品牌。西方人为什么管中国叫“世界工厂”？这里面其实有两层意思：一是中国生产的产品很多，行销全球，他们不得不服；二是这些产品仅仅只是东西，除基本用途之外，别无更多的意义。可是这种尴尬状况为什么迟迟得不到改变呢？这应该也是跟中国服务业发展滞后相关的一个问题。

张晓刚

2011 年 10 月

目录
Contents

Contents

第三章 组织：军队

视卒如婴儿，故可与之赴深溪；
视卒如爱子，故可与之俱死。

——孙武（吴国，将军）《孙子兵法》
公元前515年左右

第四章 战略：心态

战战兢兢，如临深渊，如履薄冰。

——《诗经·小雅·小旻》
西周末期

第五章 战略：想象

醉里挑灯看剑，梦回吹角连营。
八百里分麾下炙，五十弦翻塞外声。
沙场秋点兵。

——辛弃疾（南宋，军事家）
《破阵子·为陈同父赋壮语以寄之》
绍熙四年（公元1193年）

第六章　领导力与领导集体

同声相应，同气相求。

水流湿，火就燥。云从龙，风从虎。

——《周易 · 乾 · 文言》

第七章　人的管理：青年

前不见古人，后不见来者。

念天地之悠悠，独怆然而涕下。

——陈子昂（唐）《登幽州台歌》

武则天万岁通天二年（公元697年）

第八章 人的管理：忠诚

试玉要烧三日满，辨材须待七年期。
周公恐惧流言日，王莽谦恭未篡时。
向使当初身便死，一生真伪复谁知?

——白居易（唐，江州司马）《放言五首之三》
元和十年（公元815年）

第九章　学习与思辨

击石乃有火，不击元无烟。
人学始知道，不学非自然。

——孟郊（唐，溧阳尉）《劝学》

第十章　创意、品牌与营销

应怜屐齿印苍苔，小扣柴扉久不开。
春色满园关不住，一枝红杏出墙来。

——叶绍翁（南宋，江湖派诗人）《游园不值》

引　子

听，是谁在唱歌?

要搞懂中国社会里的组织文化，不妨看三样东西：一是它具有悠久传统的中央集权的帝国官僚制度；二是看它的同样具有悠久传统的家庭经济；三是也要看它的军队以及战争，虽然中国军队和美国军队大不一样。

管理学大师查尔斯·汉迪（Charles Handy）指出，人们在创办企业的时候，与其说是在“白手起家”，不如说是在“营造影子”。因为他们都在不知不觉中把早年的某些体验——抑或在家庭、学校、部队或单位的切身体验，抑或从自己所钟爱的艺术和文学里获得的审美体验——作为所经营的企业（或事业）的组织原型。事实上，已经有越来越多的现代学者用形象比喻和多维观察的方法研究组织理论。[1]

有人说，要搞懂美国社会是怎样组织和运行的，大致可看三样东西：一是它的社区自治（以及维系这种制度的宗教）；二是它的军队（而且要参照它的体育竞赛）；三是它的“派对”（休闲聚会，即 party）。

那么要搞懂中国社会里的组织文化，可以看什么呢？我认为，不妨也看三样东西：一是它具有悠久传统的中央集权的帝国官僚制度；二是看它的同样具有悠久传统的家庭经济；三是也要看它的军队以及战争，虽然中国军队和美国军队大不一样。

1. 著名的例子，是英国学者加雷思·摩根关于组织形象的理论，他把组织比作机器、人脑，甚至精神病院。另外一个例子，是美国学者李·鲍曼和特伦斯·迪尔对组织的“工厂 / 家庭 / 丛林 / 神庙”四维模型。

这样的比较，并无谁是谁非、孰优孰劣的意思——别人有别人的社会存在，中国人也有中国人的社会存在。我们下面的关于企业组织的讨论，甚至整个这本书，都将是围绕这三个基本原型而展开的。还有这本书里不可能装下的很多很多的管理实践和管理思想，其实也都可以沿着这条思路探寻下去。

其实，华夏民族的历史和传统，以及我们个人的经历和梦想，都是我们一辈子不可能摆脱的影子。审视我们自己的影子，不仅可以发现自身的老毛病，避免再走一些弯路，而且还可以发现不少原本属于我们、但尚未加以好好利用的文化上的和精神上的资源。

被誉为现代“管理学之父”的彼得·德鲁克（Peter Drucker）说：“一个公司的文化就像一个国家的文化。千万别想去改变它，而是要想办法让它为你工作。”[1]

这是一条重要的忠告。为什么在现实生活中，越来越多的企业家、经理人说自己“对历史感兴趣”？为什么各种“水煮”历史的书籍那么畅销？还不是因为人们从中也能看到自己，或自己的老板和下属，以及竞争对手的影子？

人想逃避影子，只能消灭自己。而学会与影子相处，以思辨的态度与历史对话，人们甚至可发现有一些“影子”其实却是很伟大的；让它们站在自己的身后，你就不会再担心孤独、害怕失落，甚至还会感到一种个人所不可能具备的力量。

“先贤远志喻，千载犹如新”[2]——作为华夏文明传人，在生意草创、备受煎熬却后退无路的时候，你是不是很自然地满心“秦时明月汉时关，万里长征人未还”[3]的悲壮？

---

1. 英文原文为：“Company cultures are like country cultures. Never try to change one. Try, instead, to work with what you've got.”

2. 刘克庄《发枕峰》。

3. 王昌龄《出塞》。

当“心合意同，谋无不成”[1]的一年过去，你面对全体员工宣读捷报的时候，是不是也感到在亲历“四边伐鼓雪海涌，三军大呼阴山动”[2]的场景？

但是，在遭遇挫折又不得不将打碎的牙齿咽下肚的时候，是不是也有人会提醒你“胜败兵家事不期，包羞忍耻是男儿”[3]？

在带领部属乘坐红眼航班，赶在竞争对手之前与客户签下合同的时候，你是不是也暗自有“月黑雁飞高，单于夜遁逃。欲将轻骑逐，大雪满弓刀”[4]的感觉？

最终，在企业发展、个人事业平步青云的时候，你是不是有必要想到“历览前贤国与家，成由勤俭败由奢”[5]？

到了赚到些钱、甚至相比大众生活水平已相当富有之后，你是不是也理所应当想到“安得广厦千万间，大庇天下寒士俱欢颜”[6]？

这些远古传来的“影子”的歌唱，传递着一种永远也不可能随着时代变迁、科技发展而被消磨的王者智慧和强者情怀。夜深人静时的你，是否一次次地听到？

1. 东方朔《非有先生论》。
2. 岑参《轮台歌，奉送封大夫出师西征》。
3. 杜牧《题乌江亭》。
4. 卢纶《和张仆射塞下曲》。
5. 李商隐《咏史》。
6. 杜甫《茅屋为秋风所破歌》。

第一章

组织：帝国

仁义不施而攻守之势异也。

——贾谊（西汉，太傅）《过秦论》
汉文帝二年（公元前178 年）

1. 秦帝国：一个强制型组织失败的典型案例

在现代社会里，虽然古代的徭役制已不复存在，但简单粗暴的方法却仍是随处可见，其要害都是强制，都是威胁员工，是凭借员工内心的惧怕来实现管理目标。但正如秦朝必然自食恶果一样，这些企业无论员工本身素质如何，在这样的“心理契约”下工作，他们也不可能激发丝毫的责任感和创造性。

有组织理论认为，一切组织分为三类“心理契约”，一曰“强制”；二曰“计算”；三曰“合作”。[1] 强制的意思不用解释；所谓计算，指的是双方以自由之身、为满足各自愿望而实行的交换，凡是以物质利益为基本回报的组织都属于这种，典型一例就是雇主用工资换取员工的服务；而合作则是以组织成员对组织目标的高度认同为基础的，因而其间的个人主动性和创造力发挥到了最高水平，回报的形式也不仅仅限于物质、金钱。

按照同样逻辑，强制的认同基础最差，也最有害于长治久安。尽管从表面上看，强制或奴役的办法特别简单易行，一挥鞭子，事就办了。不过那只有一时间的作用。作为一种社会动员的力量，惧怕的效益有一个很低的临界点，到了这个临界点它的曲线就会陡然下降，甚至一下子就降到崩溃的边缘。

在中国历史上，一个强制型组织的典型案例就是秦朝。它的临界点，就是陈胜、吴广的出现。

1. 引自查尔斯·汉迪的第一本书 *Understanding Organizations*（中译本《组织的概念》）。这本书在 1976 年出版后全球销量达 100 万册，直到今天仍是很多大学和企业的学习用书。

本来，在秦始皇统一六国前后，六国旧贵族中不少人都想刺杀他，从燕国的敢死队队长荆轲，再到韩国的破落户张良，都试过这一招，结果都没成功。“数死竟不死，天意未可知”[1]。可为什么这个庞大帝国，眼看已经把所有的反对派和潜在反对派都收拾掉或控制住了，不存在可以想见的国内对手了，却让陈胜、吴广带着一帮“泥腿子”一下子给捅了个大洞，从此墙倒众人推，垮下去而不可收拾呢？一个直接原因，按西汉青年政治学家贾谊的经典论断，就是“仁义不施而攻守之势异也”。

在强制性的组织模式里，人们工作的动力只有惧怕。而陈胜、吴广之所以揭竿而起，就是他们知道连惧怕也没有用了——因为按照秦朝的规定，自己已经必死无疑，除非以不怕死的心态面对命运。

更何况天下的陈胜、吴广何止成千上万。据说建秦陵一度征用劳工达 70 万之众。加上修长城的 30 万到 40 万人，还有其他开公路、挖水渠等浩大工程，中原地区的壮劳力已被征用得所剩无几。且不说田地里还剩谁从事生产，集市上还剩谁从事交易，仅这些工程有多残酷，要死多少人，从当时“不见长城下，尸骸相支拄”的民谣中已不难想见。

“谩役生民防极塞，不知血刃起中原”[2]，后世文人一再咏叹：

秦筑长城比铁牢，蕃戎不敢过临洮。
虽然万里连云际，争及尧阶三尺高。（汪遵《长城》）

尧舜时代是否真的那么太平自不可考，但尧舜崇拜是一种民间心理，或一种想象中的“心理契约”；跟这种民间心理的高度相比，秦朝政治的现实，的确落差悬殊。

在现代社会里，虽然古代的徭役制已不复存在，但简单粗暴的方

1. 沈启震《读史》。
2. 罗邺《长城》。极塞，指边塞。

法却仍是随处可见，其要害都是强制，都是威胁员工，是凭借员工内心的惧怕来实现管理目标。但正如秦朝必然自食恶果一样，这些企业无论员工本身素质如何，在这样的“心理契约”下工作，他们也不可能激发丝毫的责任感和创造性。这样的员工队伍，对外竞争力肯定是最低的，而在内部引起纠纷（祸起萧墙）的概率又无疑会是最高的。

祖舜宗尧自太平，秦皇何事苦苍生？
不知祸起萧墙内，虚筑防胡万里城。（胡曾《长城》）

有历史学家统计，“二战”期间，法西斯主义的德国尽管对外征服掠夺，对内压制强迫，战时经济看起来一时声势浩大，但对GDP（国内生产总值）的动员，即国家对GDP的占有程度，仍未能超过实行开明统治的英国。这可以说也是“仁义不施而攻守之势异也”的一个案例。

2. 执行力无比强大的秦朝是如何从内部瓦解的

秦朝的结局恰好也说明了，一个建立在以强制服从为基础的组织制度，其实竟是多么脆弱和无效。在它的内部，连最起码的认同感都不可能培养起来。不仅基层到处都有“民不畏死，奈何以死惧之”的例子，各级干部中间，也充满玩弄权术、贪赃枉法到了连死都不怕的地步的人。

我时而想象，如果秦朝也有官办媒体，那么每天电视新闻的头条，一定都是满朝文武在皇宫里大吃大喝、大吹大擂、大沉醉的场景。伴随着这种“欢庆胜利”的场面，一定还有播音员带咸阳味儿官话的画外音：“今天晚上，在主席台上陶醉的与陪同陶醉的有：至高无上大皇

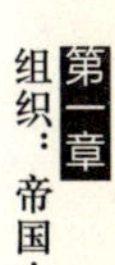

帝嬴政、大宦官赵高、大丞相李斯……”接下来还有一长串10分钟也念不完的缀着官衔的名字。

秦国吞并六国时，的确是一个无与伦比的强国。它的国力，尤其是以举国之力推行其国际（当时意义的天下）战略的执行力，以及它实施战争的精密程度（西安兵马俑手中的弓弩据说制作工艺高度标准化），都堪称当时地球上的尖端。若以征服效率而论，大约只有亚历山大大帝的大军能与之相媲美；而接下来的行政管制，论其严密程度，一切帝王都望尘莫及。

大概是出于对扫清对手的极度陶醉，秦始皇才如此肆无忌惮，好像什么都无须害怕。有记载说他每天要批阅很多文书，大堆竹简都要用大秤来称，但可以肯定，所有那些文书，既不会劝告他缓和专制，也不会提醒他防范腐败。而恰恰就在此时，在那些陪同他在主席台上陶醉的人中间，正聚集着不久后导致大秦帝国瞬间崩溃的各种因素。正如唐人王翰所形容的：

……

秦王筑城何太愚，天实亡秦非北胡。
一朝祸起萧墙内，渭水咸阳不复都。(《饮马长城窟行》)

唐人周昙也评论说：

鹿马何难辩是非？宁劳卜筮问安危？
权臣为乱多如此，亡国时君不自知。(《胡亥》)

那些为皇帝四处张罗、寻找不死灵药的人；那些宣告国家已不存在危险、唯一的威胁就是北方匈奴的人；那些替他在各地驱赶劳工、大兴土木的人；那些平日对他百般逢迎但等他一死就即刻谋害太子、骗取军权的人；那些为他兢兢业业撰写诏书、法律，转过头来又与阴谋者合作的人……陪同他沉醉的所有人都在一个“祸起萧墙”的历史剧中完美地扮演着各自的角色。如果说老天非想让秦朝垮台是缺乏证据的，但从管理的角度去看，它的每一环节都职能败坏、每一主要成员也已道德沦丧——“事去雄猜终束手，运穷付托况非才”[1]，如此政治，倘若不垮也是“天理不容”。

“祸起萧墙险难恃”[2]。秦朝的结局恰好也说明了，一个建立在以强制服从为基础的组织制度，其实竟是多么脆弱和无效。在它的内部，连最起码的认同感都不可能培养起来。不仅基层到处都有“民不畏死，奈何以死惧之”的例子，各级干部中间，也充满玩弄权术、贪赃枉法到了连死都不怕的地步的人。

……又经过了无数次战烟滚滚、征马萧萧，在秦朝灭亡上千年后，到金朝人高宪寻访长城古迹的时候，仍禁不住切齿痛骂秦廷的那些以指鹿为马而臭名遗世的不称职的“奴才”：

……
岂知亡秦非外兵，宫中指鹿皆庸奴。
骊原宿草犹未变，咸阳三月为丘墟。
黄沙白草弥秋塞，唯有坡陁故基在。
短衣匹马独归时，千古兴亡成一慨。[3]（《长城》）

历史上的金朝，也是一个崇尚强制而管理混乱的政权。诗人为什么要“短衣匹马”独自来满怀苍凉地登高吊古？人们或许不难理解。

1. 蒋湘培《秦皇庙》。
2. 周权《长城》。
3. 坡陁（pō tuó），山势起伏貌。

3. 秦始皇的管理弊病：“加速陷阱”要了他的命

就像秦始皇原本希望的，是建立一个千秋万代的大帝国，从未打算把自己连同祖先的事业草草断送一样，把手下的业务骨干逼得愤然出走的企业领导人，并不是存心跟自己过不去。但是就像秦始皇不懂得“仁义不施而攻守之势异也”一样，他们也不知道，“push”来“push”去，只会把企业加速推向死亡。

那些自命不凡到头来又沦为世人笑柄的人都有一个通病，那就是心态太好——在他们的词典里从来都没有“失败”这个词。正因为此，他们才为全社会充当了失败的典范。唐人讽刺秦政的诗歌里，就有这样的意思：

长策东鞭及海隅，鼋鼍奔走鬼神趋。
怜君未到沙丘日，肯信人间有死无？[1]（罗隐《秦纪》）

这是说当秦始皇东巡来到海边，下令射杀海上大鱼（史载确有其事），吓得其他鱼鳖和鬼神都夺路而逃——然而从做人的角度来看，可怜的他整天跑来跑去，直到出巡半路死在沙丘，根本就没有意识到自己的权力会有边际，生命会有终结。

这是一个多么经典的累己累人，最后什么好结果也“累”不出来，反倒“累”了天下的管理案例。然而，一切的“累”，都是从一个基本的荒诞开始的，那就是追求一时的“简便”、“有效”，反倒造成了长久的、难以摆脱的复杂和受累。

我早年供职香港金融服务业，一次听某老板说，管理无非就是要对“底下的人”“不断催促、催促、再催促”（“always push, push, push”），随即有一种坠入时间隧道重返 2200 年前长城工地的感觉。

一般地说，企业在刚创办的时候，规模也小，成员也少，说好一

1. 鼋鼍 (yuán tuó)，大鳖和鳄鱼。

起干一番事业，大家自然也不在乎多吃一点苦。老板一味“push”，是在公司业务有了点起色的时候——他们以为再“push”一把，生意就会再上一个台阶。

但结果却往往适得其反。一个噩梦般的结局，不再是杀出来陈胜、吴广，而是业务骨干的出走（其实也可以叫做叛逃）。或者，他们的出走，也可视为一种现代版的“揭竿而起”。

我的一位朋友，曾被一家民营公关公司好说歹说聘请去“开拓新业务”。没想到一去就被老板责令去搞“会战”，一会儿“大战 13 天”，一会儿“突击一星期”，用他的话说，“简直是以土方工程的速度”向甲方提供服务。不久，此君就以“没时间思考”为由辞职了，私下的理由却是“告别秦始皇”。

还有一种“push”，那就是不顾员工合理的个人发展愿望，随意调换他们的岗位——这也是一种强制，虽然领导人有时还以为这是一种重视。我的一个学生，到一家媒体应聘记者时考试成绩名列前茅，却因履历表上有段在国际公关公司实习的经验，就被商务部门“借”去搞活动。结果一“借”就是两年，根本没有机会实现心中的理想，于是就以生孩子为由辞职了。

这都是几年前的事。但几年来，这两家公司的业绩都没做大，其中一家，据说已被国际公司兼并。回想它们当时的发展势头，人们不免惋惜。

遗憾的是，在薪酬愈发高涨、人才愈发难找的今天，一些领导人仍拒绝面对现实。尤其是几年前企业界对“执行力”的过分强调，让他们在工作中更加依赖简单命令和行政催促。

就像秦始皇原本希望的，是建立一个千秋万代的大帝国，从未打算把自己连同祖先的事业草草断送一样，把手下的业务骨干逼得愤然出走的企业领导人，并不是存心跟自己过不去。但是就像秦始皇不懂得“仁义不施而攻守之势异也”一样，他们也不知道，“push”来“push”去，只会把企业加速推向死亡。当所有员工都累了，企业也会累的——《哈佛商业评论》上一篇论文就把这种情况称为公司的“加速陷阱”（the acceleration trap）。

于是想起唐人诗云：

秦王按剑怒，发卒戍龙沙。
雄图尚未毕，海内已纷拏。
黄尘暗天起，白日敛精华。
唯见长城外，僵尸如乱麻。（徐晶《阮公体》）

唐人尚武，追求事功。众多诗人，时而有想象秦皇扫荡六国之铁血权势、巡游天下之奢华阵容的作品。但人们总是坚守一个底线，那就是道德的失败必然导致管理的失败。“雄图尚未毕，海内已纷拏”——一旦事情发展到这种地步，无论什么样的雄图大业，从大国崛起到百年基业，都只会是瞎扯。

4. 康熙皇帝为何拒绝重修长城?

这里的一个关键，就是组织的器量。一种善于用人、乐于融合的领导力，最起码是会容纳一些有想法、会做事的人才——这就像在康熙摆脱了诸多前朝老臣的影响之后，在他周围聚集起来的那些汉人和洋人，甚至包括一些有明朝背景的人。

古人向往和平时，屡屡写出“但使龙城飞将在，不教胡马度阴山”、“但使将军能百战，不须天子筑长城”[1] 的诗歌。但殊不知这样的业绩，

1. 王昌龄《出塞二首》；崔湜《大漠行》。

并不是仅仅个把将军就能创建的，都必须是在中央政府用心经营多民族帝国的时代，才真的有可能做到不再用长城做国家的防御工事。

一个这样的政府首脑，就是康熙皇帝。这位大清盛世的开创者，生前频繁发动战争，施展权谋；加强权威，巩固疆域。用他自己的话说，就是“总为生民勤战伐，不辞筹画在中权”[1]。这话其中自有吹嘘之嫌，但好歹也能看出一种不满足于靠整天开会、作报告管理国家的进取心。

正是这时的康熙，一面经营各民族联盟，一面也拒绝了某些谋臣提出的重修长城的建议。任凭噶尔丹叛乱很难对付，他也不愿将北方与中原隔绝开来，并作为代价放弃大清帝国对各草原民族、部落的笼络和支配。在带兵征伐噶尔丹的路上，每当往返长城脚下，他时不时地都要吟几句诗表达这样一个主张，比如 1683 年在路过古北口时写下的：

断山逾古北，石壁开峻远。
形胜固难凭，在德不在险。（《古北口》）[2]

这是一个尚在扩张期的帝国，那时的它还来得及经营人心。无论是出于刚刚立国时的不安全感，还是出于对北亚大陆的传统眷恋，至少它的君主有意愿追求这样的境界。1697 年，康熙第三次亲征噶尔丹，在得胜后回京路过长城，他还写过一首诗《入居庸关》，最后两句也极具气魄：“须知成城唯众志，称雄不独峙群山。”

1. 此诗题为《过独石口》，是康熙于 1696 年第二次亲征噶尔丹途中所作。独石口位于河北赤城县北，为战略地位极为重要的军事重镇，有“上谷之咽喉，京师之右臂”之称。

2. 古北口是山海关、居庸关两关之间的长城要塞，位于北京密云古北口镇东南。由卧虎山长城、蟠龙山长城、金山岭长城和司马台长城组成，为东北和内蒙古通往中原地区的咽喉，历来是兵家必争之地。

“在德不在险”为《史记》中兵家吴起所言：“（魏）武侯浮西河而下，中流，顾而谓吴起曰：‘美哉乎山河之固，此魏国之宝也。’起对曰：‘在德不在险。’”

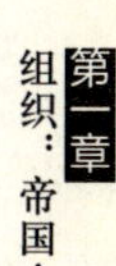

到了现代，人们创办企业、管理组织，有些方面甚至比古代皇帝还要艰难。因为古代至少还有个长城帮那些有作为或没作为的皇帝抵御国际竞争——显然康熙大帝看到了这一步棋，但他知道"众志成城"比长城有更高的价值。

而企业想要胜出，已完全没有任何屏障可以帮他们隔绝与海外市场的种种关系。商人没有国界——生意好的时候，全球都是市场；生意不好的时候，全球都是坟墓。企业家一方面要学会如何应对国际竞争；另一方面还要学会如何利用国际资源，包括倾听和起用来自不同文化圈、具有不同背景，甚至在某些方面坚持不同政治观点的专业人才。如美国"二战"期间科技攻坚、研制核弹的大物理学家奥本海默（J. Robert Oppenheimer）就曾是共产党的"同路人"，后来还因此受到美政府的公开羞辱。

更重要的一个不同，就是政治家的"众志成城"经常充其量是一种口号，往往不可能也没必要非要兑现（尽管不兑现的结果或许将是致命的）。而对企业家、经理人来说，市场竞争压力已容不得他们想不到，或想到了但做不出来本应做的事情。如不能把"众志成城"落实在管理实践中，再兴旺的一个事业用不了多久就会陷入困境。

这里的一个关键，就是组织的器量。一种善于用人、乐于融合的领导力，最起码是会容纳一些有想法、会做事的人才——这就像在康熙摆脱了诸多前朝老臣的影响之后，在他周围聚集起来的那些汉人和洋人，甚至包括一些有明朝背景的人。

但正如后世评论家所说，康熙回避未来、不愿分享的毛病，却使自己的帝国错失了一个重要的历史机遇。比如说西方科技，他自己非常热衷，却没有促成它在社会上大面积传播。以至梁启超说："就算他不是有心窒塞民智，也不能不算他失策。"而所谓"众志成城"，他有所意识，但也没有留下一份开明的制度性遗产。这也就难怪在他逝世后，清朝政治随即进入墨守成规、疏于创新的阶段，为日后的没落埋下了伏笔。

这也反映出，一时的众志成城不易，长久的众志成城更难。要想比200年前的清朝皇帝，或麦卡锡时代[1]的美国做得更好，就需要通过不断扩大组织的器量和激发组织的活力，来营造一种经久不衰的众志成城。

5. 焚书坑儒：抽空了文化的组织必然一败涂地

一种抽空了文化的管理是没有意义的；一个没有意义的东西也无法指望得到认同。一个组织，想要仅仅依靠强制而运转，无论手段再强悍，想要封杀文化也是徒劳的。统治者唯一理性的行为，是在文化的面前放下不可一世的架子，学会通过文化的繁荣，增添管理的效益。

秦国，或后来的秦朝，一定是发了毒誓，非要把自己建设成天下第一强国的。要不然你无法理解它对内、对外的那么赤裸裸的一套政策。跟文化人坐在一起，纠缠些诗歌流派或哲学观点什么的，它的领导人绝对是不感兴趣的："光靠这些，能打败敌人吗？"

于是这个即将统一天下的政治集团，把吕不韦煞费苦心为它编纂的未来管理手册（即《吕氏春秋》）给抛弃了；把它的作者给整死了，把聚集在吕门下的学者也打发走了；然后又发动了焚书坑儒的运动。尽管后来有人辩解说当时的政策没那么野蛮，只不过是选择性地烧书和杀人，但那并非是很有说服力的辩解——选择性杀人仍是杀人，选择性烧书难道就不是烧书吗？

没错，文化不是刀枪、不是军队。但文化的纽带，虽然看起来一点儿也不强悍，却有很大的韧性，也很有渗透力。帝国的统治者，用

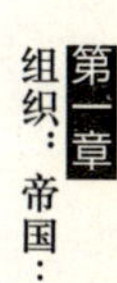

1. 20世纪50年代初，由美国参议员约瑟夫·麦卡锡掀起的美国全国性反共运动，在运动中，迫害和逼走了很多优秀人士。钱学森就是在当时遭到迫害，最终被驱逐出境的。

他们习惯的短兵相接解决问题的方法，并不可能有效对付来自文化的曲折的抵抗。

而这种抵抗力最神奇的地方，在于它用不着是故意为之，用不着出于某些人或某个势力的政治策划。文化的逻辑，本身就决定了它感激真诚，而耻于欺骗；渴望和平，而厌恶血腥；欣赏精湛，而不屑粗俗；崇尚自由，而无法接受强制命令。

于是，就像在野火过后的草原重新长出新绿，在焚书坑儒后的人间就出现了圯上老人向张良密授兵法的故事。[1] 使这个故事涂上如此浓厚神秘色彩的，首先不是说故事的张良，而是为它的神秘性创造了完美条件的统治者。对此，元人曾有诗云：

燔经初意欲民愚，民果俱愚国未墟。
无奈有人愚不得，夜思黄石读兵书。（萧立之《咏秦》）

说实在的，圯上老人的出现，并无须属实。以一部书的形式帮助张良成为日后取而代之的汉王朝的王者师，本身就包含着一种对烧书的当权者的、不可遏制的鄙夷，预示着文化对非文化政治的惩罚必然到来。

下边这首咏史诗中的“书”，就已经不仅仅指的是一本兵书，而是对先秦典籍的泛指了：

百里骊山一炬焦，劫灰何处认前朝。
诗书焚后今犹在，到底阿房不耐烧。（丁尧臣《阿房》）

当然，更绝妙的，不仅是许多的诗书得以保存，而且在风起云涌

1. 出自司马迁《史记》。圯（yí），桥梁。圯上老人又称黄石公，他把鞋子扔到桥下让张良捡回来给他穿上。张良通过了他的几番考验后，老人给了张良一本《太公兵法》，说：“读此则为王者师矣。”《太公兵法》又称《六韬》，旧题周朝的姜尚（姜太公）著，但普遍认为是后人假托姜太公之名所作。

的秦末大起义中，已有人在给企图取而代之的势力“上课”了，刘邦的儒生谋臣陆贾[1]就是在这时提出了“不可马上治天下”的警告。清人有诗议论道：

儒冠儒服委丘墟，文采风流化土苴。
尚有陆生坑不尽，留他马上说诗书。（陆次云《咏史》）

这里的意思很明白：一种抽空了文化的管理（或政治）是没有意义的；一个没有意义的东西也无法指望得到认同。一个组织，想要仅仅依靠强制而运转，无论手段再强悍，想要封杀文化也是徒劳的。统治者唯一理性的行为，是在文化的面前放下不可一世的架子，学会通过文化的繁荣，增添管理的效益。

汉朝（及后来一些朝代）初创时的休养生息就是这样的例子——休养生息就是节制强制，容忍文化。这也是它们后来走向强盛的秘诀。“仁义寝邦国，狙暴行终始”[2]。文化与非文化的决战胜负，随着时间推移，越发看得明显。直到晚唐，仍有人在祭拜汉文帝（一位少有的不愿大建陵墓的皇帝），而相隔不远的秦陵却湮没在同样的青山秋草中早就无人理会了：

龙盘虎踞树层层，势入浮云亦是崩。
一种青山秋草里，路人唯拜汉文陵。（许浑《途经秦始皇墓》）

1. 陆贾（公元前 240~ 前 170 年），楚人。西汉初期的政治家、学者。刘邦起初重武力、轻诗书，以“居马上得天下”自矜，在陆贾的建议下采取“逆取顺守，文武并用”的治国方略。

2. 王无竞《北使长城》。

6. 宋朝自毁长城的教训：拯救个人方能拯救组织

关爱和帮助那些受到过不公正待遇的人，为他们洗清不白之冤，或让他们得到应得的待遇，并不仅仅事关个人，也是让一个组织重新变得有效和坚强起来的必要的行动。

历代王朝越是挨到后期，就越没有生气，没有能力中兴、自新。其中一个原因，就是它们在错待忠良之后又不给人家好好平反昭雪，甚至老是遮遮掩掩、拒绝认错。

那些自以为政治艺术高超，可以为了“大局”而置人道于脑后的昏庸帝王和三流谋臣，以他们在团队关系上一次又一次的“随机应变”，只会把越来越多的社会精英以及他们的舆论（虽一时未能公开发表，但将来一定写进史书）都给驱赶到自己的对立面或体制的外围。

当中央政府（或任何管理中枢）与社会上（或组织内部）的才华横溢、拒绝流俗之士被隔离开来，它自然也就陷入了无人可靠、无人可用的被动的战略处境。一到危急关头，必然屡屡表现出捉襟见肘、应付不周，一波未平一波又起的尴尬，直到把自己在公共关系、社会认同上的资源全都耗尽为止。

这样的情况，极而言之，就是中国人常说的“自毁长城”。“自毁长城”的典故，出自南朝宋将领，三十六计的提出者檀道济的故事。檀因屡立战功，诸子皆善战，被宋文帝忌而杀之。被处决时面对统治者愤怒高喊：“乃坏汝万里长城！”

但中国人家喻户晓的自毁长城的案例，应该算是南宋名将岳飞。后世有人就其中的一些细节纠缠不休，比如为臣是否出言不逊，抗战是否超出国力，等等。但这些都不要紧，因为最重要的一个事实，就是岳飞是国家可依靠的最擅长带兵的能臣，而将其从前线召回处死后，当局即使媾和也缺少了一个重要的实力筹码。

“当朝自馁中兴志，出塞徒劳上将心。”[1]在国家危难的关头，随着岳飞死讯的传出，民间对朝政的态度急转直下，先是失望，后是冷漠，众志成城的基础随即毁于一旦。

岳飞死后，即有武昌军士满腔哀怨唱道“自古忠臣帝主疑，全忠全义不全尸。”遭受整肃的主战派宰相胡铨也记录有“石头城下听舆论，万姓颦眉亦可怜。”虽然后来受害者得到当局平反，民间不满仍未停止蔓延，儒生叶绍翁（就是“一枝红杏出墙来”的作者）公然说岳飞不妨“早知埋骨西湖路，学取鸱夷理钓船”，干脆像范蠡一样远离朝廷，出走他乡。[2]

陆游更直截了当把岳案当做国耻，作诗云：

公卿有党排宗泽，帷幄无人用岳飞。
遗老不应知此恨，亦逢汉节泪沾衣。
（《夜读范至能〈揽辔录〉，言中原父老见使者多挥涕，感其事，作绝句》）

诗中说假如北方的老百姓知道南宋当局是如何迫害宗泽和岳飞的，见到“汉使”，又岂能仅仅是哭泣而已？还不得气得骂娘？

宋亡后，身为前朝宗室的赵孟頫毫不讳言地承认：“英雄已死嗟何及，天下中分遂不支。”元人贯云石说：“自从公死钱塘日，宋室江山把不牢。”清人陈治典更直言：“只因万里长城坏，吹过崖山柁底

1. 潘音《读岳武穆传》。

2. 以上诗句依次引自：武昌军士《无题》；胡铨《吊岳飞》；叶绍翁《岳武穆王墓》。范蠡（lǐ），字少伯，生卒年不详，春秋楚国宛（今河南南阳）人。范蠡帮助勾践兴越灭吴，一雪会稽之耻，功成名就之后激流勇退，化名姓为鸱（chī）夷子皮（牛皮做的酒器），与西施西出姑苏，泛一叶扁舟于五湖之中。而后经商成巨富，自号陶朱公。本书战略篇中详细评述了范蠡作为中国第一大“起死回生经理人”的传奇经历。

风。”[1] 崖山是1279年宋朝最后一个皇帝殉国之处，至此两宋统治宣告完结。

当然，宋朝亡国之前，岳飞已获昭雪。不过，如清人袁枚所说的：“天意小朝廷已定，岂容公作郭汾阳。”[2]“郭汾阳”就是唐朝安史之乱期间“功居平乱之首”，后被封为汾阳郡王的郭子仪。由于统治集团没有勇气，也没有兴趣把岳飞当做一面政策的旗帜树立起来，它的政治遗产，也只能是面对半个国家的残山剩水，而弥漫着整个政坛上的无所作为、无可奈何的情绪。

但统治者错杀忠良，绝非岳飞一个；历朝历代的政治迫害，从明朝诛杀大将，清朝镇压改革者，到蒋介石集团刺杀不同政见者，再到“文化大革命”中的无数冤狱。鲁迅为哀悼孙中山秘书、学者杨杏佛，曾作诗“何期泪洒江南雨，又为斯民哭健儿”；后人为缅怀被迫害致死的贺龙元帅也有“沧海横流天地闭，不容公作郭汾阳”的叹息。[3]

其实，自打陈胜、吴广起，古代专制王朝大都是被自己制造和积累的一茬又一茬的冤狱和迫害的结果所削弱、所淹没的。这些冤狱和迫害，很多都是大敌当前的关头（或是以大敌当前为理由），在原本不是敌人的人们中间制造敌人，其结果都是自毁长城——通过制造出一个谎言充斥的政坛和一个谣言四起的社会，把统治者自己赖以生存的制度推到了极度脆弱、不堪一击的境地。

“文革”后期，经济停滞，百业凋敝，北京大街上到处可见衣衫褴褛、神志恍惚的上访者，即使过路人也能感到，国家管理已到了不大举更张就无法正常运转的地步。中国的改革开放从平反冤、假、错案开始，因而绝非偶然。

当时的中共中央总书记胡耀邦主持为四千多万人平反昭雪，惠及

1. 以上诗句依次引自：赵孟頫（fǔ）《岳鄂王墓》；贯云石《吊宋岳武穆祠》；陈治典《吊宋岳武穆祠》。

2. 袁枚《谒岳王墓二首》。

3. 以上诗句依次引自：鲁迅《悼杨铨》；羊春秋《题贺龙故居》。

近 1.6 亿的中国人口，态度之坦诚和“不留尾巴”之决断，可谓空前绝后[1]。新中国成立初期，胡在主持川北工作期间，就曾以政策温和著称，联系到他主持中国大平反的事迹，后人在他去世后赞誉道：

生平平易对群伦，忠直敢言见性真。
川北何曾生右派？浏阳有幸诞斯人。
一身正气撑肝胆，两袖清风教后昆。
万众含悲天亦泣，长安入暮雨纷纷。（常任侠《悼念胡耀邦同志》）[2]

“文革”后第一代大学生中，有大量曾因“出身不好”或“思想落后”而被剥夺受教育机会的青年；企业家中，也有大量是在政治运动中因鸡毛蒜皮小事而遭受打击的基层公民。在倡导改革开放的干部中间，也有很多人曾因“莫须有”的罪名而被关押、流放。所幸这些非正义都在几年间被推倒，才使国家重建得以可能。

由此可见，关爱和帮助那些受到过不公正待遇的人，为他们洗清不白之冤，或让他们得到应得的待遇，并不仅仅事关个人，也是让一个组织重新变得有效和坚强起来的必要的行动。拯救个人就是拯救组织——把被毁坏的万里长城重新修建起来。

1. 文中平反数字据刘济生《论胡耀邦平反冤假错案》（《炎黄春秋》网刊外稿，2010 年 8 月）。

2. 常任侠曾任中央美术学院教授。本诗引自钱理群、袁本良（注评）《二十世纪诗词注评》（桂林：广西师范大学出版社，2005），59 页。此诗另一个版本前两句为“大公无私对群伦，磊落光明见性真”（《群言》1989 年 06 期）。
“川北何曾生右派”一句，常任侠自注，1957 年反右运动时“各省多有右派名额，川北独无右派”。但据胡家人介绍，胡耀邦此时已在中央工作，对当地反右进程有无间接干预不得而知。倒是他更早在主持川北镇反、土改工作时就已被人视为“右倾”。浏阳，胡耀邦故乡。长安，代指北京。

第二章

组织：家庭经济

昼出耘田夜绩麻，村庄儿女各当家。
童孙未解供耕织，也傍桑阴学种瓜。

——范成大（南宋，参知政事）《四时田园杂兴》
淳熙十三年（公元1186年）

7. 永远的“小农经济”

到现在，当许多强悍的和严密的统治王朝早已灰飞烟灭，这种色彩斑斓的文明却改头换面，以家庭企业和各种中小企业的形式，在现代社会，继续展现出强大生命力。

中国历史的“亮点”，并非全出现在中央政治的鼎盛时期。中央集权的官僚帝国，往往是对外不足以扩张（有时连防御都搞得一塌糊涂），对内不足以应变，并没有那么了不起。

真正的玄妙，不在上层，而在于社会的下层和中层。长期以来（比在世界上其他社会的年代都要长久），中国社会的生产关系是建立在“小农经济”基础上的。所谓“小农”，就是自由农民。以专项指标最大化的逻辑看，小农经济远比不上现代工业，但相对于奴隶制、农奴制而言，以及相对于纯属自在的个体生存而言，它却更加凸显了本地人民的自由和自主，更加体现了自愿基础上的分工合作，以及在此基础上的组织管理的效率。

以一个大的时间框架来看，一个文明的延绵不绝，必然取决于它的内在资源。正如在高层政治乏善可陈的宋朝，人们却在战争的空隙里，看到民间经济在很多地方取得了长足发展，显示出的生产效益，竟美不胜收。[1]

1. 下文四首诗的作者均为宋人，虞似良是黄岩横溪（今属浙江台州温岭城南镇）人；《过百家渡四绝句》为杨万里担任零陵（今湖南永州市零陵县）县丞（县令副手）最后一年所作；乐雷发为南宋特科状元，春陵谭田（今属湖南宁远）人；苏轼的《赠刘景文》一诗为其担任杭州太守时所作。

比如春天：

一把青秧趁手青，轻烟漠漠雨冥冥。
东风染尽三千顷，白鹭飞来无处停。（虞似良《横溪堂春晓》）

比如夏天：

一晴一雨路干湿，半淡半浓山叠重。
远草平中见牛背，新秧疏处有人踪。（杨万里《过百家渡四绝句》）

比如秋天：

儿童篱落带斜阳，豆荚姜芽社肉香。
一路稻花谁是主？红蜻蛉伴绿螳螂。[1]（乐雷发《秋日行村路》）

再比如冬天：

荷尽已无擎雨盖，菊残犹有傲霜枝。
一年好景君须记，最是橙黄橘绿时。（苏轼《赠刘景文》）

这些色彩，这些景致，不仅仅是文学，也不仅仅是农业，而是亿万人民的生活方式。这种生活方式看起来好像要求很低，比“血酬定律”[2]仅高出有限的一点。但以它画条线，向上向下却有不小的空间——向上几可触及农耕社会的“太平盛世”，而向下则是国家破产，统治者得不到社会生产力的回馈，亿万人民的存在对他们来说变成一种政治

1. 社肉，秋社祭祀时所供之肉，祭祀后分给各户；蜻蛉，俗称豆娘，似蜻蜓，但体型比较小，翅膀颜色多变。

2. 最典型的血酬定律的案例，应属最底层的人民，他们毫无向上流动性可言。见吴思《血酬定律》（北京：中国工人出版社，2003）。

负担。

过往统治集团，包括出身于草原文明的极强悍者，都不得不向这种生活方式低头让步。到现在，当许多强悍的和严密的统治王朝早已灰飞烟灭，这种色彩斑斓的文明却改头换面，以家庭企业和各种中小企业的形式，在现代社会，继续展现出强大生命力。

8. 帝国与农民的契约：伤不起的天朝天平

直到今天，中国面临的一个难题，仍是各种各样的垄断和干预，在壅塞中小企业和个体企业正常发展的通道，无法使基层民众实现安居乐业。

有历史学家说，中国之所以先于其他国家创立中央集权官僚帝国，一个重要的社会原因，就是在它幅员辽阔的国土上，存在着众多分散的农户。它们经营得了自己，却保护不了集体，于是只有靠一个高高在上的中央政权，建立一支常规武装，辅以一座万里长城，维持整个国家的公共安全。[1]

这实际上也是一个社会契约（完全无契约的共存只能是偶然的和短暂的）：那就是中央政府管国防、管安全，由个体农户去追求自己定义的安居乐业——虽然人们对安居乐业的理解大多不过是劳碌一年，略有盈余而已，但心理上那种仿佛“不知有汉，无论魏晋”的自得其乐的感觉，却无法用金钱衡量。

然而大一统的官僚帝国与各地小农的关系，经常是不稳定的。每当一个朝代兴起，在兼并未兴、税负未多、无灾无难，且无边患的情况下，这样的关系会显示出有效的一面。每当一个朝代中期已过，兼

1. 美籍历史学家黄仁宇对此多有论述，在他的一部历史笔记中还对秦始皇有专门论述，见如黄仁宇《赫逊河畔谈中国历史》（北京：三联书店，1992），第6~11页。

并四起，灾荒不断，加之官吏腐败，边患不已，这种“一大”（大一统的中央政府）对“众小”（无数小农家庭）的平衡就会被破坏。[1] 正如唐人所言：

古今利名路，只在侬门前。
至老不离家，一生常晏眠。
牛羊晚自归，儿童戏野田。
岂思封侯贵，唯只待丰年。
征赋岂辞苦，但愿时官贤。
时官苟贪浊，田舍生忧煎。（王贞白《田舍曲》）

受儒家教育的士大夫因而一向主张这种平衡不可破坏。[2] 他们的笔下，每每流露出对小农家庭“夜半呼儿趁晓耕，羸牛无力渐艰行”的同情，以及对“苗疏税多不得食，输入官仓化为土”的抗议。[3] 如此关注，不仅是一种道德的敏感，而且也是一种政治的责任。因为他们深知，帝国与农民的关系，向来脆弱；一旦损害，即伤国本。

直到今天，中国面临的一个难题，仍是各种各样的垄断和干预，在壅塞中小企业和个体企业正常发展的通道，无法使基层民众实现安居乐业。中国发展能不能突破这一历史瓶颈？能不能形成和保持一种中间大、两头小的格局，让多数人民可以不通过行政归属、单位庇护，而是靠自身努力，过上一种在正常年景下略有盈余的生活？

解答这个问题，是要看一个社会能不能构建一个基本平衡的体制，让广大中小企业有一个持续的发展？要看它们的创业者和拥有者，能不能有一个比较自由、稳定的生存空间？

1. 还有权力异化导致的种种问题，不过均属政治学讨论的范畴了。
2. 最典型的，是董仲舒“限民名田”的主张，即限制私人占有土地的数额，以遏制土地兼并。
3. 以上诗句依次引自：颜仁郁《农家》；张籍《野老歌》。羸（léi）牛，指瘦弱的牛。

9. 现代大工业解决不了的问题

大工业运行的逻辑是尽量整齐划一，减少用工人数；而人们经济生活的逻辑是尽量发挥自我，灵活安排时间。两者的差别，决定了不但大工业永远无法满足社会的就业需求，而且一个千姿百态、万种风情的市场经济，必然是要建立在大量以个人特色为特点的中小企业和家庭企业之上的。

工业化社会的人们，往往瞧不起中国古典的田园诗——净是小村庄、小菜园，似乎只有一种很狭窄的审美。但这种精致的小村庄、小菜园，却是世界上其他地方很少见到的。正是在这些小村庄、小菜园上，中国农民不仅获得过幸福和满足，也创造过历史上明文记载的大国崛起和太平盛世。

相比之下，大工业带给了人类什么？当往昔田园诗般的生活情调随着大群身穿工作服的人影消失在煤烟滚滚、机器轰鸣的阴暗场景中的时候，有人曾预言大工业就是未来。但纽约新学院的经济社会学教授阿塞·维迪克（Arthur Vidich）说，历史上仅有英国，在一段时间里，由大工业为社会提供了超过 50% 的就业机会。但那种情况却属历史的特例。[1]

大工业运行的逻辑是尽量整齐划一，减少用工人数；而人们经济生活的逻辑是尽量发挥自我，灵活安排时间。两者的差别，决定了不但大工业永远无法满足社会的就业需求，而且一个千姿百态、万种风情的市场经济，必然是要建立在大量以个人特色为特点的中小企业和家庭企业之上的。

所以，家庭企业仍贡献着全球最大的 GDP 份额和最多的就业机会。即使在美国，西北大学凯洛格（Kellogg）管理学院的创业研究专

1. 引自笔者在纽约求学时的课堂笔记。阿塞·维迪克的著名著作是 *Small Town in Mass Society*（大众社会中的小镇），其生前在纽约新学院讲授经济社会学。

家劳埃德·谢夫斯凯（Lloyd Shefsky）教授说，家庭企业和家族企业仍提供着50%以上的GDP。20世纪80年代以来，随着全球创业活动的加强，专业化的中小企业和家庭企业论数量，论产值，都在不断攀升，甚至可望改变大企业主导全球经济的格局。[1]

对于个人来说，经商还是务农，打工还是创业，往往并非出于无奈，别无选择。但一个国家假如不能培育和容纳大量的自由农民，或在现代世界上，培育和容纳大量的独立中小企业和家庭企业，它的经济就不会有竞争力，它的很多社会问题（比如就业）也找不到出路。这一条却是历史规律，别无选择。

其实大量的中小企业主（尤其那些没有官僚背景的），一年到头，埋头经营，个人所能支配的收入，远比不上在大企业里混个中高层的差事，更比不上大城市里那些专事弄权或玩钱的人。他们所走的路，就是一条在现代社会里做小农的路。

但凡是彰显人性的东西，都有其合理的一面。千百年来，没有人不知道做农民辛苦；但作为一个自由农民，有一块自己的土地，人虽辛苦，生活却较为简单，感觉也较为踏实。在正常年景下，付出和收获，劳作与愉悦，其间也不会有遥远的距离。唐诗的那种描写，因而让人有一种办公楼里、大工厂里永远也找不到的感动：

小园足生事，寻胜日倾壶。
莳蔬利于鬻，才青摘已无。
四邻依野竹，日夕采其枯。
田家心适时，春色遍桑榆。[2]（杨颜《田家》）

1. 引自笔者的采访笔记。

2. 莳（shì）蔬，种菜；鬻（yù），卖；采其枯，指捡拾枯萎的竹子做柴火使用。

10. 在每个成员中培育“当家意识”

倘若一个组织不能在组织成员中间培育出这样一种共同的担当，上上下下，都是工于算计，竭诚合作便也无从谈起。从一个更大框架来看，倘若一种经济形态不能体现出这种共同的担当，其发展轨迹，也必然难逃任意掠夺、挥霍无度，最终消耗自我，难以为继的宿命。

世界军事和灾难史大师威廉·麦克尼尔（William H.McNeill）说过，至少自公元前800年开始，华夏民族向长江以南，然后向“南洋”甚至更远的地方移民，但这一过程，与近代西方的殖民过程不同，基本上是一个和平的过程，军事手段只扮演了有限角色；起更重要作用的，则是移民的庞大数量，以及他们在劳动力、技术和组织手段上的巨大投入。[1]

华夏文明的影响力，主要不是靠征服、不是靠文艺、不是靠传教，也不是靠自上而下地推行什么开发政策，而主要是通过家庭经济的示范效应。于是在长江流域、岭南福建、巴蜀云南、关外东北……久而久之，不但源自黄淮流域的原始模型得以普及，而且在有些地方还提升到更加精致的水平。

没错，旧时小农的生活十分辛苦，没必要将其浪漫化。但必须指出，一种全体人民或大多数人都从体力上和心智上参与合作，分担管理责任的组织模型，实际上就是他们的生活方式。

而这样一种长期养成的，每一个体都在行为上照顾到集体效益的生活方式，比起仅仅是自在的、以一时的个体需求为中心的生活方式，必然具有明显的优越性。

责任，对于没有责任感的人来说，当然总是一份负担。但倘若一个组织不能在组织成员中间培育出这样一种共同的担当，上上下下，

1. William McNeill, *The Global Condition: Conquerors, Catastrophes, and Community*（Princeton: Priceton University Press, 1992）, pp15-16.

都是工于算计，竭诚合作便也无从谈起。从一个更大框架来看，倘若一种经济形态不能体现出这种共同的担当，其发展轨迹，也必然难逃任意掠夺、挥霍无度，最终消耗自我，难以为继的宿命。

从宋代大量出现的田园诗里，人们读到这样的描述：

昼出耘田夜绩麻，村庄儿女各当家。
童孙未解供耕织，也傍桑阴学种瓜。
（范成大《四时田园杂兴》）[1]

这厢“大儿锄豆溪东，中儿正织鸡笼”，那边“试将生计问农家，儿大扶犁女沤麻”，每一个家庭都是一个农业操作培训中心，但更重要的，是每一个成员都从这里学到了一种“当家意识”。[2]

让我们想一想：为什么不说“衙门官吏各当家”？为什么不说“部门经理各当家”？因为他们当不了家。他们所处的体制，也不允许他们当家。他们充其量可做到的是各司其职，却永远也不可能做到各尽其心。

彼得·德鲁克说：“所谓管理，就是要做到以思想替代体力，以知识取代陈规，以合作取代强制。”[3] 不过如此管理，靠什么样的组织才可能实现呢？

---

1. 范成大（1126~1193 年），南宋吴郡（今苏州）人，官至参知政事（副宰相），但因与宋孝宗意见相左，两个月即去职。《四时田园杂兴》组诗为孝宗淳熙十三年（1186 年）范成大在石湖养病时开始创作。分春日、晚春、夏日、秋日、冬日五部分，共 60 首。被钱钟书誉为“不但是他的最传诵，最有影响的诗篇，也算得中国古代田园诗的集大成”。关于这组诗还有个传说：宋孝宗原想叫范成大做宰相，以为他“不知稼穑（jià sè，农耕 ）之艰”，就此作罢。于是他写了这些诗来替自己表白（钱钟书《宋诗选注》）。本文引用的这首诗属于夏日。绩（jì）麻：把麻搓捻成线。

2. 以上诗句依次引自：辛弃疾《清平乐·村居》；章樵《伽溪》。沤（òu）麻，获得麻纤维的初加工技术。

3. 英文原文为：“Management means, in the last analysis, the substitution of thought for brawn and muscle, of knowledge for folkways and superstition, and of cooperation for force.”

11. 永续经营，不为所欲为

这反映出古时民间经济的一个优势恰恰也是它的弱势——它不具有大工业的力量；由于它的多种经营，它不能按照那种专项指标最大化的逻辑行事，因而也就不能在大自然面前为所欲为，而只能对环境尽量迁就和屈从，以换得有限的生存资源。

中国经典的田园诗里有一个类型，并不刻意渲染花花草草的美丽，甚至明确不屑于描写花花草草，而是专注田园本身的美丽，或作为经营成果的人文自然的审美：

骚人竞赋惜春诗，为惜花飞万点时。
唯有农家爱春尽，黄云堆麦雪抽丝。[1]（张嵲《次韵惜春》）

这里边提到了“花飞万点”，但其实并没有花的影子。再如：

小麦青青大麦黄，护田沙径绕羊肠。
秧畦岸岸水初饱，尘甑家家饭已香。[2]（方岳《农谣》）

这里已满眼都是开发、经营的业绩。但开发、经营同样使江山如画：

绿遍山原白满川，子规声里雨如烟。
乡村四月闲人少，才了蚕桑又插田。（翁卷《乡村四月》）

1. 黄云堆麦雪抽丝，将成熟的麦子比喻成黄色的云，将蚕丝比喻成白雪。此句是从王安石那里借来的比喻，王安石名句：“缫成白雪桑重绿，割尽黄云稻正青。”
2. 甑（zèng），古代蒸饭的一种瓦器。

有人的介入和作为，却感觉不出是一种生硬的外在强力。这反映出古时民间经济的一个优势恰恰也是它的劣势——它不具有大工业的力量；由于它的多种经营，它不能按照那种专项指标最大化的逻辑行事，因而也就不能在大自然面前为所欲为，而只能对环境尽量迁就和屈从，以换得有限的生存资源。

正是由于这个原因，美国农业科学家富兰克林·金（F. H. King）根据自己在亚洲的9个月考察而写成的名著《40个世纪的农民：中国、朝鲜和日本的永续型农业》最近接连再版，在亚马逊网上颇受好评。

这样一种人与自然的关系，只能是个体经营的结果——历史已然证明，一旦按照大工业的逻辑行事，人的开发竟会怎样地肆无忌惮。

然而大工业不可持续，其内在逻辑是专项指标，或单位效益的最大化，因而为社会创造的就业机会只会相对越来越少，以求每个员工的产出越来越大。

现在，随着经济发展，工业或大工业的运行，已变成现代社会经济活动的一部分或一小部分。更多的经济活动将重新被大量中小企业所接手。在这样的条件下，人类能否重建一种与自然的更加融洽的关系？这是对新一代家庭企业、中小企业的挑战。至少，全家人在一起过着能省则省的生活，不应该被认为是一种寒酸，而是一种美德。

12. 从精细生产到耕读传家

从企业发展的角度来看，这是一个模式转换：通过对知识的投资，开辟了一条从劳动密集型的分工合作提升到知识密集型的分工合作，从生产型的分工合作上升到高附加值服务上的分工合作的机会。

是什么造成了华夏文明与世界上其他文明的不同？法国汉学家谢和耐（Jacques Gernet）曾说过，“有两样东西属于最基本的原因，一是表意文字，以及在此基础上形成的汉语文化、汉语思维；二是精细农业，以及比世界上其他地方都更明显的种植业与畜牧业的分离经营”。[1]

表意文字的影响，需要形而上的讨论。但精细农业，尤其是水稻种植和水田操作以来，的确把每一个家庭都变为了分工合作的团队，随着业务不同而变换着它的组合。比如杨万里笔下的这一支四人团队：

田夫抛秧田妇接，小儿拔秧大儿插。
笠是兜鍪蓑是甲，雨从头上湿到胛。
唤渠朝餐歇半霎，低头折腰只不答：
秧根未牢莳未匝，照管鹅儿与雏鸭。[2]（《插秧歌》）

看看这里的田夫、田妇、小儿、大儿：这是一个复杂的生产流程，缺了任何一个人，其他三个人都不可能顺利完成一天的任务。而每一个人，都适宜地扮演着一个专业角色：田夫抛秧是因为他比女人有更大的臂力；大儿插秧是因为他比小儿能付出更大的体能，但他们都不能完全取代对方。

精细生产从来就要求具有不同能力和特点的个人之间的协作。所谓“男耕女织”，就是中国传统家庭企业的基本模式。它把家庭两个主要成员的专业化水平都提到尽可能高的水平——丈夫必须是个种田能手，有力气，还要有技术；女的也最好是个多种经营能手，手巧，要担负起全家人吃饭、穿衣的责任。这样就实现了一个企业（也就是家庭）的生存风险最大化分散。

1. Jacques Gernet (J. R. Foster and Charles Hartman trans.), *A History of Chinese Civilization* (NY: Cambridge University Press; 1996).（中译本《中国社会史》）这本书获得 1972 年的法国最高学术奖——圣杜尔奖。谢和耐是法国 20 世纪下半叶著名的汉学家、历史学家、社会学家。专事中国社会和文化史研究，在汉学界享有盛誉。

2. 兜鍪（móu），古人打仗时戴的头盔；蓑（suō），蓑衣，防雨用具；胛，肩胛，这里指肩膀；渠，他；半霎（shà），极短的时间；匝（zā），满，“莳未匝”指还没有插秧完毕。后四句的意思是说送饭的人到了，招呼吃饭并休息一会儿，但正在忙着的人连话都来不及回答。插的秧还未牢未满，所以需要照管好鹅和鸭，别让他们下田里把秧苗弄坏了。

顺着这个逻辑，又出现了“耕读传家”的模式。这一下让女人更加受累，因为物质生产的责任完全落到了她们的肩膀上。在旧时代，“读”的差事，首先是科举，则留给了男人。这个模式的投入明显是提高了，但如果走运的话，它的回报也将大幅提高——如果谁家的男人考取了“公务员”，全家就不必在水田里辛苦劳作了。

从企业发展的角度来看，这是一个模式转换：通过对知识的投资，开辟了一条从劳动密集型的分工合作提升到知识密集型的分工合作，从生产型的分工合作上升到高附加值服务上的分工合作的道路。整个过程的关键就是教育。于是，让下一代读书，就顺理成章地成为东方社区的一件喜事，正像陆游写的那样：

十月东吴草未枯，村村耕牧可成图。
岁收俭薄虽中熟，民得蠲除已小苏。
家塾竞延师教子，里门罕见吏征租。
老昏不记唐年事，试问元和有此无？（《书喜》）[1]

这样的篇什，在阶级斗争的年代，会被认为是粉饰太平。但作者的政治倾向十分明确：民间经济能缓过一口气来，必须是以政府减少征税、盘剥为先决条件的。

是的，是的，这些全都属于“中国往事”了。不过，随着20世纪后期东亚社会的动荡逐渐缓和，人们又一次地看到了多元化的家庭经济和中小企业的兴起。20世纪80年代，我在美国商学院就读，听一位韩裔教授描述亚洲人的“实用主义”时，觉得也是这个意思。他说

1. 这首诗描绘了当时的农村小康生活景象，写于陆游罢官后回老家山阴（绍兴）生活期间。当时虽然只是中等收成，但因为赋税减轻，人们家境殷实了，纷纷给孩子请老师。三国时期的东吴将会稽郡的郡治（首府）改到山阴，因此诗中称当地为东吴。中熟，中等收成；蠲（juān）除，免除；延师，请老师。最后两句，元和是唐宪宗李纯的年号，取得了自安史之乱后的一次中兴，于是陆游问，这样美好的生活元和时期有过吗？

即使在战乱期间，有心计的父母（相当于家庭企业的董事会）也会派一个儿子去当官，一个儿子去投身革命，一个儿子去欧美留学，另一个儿子在家做生意。“这叫分散风险。”他说，“只要和平一来，这些儿子们重新聚到一起，这个家族很快就会兴旺发达起来。”

然而，无论是古代，还是现代，只有分工合作，没有耕读传家（知识投入）的家庭企业是难以做到自我提升的。更何况现在没有科举了，女孩也不受歧视了，人们靠知识改变处境的前景可以说无限广阔。因此，无论是家庭福祉，还是企业发展，必将更加依靠知识和智慧。

经济全球化，是在造就新一代的员工不足百人的“迷你型跨国企业”。英国《金融时报》就曾介绍过一家生物工程公司，注册在资金最充裕的国家，老板居住在环境最优美的国家，取得样本和从事试验在法律最宽松且具国际认可度的国家，生产和服务则选择在费用最低的中国。难道一些家庭企业不能也像这样经营吗？

13. 社区领袖的大作为

古代中国的农业，之所以能够达到世界领先水平，不仅是因为每个家庭都像企业一样进行分工合作。还因为笼罩在家庭之上，有一个更加社会化的宗族、社区的网络。

一个企业内部如何合作是一回事，企业与企业之间如何合作又是另一回事。有学者说，小农之间难以合作。不合作就没有规模效应，就难管理，于是就要搞强制性的集体化（就像20世纪50年代开始搞的那一套），或者强制性的城镇化（就像现在有些地方搞的那一套）。

其实，农民社会并不存在反对合作的意识形态。但有效的合作必须都是建立在人们所熟悉的社会关系与工作形式上的。即使在“文化大革命”中，政治任命的人民公社领导人，也经常要与民间公认的群众领袖和种田专家讨论重大经济事宜；每当发生什么新的情况，总是要先找他们通报情况、交换看法。改革开放以后，“乡村精英”在农村政治生活和经济发展中的作用正在引起越来越多的关注。[1]

在大学里，有校方任命的学生干部，也有事实上的校园活跃分子。一项成功的活动，也都要靠这两种学生在一起合作的。

在工厂里，有正式的工会组织，也经常有一些非正式的群众领袖。倘若这两种人之间无法开展合作，整个企业的效益或许都会受到影响。

古代中国的农业，之所以能够达到世界领先水平，不仅是因为每个家庭都像企业一样进行分工合作。还因为笼罩在家庭之上，有一个更加社会化的宗族、社区的网络。这种社会网络，为在一个地域的家庭企业之间开展合作提供了纽带。这样的合作，至少从宋朝的文学里就有反映：

> 大家齐力斸孱颜，耳听田歌手莫闲。
> 各愿种成千百索，豆萁禾穗满青山。
> 北山种了种南山，相助力耕岂有偏。
> 愿得人间皆似我，也应四海少荒田。（王禹偁《畲田词》）[2]

据说这是描写在尚属发展落后地区，山民相互帮助，烧榛种田的景象。乡村歌手大概就起到了一边鼓动劳作，一边调节生产的功能。至于歌手是谁？谁叫他唱的？却没有说。

在比较发达的地区（这里的水利工程是从什么时候开始兴建的，

1. 参见黄博、刘祖云《“乡村精英”：一个无法回避的词汇》，《中国社会科学报》2011年5月12日，第11版。

2. 畲（shē）田，即火耕；斸（zhú），砍伐；孱颜，山高貌；千百索，索为绳索，山民以百尺绳来丈量田地，这里的意思是山民希望能多多开垦田地。作者王禹偁（chēng），北宋人。世为农家，历任右拾遗、翰林学士等官职。因敢于直言进谏，曾屡次被贬职。《畲田词》是其被贬为商州（今陕西省商洛市）团练副使期间所作。

人们已记不得了），歌声的节奏同样发挥着社区动员的作用：

年年圩长集圩丁，不要招呼自要行。
万杵一鸣千畚土，大呼高唱总齐声。
河水还高港水低，千枝万派曲穿畦。
斗门一闭君休笑，要看水从人指挥。[1]（杨万里《圩丁词十解》）

在这里，人们看到还有一位叫做“圩长”的社区领袖在带领人们完成一项相当精密的水利工程。“圩长”到底是怎么产生的？诗人没有说。猜想应不是自上而下任命的，虽然也未必是现代人所向往的那样，是公开选举产生的。他说不定就是一位社区长老，最起码也得是由社区长老（大宗族的领袖）所认可的人物。不管他的产生程序如何，如果得不到民间认可，他是无法开展工作的。

在旧时中国，搭建社会网络的节点，或者说促成社会合作的关键人物，往往是宗族领袖、社区长老一类的人物。这种“长老协商制”，虽比不上一人一票的公决制那么公开、平等，却也不能说是一种反民主的机制。在重视影响力、人缘和经验的商人社会，这样的组织机制，仍有其合理性。加以扩大和规范，它应有助于社区基础上的地方自治和网络基础上的行业自治的发展。

需要看到的是，当今世界上的一些重要的国际标准，如物联网的RFID和EPC，以及供应链管理的CPFR，都是由几个大商业联合会拥有的。[2]它们全是由国际商业的行业精英所组成的会员机构，而沃尔玛

1. 圩（wéi），圩者，围也；圩田是指围田于内，挡水于外，围内开沟渠，设涵闸，实现排灌的水利田。圩田是中国古代江南人种田治水实践中的创新，两宋时期发展迅速。圩长，主管建设圩田事务的人；圩丁，修筑圩田的人；畚（běn），畚箕，运土的工具；港水，指圩内挖的渠水；千枝万派形容圩内的水渠多；斗门，指灌溉系统中的水闸。需水时打开斗门，水多时可关闭斗门。

2. RFID（Radio Frequency Identification），射频识别；EPC（Electronic Product Code），产品电子编码；CPFR（Collaborative Planning，Forecasting and Replacement），协同规划、预测与补货。

就是这些机构里的一个大“长老”。

14. 南宋社区保卫战的启示

整个的南宋，都是在断断续续的守城战中度过的。而且相对于围城的对手，守军通常既无数量上的优势，也无增援的指望。尽管如此，有些战绩，甚至远比辛弃疾、向子諲的作为更为辉煌。这些都是地方长官与当地社区协作的成果。

中国的古城，大多有着自己的抗战业绩。在战火中一次次坍塌的城墙和堆积的尸骨，总是让人感到有一种贯穿古今的悲壮——每当长城失守，中央溃败，都有民间势力挺身而出，奋起抗争，从中人们不仅看到了传统社区里的生产合作，还看到了以此为基础的武装自卫。

长沙是一个有着这种可歌可泣的历史的城市。今天的营盘街，据说就是南宋辛弃疾将军在做地方长官时建立飞虎军的地方。那是他怀着将来对金作战的战略企图，以朝廷拨款和就地筹措（包括个人出资）的方式建立起的一支武装——可惜最终却没有派上用场。

在辛之前，另一位叫向子諲[1]的地方长官，的确带领过民众与金兵英勇交战。而此时的全国局势，北宋已灭亡，两个皇帝都已沦为战俘；而南宋新皇帝被敌兵一路追逐，登船出逃，直至温州。如此局面，多亏各地军民自主自卫，才有所稳定。不过今日之长沙是否还找得到与向子諲有关的遗迹，却不得而知了。

辛弃疾和向子諲都要抗战，也都会填词。辛有“把吴钩看了，栏杆拍遍，无人会，登临意”的壮词，向子諲也有“故园目断伤心切。

1. 向子諲（yīn）（1085~1152 年），临江军清江（今江西樟树市）人，宋代大臣。向子諲力主抗金，曾因与主战派大臣李纲友善而遭到权臣排挤。后因反对和议、触怒秦桧而被革职。向子諲曾为秘书阁直学士，延阁是汉代皇家藏书处，故下文诗中称其为向延阁。

伤心切。无边烟水，无穷山色”的名句。[1] 但两人在驻守长沙期间，却来不及留下相关的作品。

反倒是另一位叫陈与义的诗人，作为旁观者，记录下了在向子諲带领下的抗战事迹[2]：

庙堂无策可平戎，坐使甘泉照夕烽。
初怪上都闻战马，岂知穷海看飞龙。
孤臣霜发三千丈，每岁烟花一万重。
稍喜长沙向延阁，疲兵敢犯犬羊锋。[3]（《伤春》）

诗中的“向延阁”就是向子諲。所谓“疲兵”，指的是非正规武装。但即便是“疲兵”也敢与来势汹汹的敌军交锋，与战略上一误再误，眼睁睁看着国家被捣毁的“庙堂”（中央政府）相比，其社会影响，可谓截然不同。

整个的南宋，都是在断断续续的守城战中度过的。而且相对于围城的对手，守军通常既无数量上的优势，也无增援的指望。尽管如此，有些战绩，甚至远比辛弃疾、向子諲的作为更为辉煌。这些都是地方长官与当地社区协作的成果。身为文官的陈规，还研发出了先进的守城火器，撰写了中国历史上第一部关于守城的军事专著。[4]

1. 以上词句依次引自：辛弃疾《水龙吟·登建康赏心亭》；向子諲《秦楼月》。

2. 陈与义（1090~1138 年），北宋徽宗时任太学博士，南宋高宗时历任礼部侍郎、中书舍人、参知政事等职。建炎三年（1129 年），金兵渡江，攻破临安，宋高宗从海上出逃。建炎四年春（1130 年），金兵又攻破明州（宁波），宋高宗奔逃到温州。而这年春天金兵也攻打潭州（今长沙），向子諲率领军民死守。下面的《伤春》一诗就写于此时。

3. 甘泉，汉代皇帝的行宫，该句诗指告急的烽火把皇帝的宫殿都照红了；犬羊，金人为游牧民族，与犬羊为群，故以犬羊锋来形容金兵的进攻；飞龙；指宋高宗乘坐的大船；烟花，泛指春景。

4. 陈规（1072~1141），密州安丘（今属山东）人。兼有文韬武略。任顺昌（今安徽阜阳）知府时，击败金兀术率领的金军主力的围攻。
《守城录》记述了陈规研制成长竹竿火枪在守城作战中发挥的作用。还阐述了炮在守城中的新使用方法，提出“善守城者”要“守中有攻”，主张改革旧城廓，以增强防御能力，等等。

在现代商战中，中小企业以地区、行业、价值链为单位的社区自卫也时有必要。温州打火机厂商联合起来应对美国厂商的反倾销诉讼，可能就是中国进入 WTO 后在国际商战中社区自卫的最初战例。这种现代意义的社区自卫战，也需要有自己的“长老”以及像辛弃疾、向子諲、陈规那样的精英人士参与管理和提供咨询。

但问题是，能够聚拢广大中小企业的社区组织在哪里呢？能够代表它们利益，在国内、国际市场上开展集体自卫活动的社区长老和精英人士又是谁呢？

15. 灵活机动，随机应变

小农经济里的那种多元化，偏偏能够在财务管理上，达到短期业务支持基本业务，现金收益抵御长期风险的结果。这样的多元化是健康的。

每到 5 月底，在大城市里，很多来打工的河南人和安徽人就不见了——他们都回老家去收麦子去了。收完了麦子，他们还会再回到城市里。

这反映出家庭经济的一个特点：战线扩张，战线收缩，只需一声招呼，或者不用打招呼，就能办到。不像在大企业里那样，部门利益，个人得失，把整个公司整得人怨沸腾。自古以来的一个典型例子，就是人们在收获时的表现：

新筑场泥镜面平，家家打稻趁霜晴。

笑歌声里轻雷动，一夜连枷响到明。[1]（范成大《四时田园杂兴》）

1. 连枷，脱粒农具。由一个长柄和一组平排的竹条或木条构成，用来拍打谷物使之脱粒。

合作得颇为惬意，是不是？不过收获完了，一家人又自动散开，分头继续去做各自擅长的经营（虽然古时鲜有进城打工的机会）：

安石榴花猩血鲜，凉荷高叶碧田田。
鲥鱼入市河豚罢，已破江南打麦天。（陈造《早夏》）

于是人们又看到了各种色彩的家庭副业——在"竹外桃花三两枝，春江水暖鸭先知"里有家禽；在"断云一叶洞庭帆，玉破鲈鱼金破柑"里有水产和果园；在"漠漠余香着草花，森森矛绿长桑麻"里有纺织业；在"田塍莫道细于椽，便是桑园与菜园"里有长满各种作物的庄园……[1]

早在西周，宗族经济中多种经营就十分成熟，《诗经》中一首《七月》，所载作物、植物，主业、副业，已目不暇接。但依照流行理论，这些都是效率低下的"小而全"；现代经济的准则是专业化，各家各户的农民应不管三七二十一把家禽、果树和织布机都卖掉，全力以赴去搞大农业。

没错，很多现代企业都是由于盲目多元化，把内部资金周转给打乱和延缓了；严重的，甚至让一个环节的问题把整条资金链崩断，全盘皆输。但从本质上说，现代企业扩张失败并非多元化的必然结局，而是财务上各项业务缺乏配合、相互掣肘所致。

而小农经济里的那种多元化，偏偏能够在财务管理上，达到短期业务支持基本业务，现金收益抵御长期风险的结果。这样的多元化是健康的。农业是长周期的生产，资金周转很慢，还会受到气候和市场的较大影响。但一旦农业溃败，就可能威胁到农地的占有，因而断送整个家庭赖以生存的信用条件和保险机制。养些家禽，做些女红，这

1. 以上诗句依次引自：苏轼《惠崇春江晚景二首》；米芾（fú）《垂虹亭》；方岳《农谣五首》；杨万里《桑茶坑道中八首》；田塍（chéng），田埂。

些短期现金收入，恰恰可以帮助农户在尚未有收成或收成不大理想的时候继续坚持对农业的投入——同时继续保持对农地的占有。

在影响到农业收成的关键时刻，比如收获季节，整个家庭的人力、物力，马上就会聚拢到一起完成最主要的工作。所以说即便在资源贫乏的经济条件下，多种经营也不会影响主营业务的发展。这也归功于各种副业对资源和时间占有的弹性。

由此看出：小农经济，不仅是一个组织模式，还是一个资源调配、财务管理的模式。

过去人们以简单的阶级斗争观点来看历史，认为政府只会压榨农民。其实，小农经济的模式与大一统官僚帝国的模式，仅从经济模式上看，很多时候却是一阳一阴，有所互补的。官僚帝国其体制只能完成有限职能，无法照顾成千上万家庭的“公司财务”，仅信贷一项，从王安石变法到改革开放三十多年后的今天，一直受社会诟病。因此享受不到国家政策信贷照顾的众多家庭和家庭企业，都不得不建立自营渠道筹措流动资金。

小农经济里的多种经营，从公司财务上讲，就是一种灵活机动、随机应变（每一年、每一季的作物、产品都可随时调整）的融资手段。

哈佛商学院有两位教授指出，在新兴市场经济体里，假如不分青红皂白推行专注战略，企业有时可能会犯错误。原因是，在这些地方，多元化经营经常是弥补体制资源缺失（如针对中小企业的金融服务）的必要手段。多元经营可使企业获得较大周旋余地和生存空间。[1]

这正如在一个家庭里，丈夫的憨厚，往往成就媳妇的精明；在一个国家里，政府的笨重，也往往成就企业的灵巧。

1. Tarun Khanna and Krishna Palepu, “Why Focused Strategies May Be Wrong for Emerging Markets,” *Harvard Business Review on Corporate Strategy* (Cambridge: Harvard Business Press, 1999), pp147-170.

第三章

组织：军队

视卒如婴儿，故可与之赴深溪；
视卒如爱子，故可与之俱死。

——孙武（吴国，将军）《孙子兵法》
公元前515年左右

16. 军队：最富竞争性和凝聚力的团体

一支典型的军队，从岳家军、戚家军，到解放军——一个社会里由陌生人组织起来的最富竞争性和凝聚力的团体。

我们看到，两千多年来的华夏文明，基本上是大一统的官僚帝国加上小农经济这两个基本的组织原型共同支撑起来的：

官僚帝国，对内消耗不已，对外延绵万里，但缺乏细腻内部机制的庞然大物——长城就是一个象征。

小农经济，精耕细作的文明产物——每个家庭都是一个经营单位，血亲和宗族关系基础上的分工合作 。

那么，考察作为另一个组织原型的军队，又会是怎样的定义呢？

首先，它不可以是随便指任何历史时期的任何军队。它不能是墨子及其弟子的神秘组织（它早已不复存在，没有现实意义了）；不能是草莽英雄、江湖草寇（因为他们的追求只不过是我行我素，没有更高目的）；不能是"胡传奎的队伍"[1]那种流氓地痞武装（因为不可能有战斗效率）；也不能是像科幻故事里的那种机器人方阵（因为从个体到集体都不具备独立思想的能力）。

一支典型的军队，从岳家军、戚家军，到解放军——一个社会里由陌生人组织起来的最富竞争性和凝聚力的团体。

1. 出自现代京剧《沙家浜》。

它是洋溢着青春斗志的组织：

少年学骑射，勇冠并州儿。
直爱出身早，边功沙漠垂。（李颀《塞下曲》）
……
部曲皆武夫，功成不相让。
犹希虏尘动，更取林胡帐。（张谓《同孙构免官后登蓟楼》）
……

它随时准备应对突如其来的危机：

……
刀光照塞月，阵色明如昼。
传闻贼满山，已共前锋斗。（崔国辅《从军行》）

它可急速调遣，轻装出击：

月黑雁飞高，单于夜遁逃。
欲将轻骑逐，大雪满弓刀。（卢纶《塞下曲》）

它做得到历尽艰难，永保斗志：

……
晓战随金鼓，宵眠抱玉鞍。
愿将腰下剑，直为斩楼兰。（李白《塞下曲六首》）

它忘我奋战，所向披靡：

……

弯弓从此去，飞箭如雨集。

截围一百里，斩首五千级。（刘希夷《将军行》）

它足智多谋，志向高远：

……

近取韩彭计，早知孙吴术。

丈夫清万里，谁能扫一室？（刘希夷《从军行》）

它战绩卓著，威震四方：

北斗七星高，哥舒夜带刀。

至今窥牧马，不敢过临洮。（西鄙人《哥舒歌》）

但它决不崇尚穷兵黩武：

乃知兵者是凶器，圣人不得已而用之。（李白《战城南》）

美国商学院每每借美国军队的组织实践为学习案例；在亚马逊网络书店上，仅与西点军校相关的领导力理论书籍就不下 50 种。

世界各国，也热衷聘用有作战经验的转业军人担任企业高管职务。

中国企业，也必须从自己社会的高强度竞争性团体的运行中，包括从古代《孙子兵法》到现代毛泽东军事思想的实践中，去寻找适合自己的启示。[1]

1. 中国人能想到的一个距离最近的范例，就是上个世纪的革命战争中共产党领导下的武装力量。

17. 营造家园和成就梦想：刘邓大军改造俘虏兵的启示

在改革开放中，国营企业革除了原先的“进了单位门，都是一家人”的不看业绩，过度平均的组织管理办法。不过随即也产生了一种以纯粹工具理性为出发点的倾向，以为组织与个体的关系越简单越好——“聘用者发钱，受聘者干活”，如此而已。这也是一种荒谬。

电影《开国大典》中有一个写实的情节：那些在三大战役第一线冲锋陷阵的战士，那些扛着军旗参加1949年天安门阅兵式的青年，其实已没有多少是操着南方口音的长征干部（他们是指挥者），而绝大部分都是中国北方农民的儿子。

这让人想到历史上另一个由北方勇士打出来的王霸时代，那就是“中军一队三千骑，尽是并州游侠儿”[1]的唐朝。

所谓“游侠”，大多是身世低贱且历尽艰难、血气方刚而生性好强之人。他们的生活细节现代人或已难以说清，但半个世纪前的太行山一带是什么样子，今天仍有人能记得——一年吃不上一顿肉、洗不上一回澡的生活绝非个别现象。但在专制者眼里（从秦国理论家韩非到日本侵华部队），他们都是社会上的不安定分子，应严加管束或无情消灭。

然而，正是这些底层人民，成为了中国革命的人力资源的中坚力量。在新中国成立初期的50~60年代，在广播电台的节目里，几乎每天都能听到有战斗英雄操着来自中国最贫穷的犄角旮旯的口音，讲述着历史上最不平凡的战斗经历。

记得《人民日报》前总编辑邓拓，曾有诗颂扬五名战斗在太行山区的八路军战士。他们在河北省易县的一次对日作战中，为掩护大部队转移，子弹打光后跳崖自尽（其中两人因被半山葛藤相绊而获救）。

1. 戎昱（yù）《出军》。

他们就是著名的“狼牙山五壮士”：

北岳狼牙耸，边疆血火红。
捐躯全大节，断后竟奇功。
畴昔农家子，今朝八路雄。
五人三烈士，战史壮高风。(《狼牙山五壮士》)

在一场原本强弱悬殊的角逐中，不是没有恐怖、没有脆弱、没有叛变。在一个有着专制传统的社会里，也不是没有谄媚、没有钻营，更不缺权术把戏和玩弄这些把戏的个人（后来风光一时的康生、陈伯达之流即是)。但在那段时间里，在一支几百万人的军队里，同时在支持它的一个有至少上千万人参与的社会运动里，怎么就会同时出现那么多不怕死的人？更有甚者，为什么那么多英勇奋斗者，竟是曾经的俘虏？

如此近乎神奇的效果是如何创造的？那就是，首先革命军队用自己有限的资源，让贫苦农民的儿子和俘虏兵感到一种集体主义的温暖(这一点是通过长征干部以身作则做到的)，让他们体会到了有生以来从未尝到过的归属感和精神家园的效应，从而激发出参与集体和回报集体的充满激情的行动。

然后，组织上对他们一视同仁，按能力、业绩提拔重用，把最有成就者尊为集体的英雄、明星——这样又为他们在个人事业上自我实现提供了前所未有的机会，甚至达到了他们自己都未曾想象过的水平。

一个典型案例，就是刘邓大军把安徽阜阳籍的俘虏兵王克勤改造为机枪班长、共产党员、战斗英雄，并在全军掀起了一场“王克勤运动”。延安《解放日报》还专门发表社论，称赞王由一个旧军队里“愚昧的奴隶”到“智仁勇全备的人民战士”的转变。这样的转变总结起来容易，但真的要付诸实践，要在革命军队吸收的据说多达百万俘虏兵(“解放战士”）身上发挥效用，却需要一个多么强大的制度保障。这种

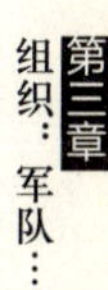

制度保障就是思想政治工作，以及作为它的专职实施者的各级政治委员和政治工作者。他们才是王克勤式的化腐朽为神奇的转变的发动者。

随着战事发展，全军英雄事迹数不胜数。朱德总司令曾激情赋诗道："我党英雄真辈出，从兹不虑鬓毛斑"[1]，已满怀自信，溢于言表。应该说，国共内战，谁胜谁负，至此即不存悬念。

在改革开放中，国营企业革除了原先的"进了单位门，都是一家人"的不看业绩、过度平均的组织管理办法。不过随即也产生了一种以纯粹工具理性为出发点的倾向，以为组织与个体的关系越简单越好——"聘用者发钱，受聘者干活"，如此而已。这也是一种荒谬。

其实这种想象中的简单关系，在实践上，并不好用；简单过头，还会反弹。这种源于资本主义大工业早期的管理思路，究其深层，仍是以行政代替管理。它无视个人发展，既不能帮助团队成员营造家园（增加归属感），又不能帮助他们成就梦想，鼓励他们争当英雄。这一思路，是知识、技能密集型的后现代企业所极力避免的。

领导力研究者在重温德国大社会学家马克斯·韦伯（Max Weber）一个世纪前留下的教诲之后，提出企业的持续发展除了要靠管理者的领导力，还要靠在它的整个营运系统中都贯穿一种领导精神。这就是让每一位员工（尤其是在知识员工的时代）都成为自己的经理人，不仅在通常情况下能完成任务，而且在非常情况下也能主动采取必要手段完成任务。

而就一支军队而言，每一个成员都发挥主动应对危机行动的顶峰表现形式，则莫过于争当战斗英雄了。在这方面，革命时代的中国曾创造过惊人的业绩。

现在，社会赋予个人的最广阔的施展空间，不再是战场，而是大大小小的营利和非营利组织。而从事管理工作的人，是不是有必要更

1. 朱德《感事八首用杜甫秋兴诗韵·攻克石门》。

好地总结那段历史，汲取它的智慧呢？

18. 刘邓大军和戚家军共同的原则：打破原有建制

企业家、经理人或许也会想到自己的团队，其“不听话”，其“没法办”，是否时而让人感到绝望？事实上，不论在何种所有制下，不打破原有组织框架，就很难推动一场变革。

废钢铁是炼钢的优质材料，但废组织（失败的组织）却是打造新组织的最大障碍。

解放战争中，刘邓大军改造敌军士兵很成功，却并不是一开始就业绩辉煌的。战争初期，它改造起义部队（如高树勋部）就未能收到预期效果。可是，为什么后来，按说改造抵抗过自己的俘虏兵更加麻烦，反倒创造了王克勤那样的战斗英雄？

后人评论道，一条原因是整编改造未打破原有建制，不易深入。但改造俘虏兵不仅打破了原有建制，还结合了诉苦运动等一系列手段，更易激发改造对象在思想上、作风上，甚至精神上的转变。[1]

其实，自古名将向来不主张把既有团队全盘接收，或随便搜罗社会人员，而都是力求按照高标准物色新人、组建新军的。当戚继光 26 岁时被调往浙江领兵平倭，刚开始也是感到力不从心。后发现浙江义乌等地人民“尤事血气，一战之外，犹能再奋”，于是决定起用新人（西方企业叫做吸收“新血”），组建新军。日后“戚家军”的中坚力量就是从那里募集的 4 千浙南健儿。[2]

中国经典兵书向来看重规模相对较小但战斗力较强的精英化部队。

1. 参阅刘统《中原解放战争纪实》（北京：人民出版社，2003），第 230~241 页。
2. 参阅黎东方《细说明朝》（上海：上海人民出版社，1997），第 271~276 页。

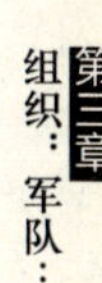

这样的部队也可被视为现代特种部队的前身。戚继光治军，军心赤诚，军纪严明，军机诡秘——其标准之高，从他的马背诗篇中也领略得到：

十年驱驰海色寒，孤臣于此望宸銮。
繁霜尽是心头血，洒向千峰秋叶丹。

——这首题为《望阙台》，即是将军率部从浙江追剿倭寇初到福建时作的。望阙台，就是他与部下登高遥望京师的地方。

霜溪曲曲转旌旗，几许沙鸥睡未知。
笳鼓声高寒吹起，深山惊杀老阇黎。[1]

——这首《晓征》前两句写部队奔袭，悄无声息；后两句写投入战斗，笳鼓喧天，连长年山居的老僧都未曾察觉一场大战的到来。

汗血炎方七见春，又随残月渡江津。
行藏莫遣沙鸥识，一片浮云是此身。

——写这一首《督兵过潮州渡》时，戚家军已横扫整个福建沿海，不露声色地开进广东境内新辟战场了。“一片浮云”云云，既表现了作为职业指挥员的他对官场博名的淡漠，连同上句，也表现了他对战场制胜的自信。

企业家、经理人或许也会想到自己的团队，其“不听话”，其“没法办”，是否时而让人感到绝望？事实上，不论在何种所有制下，不打破原有组织框架，就很难推动一场变革。无论国内国外，企业并购后两支团队顺利整编、融合的例子仍少之又少。有时，人们还看到有些

1. 阇（shé）黎，来自梵语，意思是高僧。

企业为了完成刻不容缓的业务，竟然在原有体制之外，按照新的标准另选干部，另组团队，全用“新血”，不用“老人”。

与此同时，也有些新建企业和组织，在业务超常发展阶段，不加选择、不加培训地从同行业的老国企和老事业单位里招聘雇员，不知不觉中竟使自己的企业被那些人从老单位带来的风气、文化所腐蚀、同化。某硬件庞大的私立学校，曾高薪从公立学校聘请管理干部，结果这些人为了跟现有教育体制“接轨”，一再加重学生负担，两年下来就把私立学校办得跟公立学校一样沉闷，当初承诺的特色服务却没有实现。

这样的例子，是不是有点像“俘虏”改造了“我军”，而不是“我军”改造了“俘虏”？

19. 飞将军李广的紧密协作型团队

只有在很大程度上依靠感情纽带和精神纽带的作用，这样一个组织才能将一群陌生人凝结成一个高度竞争性和创造性的紧密协作型的团队。

在历史上为什么有“岳家军”、“戚家军”的称呼？原因是这些部队人数都不算多，但战斗力都相当高，内部组织都严密得超乎寻常，俨然一家兄弟。

不过这里的“家”字，并不仅仅是传统意义上“亲如一家”的意思，而是说军人之间、团队之中，并非只须上下有序、令行禁止，而且还须要建立起强大的感情纽带。

事实上，任何在高度竞争性条件下从事突击性任务的组织，几番拼搏之后，只要不是全军覆没，其成员之间必然也会产生一种相当紧密的关系。这样的感情升华，并非军人才能有所体验。

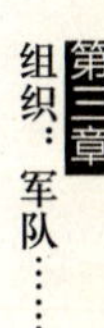

这也是为什么经典兵法一再推崇“爱兵如子”的道理。[1]这不是要求士兵一定要把长官当做自己家长（无缘无故地，他们也不会这样做），而是要求长官一定要把士兵当做自家子弟一样地对待。

这也不是说，带兵者一定要为人处世都像慈祥长者。假如吴起杀妻、孙武杀宫女、李广杀俘虏的记载全部属实，那么也说明，这些带兵者也都有相当冷血、残忍的一面。不是也有管理学者把领导者概括为“巫师加勇士”（wizard and warrior）的吗？

这里的关键，是带兵者必须懂得，团队关系和团队合作，是关系到战斗成败、个人存亡的基本问题，绝对不可玩忽。想要获得成功，他们就必须凭着近乎残忍的自我约束，要求自己做到平时与部下同甘共苦，战时先于他们冲锋陷阵。

这里一个有意思的案例就是李广。李广一辈子镇守边关有功，却总是阴差阳错未能创造出重大歼敌纪录。但后人，尤其是在尚武的唐朝，引用李广事迹的诗篇几乎举不胜举，超过与李同时代的统帅级人物卫青和霍去病，包括有“但使龙城飞将在，不教胡马度阴山”；“更催飞将追骄虏，莫遣沙场匹马还”；“卫青不败由天幸，李广无功缘数奇”；“君不见沙场征战苦，至今犹忆李将军”，等等。[2]在宋词里，也有“千古李将军，夺得胡儿马。李蔡为人在下中，却是封侯者”；“使李将军，遇高皇帝，万户侯何足道哉”；“至今父老依依恨，犹说李将军好”，等等。[3]最动人的篇章之一，当属辛弃疾的这首词：

故将军、饮罢夜归来，长亭解雕鞍。恨灞陵醉尉，匆匆未识，桃李无言。射虎山横一骑，裂石响惊弦。落拓封侯事，岁晚田间。

1. 如《孙子兵法》中“视卒如婴儿，故可与之赴深溪；视卒如爱子，故可与之俱死。厚而不能使，爱而不能令，乱而不能治，譬若骄子，不可用也”。

2. 以上诗句依次引自：王昌龄《出塞二首》；严武《军城早秋》；王维《老将行》；高适《燕歌行》；严武《军城早秋》。

3. 以上诗句依次引自：辛弃疾《卜算子》；刘克庄《沁园春》；刘辰翁《摸鱼儿》。

谁向桑麻杜曲，要短衣匹马，移住南山。看风流慷慨，谈笑过残年。汉开边、功名万里，甚当时、健者也曾闲。纱窗外、斜风细雨，一阵轻寒。(《八声甘州》)

这里人们听到的，并非是一种局外人的咏叹。作为将军，仅以作战记录而论，李和辛都很倒霉，甚至辛比李更加无所施展；但以其带兵事迹而论，李和辛都是问心无愧、无可挑剔的。

李的带兵事迹有《史记》记载："广之将兵，乏绝之处，见水，士卒不尽饮，广不近水，士卒不尽食，广不尝食。宽缓不苛，士以此爱乐为用。"意思是李广带兵，士兵还没喝完水，他就不靠近水；士兵没吃完饭，他就一口不尝。他对部下宽厚和缓，从不苛刻，因此士兵也爱戴他，乐于听他调遣。

而辛的带兵事迹，从他在长沙自掏腰包，扣押官书兴建飞虎军的记载中，也不难看出。从他后来写给旧部的一往情深的诗句"愧我明珠成薏苡，负君赤手缚于菟"[1] 云云中，更可体会。

《史记》也毫不讳言，在战略上，在指挥大兵团作战上，李的成就与卫青、霍去病根本无法相比。凭什么他在史书上有那么长的一篇传记？可以想象，即便司马迁对李情有独钟，他的记载以及感慨，还是要源自当事人、知情者的怀念。如此口碑，绝不可能是铁腕管束的结果，必然是通过与边关将士长时期以兄弟相待，甘苦均分，腥风血雨，存亡与共，才会建立起来的。

别忘了，《史记》里的《李将军列传》正是成语"桃李无言，下自成蹊"的出处。正是这些渗透着前辈将军道德感染力的文字，叫辛弃疾一边读史，一边回忆自己短暂的建军实践，一边听着窗外风雨，辗

1. 与湖南旧部的诗，见辛弃疾《送湖南部曲》。薏苡（yì yǐ），可食用或入药。语出《后汉书·马援传》，马援从交趾还，载一车薏米，有人诬陷他私载一车珍珠。后世用"薏苡明珠"指被诬陷、诽谤的人；于菟（tú）：楚人称老虎为于菟。这两句抒发了因主帅受人诬陷，辜负了能赤手空拳缚虎的猛士的遗憾之情。

转反侧，彻夜难眠。

至此人们应可想见，凡能够在高度竞争压力下显示威力的组织，比如被对手冠以“飞将军”称号的军队（这不应仅被视为个人称号），其组织逻辑，必然是既不同于官僚组织（在中国就是中央集权的官僚帝国），也不同于民间组织（小农经济里的家庭作业和社区协作）。

在相当程度上，它必须是既摆脱了世俗追求（“燕雀安知鹄鸿之志”），又不受官僚作风影响的独特模式。只有在很大程度上依靠感情纽带和精神纽带的作用，这样一个组织才能将一群陌生人（非血亲，原本相互不认识，甚至来自不同的家乡文化圈的人）凝结成为一个高度竞争性和创造性的（因为要实施各种兵法权谋）的紧密协作型的团队。

这样的组织，其实就是将一个社会的精神资源、道德价值付诸惊险实践的，全社会的精英集团。在现代社会，任何创造着与众不同业绩的组织，尤其是那种在激烈竞争中，通过接二连三推出颠覆性产品和服务而胜出的企业，都属于这种实践性的精英集团。它们的组织文化也往往具有与成型大组织（大官僚机构、大企业）和自发性小组织（家庭或个人）明显不同的特征。

在人们特别看重榜样、尊重师傅的中国，任何一个指挥员（或管理者），假如不懂得如何经营这种介乎于政府和社会（俗称“老百姓”）之间的精英组织，假如不能最起码在危机时刻发挥身先士卒的表率作用，那么他们也就根本不可能实现它的组织目标。

李广是个悲剧。在一次错失战机后，他竟以自杀保全了自己作为带兵人的名誉。但很多创造过一时辉煌的带兵者（如唐朝皇帝李隆基），却因放弃榜样角色，在有生之年就把自己的整个组织都推上了自杀的绝路——他们才是更大的悲剧。

20. 汉军靠什么赢得天下：人的因素，“仁”的因素

> 作为汉军的对立面，楚军活埋俘虏，火烧城市，赶走师爷，轻视盟友，甚至还废黜了自己曾拥立的君主，政治上远不如对手注重信誉。在两相比较时，说楚方“不修仁政枉谈兵”应是没有夸大其词。

管理学者说，在面临不确定因素时，假如任何组织不能以“人的因素第一”[1]，提不出被绝大多数成员认同的一个目标，就无法进行动员，也根本谈不上什么领导力。在春秋战国（毫无疑问是个充满不确定性的年代），虽有那么多的思想流派，有的比儒家更早，有的组织更严密，有的学问更玄妙，但毕竟儒家倡导的“仁”的观念，也就是一种以人为本的公共价值，最终赢得了最广泛的认同。很多非儒家的著作，从杂家、道家、兵家到齐法家，都接受了这个儒家话语。

所以可以说（其实这是贾谊的意思），虽然从形式上征服六国的是秦国，从思想上统一天下的，却是“仁”的价值。否则秦的权力崩溃不会那么急速，汉的取而代之也不会那么成功。

其实，用不着等到董仲舒到汉武帝的年代再呼吁“独尊儒术”，从战国后期流传下来的文献来看，除了几个归属秦国的法家人士，仁的问题（这是儒家的精髓）早已是古典政治学的一个基本共识。从实践上说更是如此。汉朝的建立，从一开始就比较注意“人的因素”，特别是在组建班子、争取民心上下工夫：

张良接受的政治学教育（《黄石公三略》不仅仅是“兵法”），远远胜过秦法家崇尚强力和迎合君主的狭隘见识。

以平等心态网罗人才，任用大量不属于草创阶段小圈子的专业人

1. “人的因素第一”，经常在西方管理学著作中表现为“people first”。

士，而不是仅仅依靠一帮打手、喽啰争夺地盘。

陆贾的不能马上治天下说，虽然刘邦听起来不舒服，但毕竟也接受了。况且陆贾同时也声明，他对“诗”、“书”的理解，就是“文武并用，长久之术”。

占领咸阳后，张良、樊哙等对刘邦提出的不要当“富家翁”的劝告，以及汉军颁布的包括自我约束内容的“约法三章”，表明了在社会管理上的宽容和效率。[1]

作为汉军的对立面，楚军活埋俘虏，火烧城市，赶走师爷，轻视盟友，甚至还废黜了自己曾拥立的君主，政治上远不如对手注重信誉。在两相比较时，说楚方“不修仁政枉谈兵”[2]应是没有夸大其词。唐人的评价，还有更不给面子的：

阿房宫尽客谁来？可惜连云万户开。
秦地起为千载业，楚兵焚作一场灰。
应知长者名终在，只是人生意不回。
何事暴成还暴废，祖龙须死项须摧。（张祜《经咸阳城》）

宋人也说：

项羽天资自不仁，那堪亚父作谋臣。
鸿门若遂樽前计，又一商君又一秦。（钱舜选《项羽》）

这是说楚军仅以强力拼抢，即使当政，其政策导向恐与秦朝无异。而汉军的作为，虽未直接评价，言下之意却已仁义得多。当然，历史细节人们怎样理解，自可长期争论下去。但倘若现代人仍觉得司马迁

1. 楚汉相争的中双方政策，见林剑鸣、赵宏《秦汉简史》（福州：福建人民出版社，1995），第95~115页。

2. 汪遵《项亭》。

可信的话，他已明文记载，秦地的人民，对汉军的政策感召，回应是颇积极的，甚至“唯恐沛公（刘邦）不为秦王”。[1] 相比之下，倒是后来的儒，当它的说教被抽空了实践中的“人的因素”，越发地沦为“繁文缛礼”的同义词了。

或许也可看出，“仁”与“不仁”之间的界限，恐怕不像一道鸿沟那样明显；往往稍有不同就让员工感到价值取向上的巨大差别，正反都是如此。中外资企业之间的人才竞争，在工资标准日渐趋同的今天，谁占上风？谁得先机？很大程度上取决的是企业能为员工个人发展做到些什么。

仅以在华国际企业为例，效益好的，为员工制订个人事业发展计划的有之，建员工住房、为员工安排内部贷款的有之，办员工子女幼儿园、学校的也有之。相比之下，某些企业（内外资都有），却明显留不住人，也不寄希望于积累人才，几年以后它们将怎样维持？让人担心。

21. 军队中的幕僚角色：军师亦是王者师

> 中国人自古讲究“用师者王”，实际上隐藏着一种民间根深蒂固的不安全感——那就是人们根本不相信没有师傅的人，或自动摒弃知识、隔绝智慧的人能做“王者”。“王者师”的见识和形象在很大程度上就决定了整个决策过程的理论高度和公众认同度；王者师的建议和际遇也在很大程度决定了整个组织的成败和命运。

即使是经常被人看做很迂阔、很保守的儒士，在记载历史的时候，也绝少把升平年代完全归功于君主个人的——有时你感到，他们崇敬孔子只不过是托词，而贬低眼前领导人（或当前朝政）才是真正的目的。

以现代人解读历史的方法重读他们的记载，就愈加感到有时与其

1. 司马迁（韩兆琦评注）《史记・高祖本纪》（长沙：岳麓书社，2004），第 202 页。

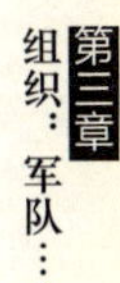

说有为君主（这些人往往都有军师）实现了自己的抱负，还不如说是这做军师的人（真正有眼光的战略家）通过支配君主的思想而实践自己的理论。当然，历史上最成功的案例，应该是所谓君臣际遇的二者配合的结果——人们读历史，对楚汉之争、西汉之初尤为津津乐道，想必部分地也是出于对那时的君臣关系（特别是刘邦、张良的关系）的神往。

甚至一些现代历史学家，也说与各朝代相比，汉初大概是中国大一统官僚帝国模式在管理上最不残酷、最不僵化的时期。理由之一，是君主及皇族对专业管理人才没有太多的限制。

人们因而可以想到，在讨论领导力的时候，不能单看个人。领导力不可简化为最高权威者的个人胆识、才能的代名词。领导力是一个综合概念。它首先是表现在高管层（或俗称领导班子）各成员的相互的工作关系之中。

一个组织里那些身居首位、抛头露面的人，本人素质再好也不可能完美——这是在 21 世纪的中国，人们用不着避讳的一个现实。那么然后呢？承认了这个现实以后该怎么办？甩手不管“由他去”吗？不符合现代公民的责任。像互联网上的愤青那样凡事呐喊，甚至故意“反弹”，但不出主意、不提建议吗？未免显得太不成熟。一个最有效的途径，就是直接以自己的智慧去影响组织的决策，促进组织的管理。

这也是为什么在那些历史上最有成就的君主或领导人的背后，人们总是能看到一些智慧人物的身影的缘故。这些智慧人物帮助他们整合来自各个渠道的信息和知识，实时调整决策和执行的策略，以求实现有可能达到的最佳管理目标。现代管理学者指出，企业的领导力经常要取决于 CEO（首席执行官）与他们所紧靠的人——他们叫“亲密咨询者”(intimate counselor)，中国人对此也可戏称为“亲密战友”的关系。[1]

1. Kerry Sulkowicz, “Worse Than Enemies: The CEO’s Destructive Confidant”, *Harvard Business Review*，February 2004，pp65 -71。

中国人自古讲究“用师者王”，实际上隐藏着一种民间根深蒂固的不安全感——那就是人们根本不相信没有师傅的人，或自动摒弃知识、隔绝智慧的人能做“王者”。“王者师”的见识和形象在很大程度上就决定了整个决策过程的理论高度和公众认同度；王者师的建议和际遇也在很大程度决定了整个组织的成败和命运。

当然，王者师的职责，并不同于迈着四方步、说话不着边际的“儒者”；他们还要会急中生智。比如楚汉之争中，刘邦促请韩信出兵，韩却非要刘封他为王，据说刘气得张口要骂，但骂声还未出口，就被一旁的张良、陈平赶紧踩他的脚制止住了。交头接耳一阵后，刘才转而貌似爽快地同意了韩的要求。正如后人评论的：

笑赌乾坤看两龙，淮阴目动即雌雄。
兴王大计无寻处，却在先生一蹑中。（杨万里《读子房传》）

此处“两龙”指刘邦和项羽，“淮阴”指韩信——韩信支持谁，谁就稳操胜券。但在这个节骨眼儿上的刘邦竟有何为？他既无战略眼光，也无战术创意，只不过及时从“先生一蹑”中领会了师傅的启发。

先生就是先生——正如后来打下了江山，刘邦公开承认的：“运筹帷幄之中，决胜千里之外，吾不如子房。”

实际上，为了建立一个给领导人提供决策咨询意见的机制，现代军队里都有参谋部和参谋长的职务——虽然参谋得怎么样仍然因人而异，另当别论。

在中国古代，某一级别以上的长官都可以建立自己的幕府，或咨询班底，由他们自己挑选的有识之士参加。

有回忆说，即使在艰苦的战争环境下，在延安也举办过各种高层理论学习活动，有些内容甚至堪称世界领先，如对克劳塞维茨的《战争论》与《孙子兵法》的比较研究。

这些都是帮助一个组织的领导人一边工作，一边学习，一边整合各种有用信息的行之有效的制度。然而在现代企业里（无论中国、外国；国企、民企），却经常没有一个相应的机制辅助高层决策，更不消说把社会上、世界上相关的最新见解、最新理论说给领导人听。很多领导人身边的秘书，以及很多机构的秘书处、办公厅，已不具备决策咨询的功能和能力。那里年轻的（或不再年轻的）书生，大体也都属于为领导拎包的角色；在现代体制下，已也找不到类似幕府那样的设置。

这样的情况，长此以往，很可能会造成灾难。思想是行为的先导。但是企业家安排自己的学习，或许比创业还要难。正像斯坦福商学院教授杰弗瑞·菲佛（Jeffrey Pfeffer）说过的，他们面临的问题，一是有大量高风险决策要做，也就是每天都要面对新的智力挑战；二是虽然他们渴望智力的支持，却因工作繁忙，没有时间用来潜心研读理论著作（那种书不是每天三五分钟就能读下来的）；三是倘若干脆放弃读书，单凭民间智慧（conventional wisdom）进行决策，民间智慧却未必是放之四海而皆准的真理，在不同的条件下，甚至还会发生误导。

由此可见，一家不太小的企业，是有必要建立自己内部的决策辅助机制的。出于灵活性的考虑，可能一种现代化的 CEO 幕府（私人咨询师）加上一种专题性的高层研讨班的形式，会更加适合中国企业。

顺便说，古代幕府里边的关系，虽然说肯定也是君君臣臣，但不同意见的存在，也还是允许的。看看曾国藩与其幕府参事的谈话记录，我们可以得知，宣统退位 50 年前，他们就已在议论国家不可挽回的颓势了。在当时，那些话如果公开说出，一定要招致杀头之祸。

顺着这个思路说下去，即便采取不定期的形式找一些有见识“清议者”一起聊聊，大概也能帮助 CEO 开阔眼界，吸取新知，为迎接即将发生的变化做一些思想上的准备。

22. 破立须兼行：为什么农民军有的成功有的失败

要做到“破字当头，立在其中”就得一边去破，一边去立。历史上成功的战争，尤其是改朝换代、新旧交替，或一个主义推翻另一个主义的战争，都是这两个过程的同时进行——只不过战场硝烟滚滚而来是在明面上，而书窗灯火冥冥闪烁是在幽暗中，人们不易察觉而已。

大家都爱说“不破不立”。破旧当然好。但破旧并不等于立新，只是为立新创造条件，开辟空间。打不出一面旗帜，推不出一个价值，连口号都提不出一个，人们将仍在废墟上生活。时间一长，就会有人感到破还不如不破。

破和立毕竟是两个过程：一个是突破、打破旧的框框，另一个，是提出和实现新的价值。要做到“破字当头，立在其中”就得一边去破，一边去立。历史上成功的战争，尤其是改朝换代、新旧交替，或一个主义推翻另一个主义的战争，都是这两个过程的同时进行——只不过战场硝烟滚滚而来在是明面上，而书窗灯火荧荧闪烁是在幽暗中，人们不易察觉而已。

时而有农民造反，刚开始都是一呼百应，大家都全身心地投入。但往往接下来却未能做到边破边立——纲领不明确，组织不严密，配合不顺畅，结果闹得半途而废。柳亚子有诗评论太平天国的教训，其中一首写道：

白头宫女谈天宝，名士新亭有泪痕。
一样兴亡千样感，南东事业倍销魂。
（《题〈太平天国战史〉六首》）

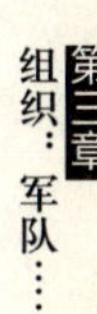

所谓“南东事业”，指的是南王冯云山沙场战死，东王杨秀清内讧被杀，暗示在造反大业尚未完成的时候，其内部就已种下类似唐朝安史之乱、西晋八王之乱的种子了。

不能实施自己的施政纲领，不能履行自己的施政诺言，任何看似风起云涌的事业都是不可长久的。比如20世纪90年代以来，世界上很多的政权更迭，都向人民承诺民主，结果大多充其量变成西方民主的微缩景观复制品，市场更自由些了吗？法制公平些了吗？都不能保证。这些地方的政治难免会有反复。

还有一些自称另辟蹊径者（其实一些成熟市场经济国家就正在试图改革）——另辟蹊径自然可爱，但时而却有大方向不清的嫌疑。比如说全球金融危机期间，那么多西方知识分子跳起来高呼银行国有化。但国有就要国管，西方国家什么时候培养过为直接代表国家利益的金融管理干部呢？连人都没有，又遑论机制。

军事上的成功，生意上的成功都要求破立兼行。军事上的成功，要求及早搜罗民间精英，改善内部制度；生意上的成功，也要求有一个眼界、一个大目标，并根据现实情况不断调整这个目标的能力。这样的军队和企业，论内功，都是学习型组织。

在推翻对手政权或打破别人垄断的过程中，这些组织也都能采取重要步骤，推进自己的内部建设。这让人想到，楚汉之争中，在刘邦身边早就有陆贾义正词严地告诉他，虽然你可以“马上得天下”，但却不能“马上治天下”。

有意思的是，不管后人怎样小看刘邦，说他流里流气也好，两面三刀也好，尚未当上皇帝的他虽面有不快，毕竟听进去了这个劝告，甚至请陆贾开设高层讲座，专门讲秦朝统治失败的教训。陆贾的讲座，结集称《新语》，一直流传至今。

在专制横行、斯文扫地以后，在戎马倥偬、逐鹿中原之中，陆贾能在破都没来得及破完的关头，挺身而出呼吁不能马上治天下。这也是代表了先秦儒者主动干预政治、劝导权力，并勇于“明知不可为而为之”的道德责任感——虽然这一次碰巧“可为”了。

后人也有诗评论这段历史：

汉方扰扰袭秦风，勇士相高马上功。
唯有君侯守奇节，能将新语悟宸衷。（朱淑真《陆贾》）[1]

后两句说只有陆贾（“君侯”）能以自己的论著和劝导影响君主的思想（“宸衷”）。可见后人看重的，不是陆贾“马上说诗书”的风流儒雅，而是它的影响。（请注意陆贾讲的也并非四书五经，而是在秦政新鲜教训基础上自行阐述的政治学原理。）历史明文记载，正是由于刘邦阵营里的知识分子（不仅是儒者）的劝导，才有效制止了汉军进入咸阳城后烧杀抢掠；而且也正是由于他们的作用，汉初才有可能采取一套比较切合实际和比较平稳的治国方略。

在历史上，破中有立，汉朝的建立应算一个典型；破中没有立，而且始终未能自立的典型却是2000年后的太平天国。其间差异，起决定因素的，并不在于那些起事造反的人（在刘邦身上甚至还可以说是在政治上趁火打劫）有多大见识、多高水平，而是在于有没有，以及能不能有一个“马上说诗书”的机制。

1. 朱淑真（约生活于南宋高宗、孝宗时期），仅次于李清照的女词人。生于仕宦之家，相传其婚姻生活不幸，抑郁而终。

23.“招降纳叛”是大功夫

项羽不是没本事，可偏偏却不知道真正的力量在什么地方。那么什么是真本事呢？——那就是把天下所有人的本事都变为自己资源的本事：“夫能因人之智而任之不疑，则天下之智皆其资也，此所谓真智也。”

楚汉相争的时候，虽说刘邦的军力比不上项羽，但在团队的经营上，前者的“道”要远比后者深得多。在刘邦的团队里，不但有从一开始就跟他起事的人，也有与项羽阵营有瓜葛的人，还有不少原先在项羽阵营里然后出走或叛变的人。清人严遂成多有精彩的咏史诗传世，下边一首吊念楚霸王的，就包含这个意思：

云旗庙貌拜行人，功罪千秋问鬼神。
剑舞鸿门能赦汉，船沉巨鹿竟亡秦。
范增一去无谋主，韩信原来是逐臣。
江上楚歌最哀怨，招魂不独为灵均。(《乌江项羽庙》)

韩信就是在项羽的阵营里待得憋屈才加入到刘邦阵营中来的——不仅韩信，连张良、陈平等大谋士都是被项羽不尊重、不信任、不当回事推到刘邦这边来的。最可怜的是范增，七十多岁给项羽当谋士，结果被老板受人离间后吊销军权，气得出走后还没走到家就病死了。

至今仍有不少人同情项羽。写文章字里行间流露出对他性格的喜爱；就连严遂成的诗，都是写给他的，其中第三、第四句是对项羽的称颂。但对于刘邦、项羽两方之间在用人之道上的悬殊，人们也是历来直言不讳，严也不例外。在这方面，唐人曾有一首诗，是名作：

布衣空手取中原，劲卒雄师不足论。
楚国八千秦百万，豁开胸臆一时吞。(徐夤《读汉纪》)

所谓“楚国八千秦百万，豁开胸臆一时吞”说的也是各方的人力和人才，一时全被刘邦搜罗起来，派上用场。相比之下，项羽这边，“范增一去无谋主”，是一个人才管理失败在先、战场失败在后的典型案例。宋时也有人写道：

八千子弟已投戈，夜帐犹闻怨楚歌。
学敌万人成底事，不思一个范增多？（陈洎《过项羽庙》）

第三句，是说项羽年幼时不爱学习。大人教他写字，他说会写名字就行了；教他击剑，他说击剑只能跟一个对手打。最后，大人问他到底想要学什么，他信口就说要学“万人敌”，大约是领兵打仗。可是学成了那一套又有什么用？诗人问，结果连范增一个人都容不下，不失败也是怪事。

后世兵家评论说：“汉王之于智盖疏矣，以其能得真智之所在，此所以王；项羽之于力尝强矣，以其不知真力之所在，此所以亡。”意思是刘邦没什么本事，但能找到真正的本事；而项羽不是没本事，可偏偏却不知道真正的力量在什么地方。那么什么是真本事呢？——那就是把天下所有人的本事都变为自己资源的本事：“夫能因人之智而任之不疑，则天下之智皆其资也，此所谓真智也。”[1] 就连刘邦也公开承认“项羽有一范增而不能用，此其所以为我擒也”。

这就是说要最大限度地调度和支配天下的智慧——也包括招降纳叛，包括比对手更加高超地使用对手曾使用过的人。

1. 冯东礼《何博士备论注释》（北京：解放军出版社，1990），21~22 页。

第四章

战略：心态

战战兢兢，如临深渊，如履薄冰。

——《诗经·小雅·小旻》

西周末期

24. 战略是一种心态

［那是一种心态上的准备。是在日常环境下，甚至在整个世界好像都沉浸在消沉或陶醉中的时候，仍在企盼命运召唤，随时一跃而起去干一番大事业的心理状态。］

有一个现象。那就是生意容易做的时候，好像大家都在埋头做生意，没有人顾得上什么战略不战略、计谋不计谋；到了生意困难的时候，尤其当危机到来，没有人能做得好生意，却好像人人都在讲策略。

本世纪初互联网泡沫破裂以后，英国《经济学家》曾发表文章，说多亏危机再度降临，使企业家、经理人有机会再次拿起了尘封多年的《孙子兵法》、《战争论》等经典著作，去重新琢磨战略这个看似“玄而又玄”却永远也绕不开的课题。那么到底什么是战略？《经济学家》文章把它定义为一种“准备状态”或“临战状态”（preparedness），也就是一种能力，这种能力可随时调动一切可以调动的资源去促进企业目标的实现，以及去排除影响这一目标实现的一切干扰。

管理学家惯于从企业能力（capabilities）的角度来探讨企业战略。那些把战略定义为“准备状态”的人，也认为只有追求随时可应对不测的能力，企业才可能真正建成学习型组织。

在这种“准备状态”里，到底要准备什么？应该不是做书法时要备齐文房四宝，见顾客时要穿上西装革履那种形式上、表面上的准备。那是一种心态上的准备。是在日常环境下，甚至在整个世界好像都沉浸在消沉或陶醉中的时候，仍在企盼命运召唤，随时一跃而起去干一

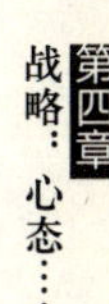

番大事业的心理状态——那是李白“壮士怀远略，志存解世纷”的心态，是杜甫“致君尧舜上，再使风俗淳”的心态，是辛弃疾“要挽银河仙浪，西北洗胡沙”的心态，以及陆游“起倾斗酒歌出塞，弹压胸中十万兵”的心态。[1]

在现实生活中，一些领导者，本来是有能力的人，可为什么执掌大权后不大功夫就能把一个本来看起来好端端的企业（或事业）输掉？

这也往往跟他们的优柔寡断、一味守成的心态有关。这样的领导人，无论什么锦囊妙计都没有兴趣听，听了也没有意志去实行；他们关心的，只是不出差错，可各种差错偏偏最容易从这样的领导力下滋生。

于是，与其跟人们（或你自己）一上来就讨论兵法、计算得失，倒不如先矫正一下心态。这就如同跟一向怕狗的小孩子解释小狗是人类多好多好的伙伴一样，不如先调整一下他的心态，比如带他慢慢接近邻家的小狗，先跟它招招手，然后一边走过去一边说：“你看小狗是不是很好看呀？你看它是不是很乖呀？你也养一只这样的小狗好不好呀？……”

或者再冷峻一点，像某些教练那样，直到在训练场上把体育队员折磨到半死——等到他们一个个都瘫倒在地板上的时候，再向他们冷冷地说：“还有想当冠军的人吗？如果有的话，那就站起来给我看。”

“功名机会，要须闲暇先备[2]。”跟怕狗的小孩子讨论人与动物的友谊，与丧失意志的运动员讨论竞赛策略，是白费口舌。同样道理，与

1. 以上诗句依次引自：李白《送张秀才从军》；杜甫《奉赠韦左丞丈二十二韵》；辛弃疾《水调歌头·寿赵漕介庵》；陆游《弋阳道中遇大雪》。

2. 刘仙伦（南宋人，布衣）《念奴娇·送张明之赴京西幕》。张明之是刘仙伦的朋友，要去京西幕府（在宋金对峙的前沿襄阳）供职，当时宋金正处于相持状态，前沿地区也保持着平静。刘仙伦勉励张明之“勿谓时平无事，以言兵为讳”，做足准备，将来为恢复中原立功。

那些没有意愿去改变平庸、颠覆市场的企业领导人去讨论战略又会有什么成果？假设你的职业是战略咨询，当你从面前客户的言谈举止中看不出他们有任何带领团队、营造成功的精神，那么对那种“望之不似人君”的人又有什么战略咨询服务可提供的？

为了回答人们对他纸上谈兵的批评，哈佛大学战略大师迈克尔·波特（Michael Porter）也说：“概念的本质是一样的——战略和操作问题都只在行动的层次上才能被理解得最好。”德鲁克更反复强调：长期计划是建立在短期计划基础上，短期计划又是建立在当下行动的基础上的。话都说到了这个地步，还有什么不清楚的？连动都不动，甚至连动的冲动都没有，你还浪费什么时间讨论什么战略？

振作精神，鼓起勇气，先动起来，换个活法——这是企业家、经理人让自己同时也让自己的团队进入“战略状态”的第一步。至于这一步如何迈出，是采用诱导法还是激将法，相信具有一定管理经验的人自己就能把握。其实在市场经济环境下，在企业里，尤其在中层经理人中间，竞争心态，天然存在。有时哪怕是与他们交谈几句，企业领导人都应感到满心激动。

在祖国处处红歌嘹亮的今天，不知有多少人还记得，很多年前的一首儿童歌曲，唱的是：“准备好了吗？时刻准备着！”当小孩子“时刻准备着”的时候，难道成年人还能有理由吊儿郎当、得过且过吗？然而一个冷酷无情的现实，却是很多成年人以及成年人的组织，都是在按照得过且过（或了无新意的生存）的逻辑在生活、在工作的——人们顾不得思辨，拉不下脸皮批判，没有毅力坚持，也没有耐心等待，从来也想不到，或懒得想未来的变化。

战略是一件不用心就做不成的事。这也是为什么很多的企业、很多的组织，可能制订过很多的战略，却自始至终并没有真正实行过什么战略的原因。

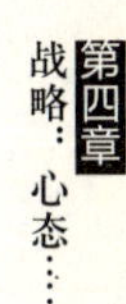

25. 有的事比读书更要紧

秦朝灭亡的时候，中国人还来不及写《过秦论》；乡村企业家在创办他们的第一个工厂的时候，书店里卖的经济理论全遵循着苏联的理论框架。在新一代企业家创业的时候，所想到的应该不是书店里卖什么书，市面上流行什么理论，倒是可以想象一下全世界思想家还有什么书尚未写出来。

中国的改革开放进入了“第二代”的时代。决定这个时代成败的，不是“富二代”、“官二代”什么的，而是第二代的改革者。

第二代的改革者是什么人？他们是什么人或许仍不得而知，但他们不是什么人却几乎没有疑问。像改革初期那种大字不识几个，但说干就干的基层企业家可能不再容易见到了。

取而代之的，或许将是一些胸怀大志、不甘寂寞，同时又被各种无聊考试拒之门外的青年知识分子。这一点，从本世纪初年代或已看出了点苗头。

然而青年知识分子出身的企业家，与改革初期的那些不读书的大老粗企业家相比，可能有一点不足——有一次我听到一位温州籍的博士生说。企业家创业时是不能读书的，因为书上清规戒律太多。他说，尤其是改革开放前的书知识又狭窄、思想又刻板，读了反倒叫人更挣脱不开前人成见的羁绊。

这样的认识，堪称是经典的回归。古人不是说“尽信书不如无书”吗？想要干一番开拓性事业的人，必须先为自己的头脑开拓一个空间。带着一副较少被清规戒律、陈词滥调所污染的头脑，才会对社会上的新生事物更加敏感，也更富有想象力。

其实，每当在社会变迁、技术革命的推动下，一些划时代的变化即将来临时，总是会有一些敏感人士（多半是青年）迫不及待地跳出来去迎接它们的。他们深信自己置身于前所未有的潮流，看到了前所未有的机会，甚至连上大学、拿学位都会放弃。微软公司开创者的比尔·盖茨、戴尔公司的开创者迈克·戴尔和苹果公司的开创者乔布斯，都是辍学创业的经典案例。著名导演斯皮尔伯格，直到升入大学后第33年后（其实早就在工作了）才拿到了学士学位，这恐怕也只能是因学校破例才有这样的待遇。

能上大学而放弃上大学的机会，是不是太草率？难道世界上还有比上大学、学知识更重要的事吗？无论在中国、在外国，家长们都曾有过这样的辩论。

对这个问题，你怎么回答？

或许你会回答：凭什么世界上就没有比上大学、学知识更重要的事？难道当英雄不比上大学更重要吗？

古人说“逢时独为贵，历代非无才”；也说“自古奇男子，往往羞为儒”（当然指的是“小人儒”）。[1] 让我们想一想改革开放里的头一拨人物，是不是有些人学历并不高，有的甚至还相当低？再想一想改革开放过程中的那些不断上书、呼吁止步、主张倒退的人，是不是有些人学历却相当高，甚至是大理论家？

这两种人之间的差别，其实并不在谁读的书多，或谁获得过什么样的学历证书，而完全在于他们对现实社会的感觉，在于是不是感到有一些事自己已不得不做，或有一些活动自己将必然投身其中，冲锋陷阵，因为它们代表着时代潮流，根本不会折返。当改革者作出他们的抉择的时候，凭的就是这种抓住机会，拼上一把的精神——既不靠完备理论、操作指南，也根本没必要去找这些东西。这就像一首唐诗写得那样：

竹帛烟销帝业虚，关河空锁祖龙居。

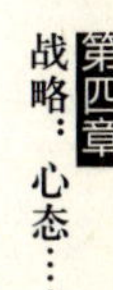

1. 以上诗句依次引自：陈子昂《蓟丘览古赠卢居士藏用七首》；张耒（lěi）《阿几》。

坑灰未冷山东乱，刘项从来不读书。[1]（《章竭·焚书坑》）

难道不是吗？秦朝灭亡的时候，中国人还来不及写《过秦论》；乡村企业家在创办他们的第一个工厂的时候，书店里卖的经济理论全遵循着苏联的理论框架。在新一代企业家（不管是上过大学的还是没上过、或只上过一半的）创业的时候，所想到的应该不是书店里卖什么书，市面上流行什么理论，倒是可以想象一下全世界思想家还有什么书尚未写出来。

哈佛商学院曾有一个题为“成功企业家的启迪”的研究报告，报告指出，成为企业家的最佳途径无非就是自己真正动手去干。用一句美国俗语说：“想法再好，也不能搬山；要想搬山，还是得靠开动推土机”[2] 这句俗语，曾由德鲁克在 20 世纪 90 年代借用来讨论战略的定义。他说，战略的意义，在于它不仅仅是一种“智力的操练”，而是一个现实的努力，是为着一个工作目标而付出的具体的、在资源和人力上的投入。[3]

你想象中的机会是什么？你看到了这个机会的微笑了吗？你准备好与你的机会拥抱了吗？

1. 竹帛烟销，指秦始皇焚书；关河，泛指秦地的天险；祖龙，祖，始也；龙，人君像，指秦始皇；坑灰未冷，说的是焚书坑里的灰还没有冷却；山东，崤山以东，即原秦国东边的中原地区。这首诗有着非常辛辣的讽刺意味，秦始皇认为“书”会造成国家祸乱，却没想到焚书坑儒后，造反推翻秦国的刘邦和项羽都不是读书人。

2. 英文原文为：“Good intensions don't move mountains, but bulldozers do.” Peter Drucker, *The Daily Drucker* (NY: HarperCollins, 2004), p340.

3. Peter Drucker, *The Daily Drucker* (NY: HarperCollins, 2004), p340.

26. 创业英雄刘邦和项羽最根本的区别

大凡出身底层，奋斗起家的创业英雄，都必然要过一道坎，经历一个考验，那就是如何跟读书人，尤其是在某些方面远比自己聪明的、会读书的人在一起合作——只有通过了这个考验，他们才有可能让自己事业壮大兴盛起来，而通不过这个考验的就注定半途而废。

不读书的人当英雄容易；当了英雄以后，却麻烦多多。一方面事业怎么发展？这个问题，他们在熟悉的环境下容易判断——一旦首战告捷，情况不一样了，却很容易陷入迷茫。在这个时候，老是有人来找他们，想为他们指路，但这些人中间（包括朋友推荐过来的朋友）谁有本事，谁是瞎侃，他们也看不准。

宋人胡宏曾这样评价楚霸王项羽（明显是一首宋朝人拿手的“翻案诗”，针对的就是唐人“刘项从来不读书”的说法）：

快战马知霸术疏，乌江亭上独欷歔。
万人三尺俱无用，可惜当年不读书。（《项王》）

他说项羽先学剑术（“三尺”），而后学兵法（“万人敌”），但到头来输得一败涂地，原因都是因为他从来不想好好读书，此处也有拒绝领会儒家道理的意思。

但是这个案翻得不大成功。没错，项羽从来不读书，虽然是贵族子弟，但满脑子虚荣、粗俗的东西很多，身上没体现出什么与众不同的文化教养。不过，作为他的对手，刘邦就读过书吗？宋朝学者的见解并未指出刘邦、项羽之间最根本的区别在哪里。

其实，刘之所以战胜项，不是因为他从小是个“五道杠”的好学生，饱读诗书，而是因为他懂得用什么人可以弥补自己没读过书的缺陷。

我那位温州籍博士生朋友说，除了真的什么书都不读的人有可能

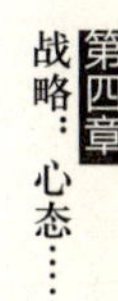

最有创造力之外，另一种最有创造力的人，就是最会读书，什么书都读，而且对一切书中观点都能批判吸取的人。“倘若最不要读书的人和最会读书的人能怎么样结合到一起，那么闯天下就一定闯成！”（带点口音，不知道他到底想要说“创天下”还是“闯天下”，姑且含蓄点儿。）

从小都没读过什么书的刘邦和项羽，之所以命运天壤之别，史家一般认为，主要原因就是楚霸王项羽刚愎自用、不听劝告，而汉高祖刘邦，个人形象虽然不及项羽（有时甚至显得相当猥琐），却能在“闯天下”的较长时间里把一批“王者师”聚拢在身边，对他们基本上保持了一个开放的决策程序。唐人韩愈写道：

龙疲虎困割川原，亿万苍生性命存。
谁劝君王回马首？真成一掷赌乾坤。（《过鸿沟》）

在签订了以鸿沟为界的临时停战协议之后，是谁劝说刘邦调转马头追击项羽，鼓足勇气进行决战？还不就是张良、陈平那些平日里向他讲解谋略、建议对策的谋士？二赖子出身的刘邦和他们组成了一支“最不读书的人和最会读书的人”相结合的团队（这中间也包括来自不同读书人的不同建议），果然成绩斐然。

这里还有两个注意事项：依靠“会读书”的人，而不是依靠仅仅是“读书人”的人。与读书人合作往往很累，市面上流行的理论和做法，他们都感兴趣，都想引进。但与会读书的人合作就不应感觉到累，因为他们会帮助接受咨询的人排除很多没有用的想法和建议，让后者集中精力去做现有条件下最有创造性的工作。

经济学家凯恩斯说过：“自命远离书本的实践家，其实往往是某位过气经济学家的思想奴隶。而自称天佑神助的政坛狂人，究其妄念来源，也无非是几年前流行一时的某三流学者。”[1]

各种思潮对人的影响，各种理论对实践的干预，使那些自命“刘项从来不读书”的反叛人物难以保持精神的纯洁、立场的独立，更不消说在应急策略上的疏忽大意或一时苟且。他们中间所有想要获得成就、延续荣誉的人们，只能有一种活法，那就是用自己的头脑，或者是借助别人的头脑，通过不断分析现实、筛选理论，来保持在想象力和创造力上的贞操。

因而大凡出身底层、奋斗起家的创业英雄，都必然要过一道坎，经历一个考验，那就是如何跟读书人，尤其是在某些方面远比自己聪明的、会读书的人在一起合作——只有通过了这个考验，他们才有可能让自己事业壮大兴盛起来，而通不过这个考验的就注定半途而废。这条经验不仅楚汉之争能证明，很多现代企业都正在证明着。

世界上其实有很多精彩的路，只不过没有一条是只靠一个人就能走到底的。

27. 一句威力无穷的反问

那时在路旁带着羡慕的目光看秦始皇招摇过市的“穷百姓”，跟今天在都市闹市区看着满街的香车宝马、时尚装扮，满心向往的“乡巴佬”大体是同样的人。两千多年前，凭着一句“凭什么”的口号，他们能揭竿而起；今天，他们也能凭着这样的一种心理，在全球市场上抢订单、卖产品，创造发展的奇迹。

在总结秦末的历史教训时，唐人杜牧这样写过：

1. 英文原文为：“Practical men, who believe themselves to be quite exempt from any intellectual influence, are usually the slaves of some defunct economist. Madmen in authority, who hear voices in the air,are distilling their frenzy from some academic scribbler of a few years back.”这段话引自于凯恩斯 1935 年出版的《就业、利息和货币通论》。

始皇东游出周鼎，刘项纵观皆引颈。

削平天下实辛勤，却为道旁穷百姓。

黔首不愚尔愈愚，千里函关囚独夫。

牧童火入九泉底，烧作灰时犹未枯。(《过骊山作》)

这是说秦始皇东巡时的“靡曼骄崇”（罗隐语）反倒让天下百姓（包括刘邦、项羽）醒悟到了自己的穷困窘迫：同样是人，凭什么有这么大的差别？同样是人，为什么有些人耗尽全国资源追求长生不老或来世虚荣，而另一些只配在建筑长城的工地上终年劳作，直至病死、累死？

这一问不要紧，从此就在社会文化上颠覆了秦帝国的合法性，为日后的民众大起义埋下了火种。在秦始皇四处出巡的沿途，刘邦不是曾在看热闹的人群中“喟然叹息”说“大丈夫当如此也”吗？项羽不也是被人教唆“取而代之”吗？秦末大起义的发动者陈胜，不是在揭竿而起时也喊出“王侯将相宁有种乎”吗？

这些话可能乍一听起来简单、朴素，但却体现着一种中国自古以来特有的平民意识和平等情节。这样的话，读过书的人可能不敢说，但一旦被没读过什么书、却敢于把一切清规戒律都置之脑后的人们说了出来，即刻就变成了一场民众革命的迎风招展的旗帜。

那时在路旁带着羡慕的目光看秦始皇招摇过市的“穷百姓”，跟今天在都市闹市区看着满街的香车宝马、时尚装扮，满心向往的“乡巴佬”大体是同样的人。两千多年前，凭着一句“凭什么”的口号，他们能揭竿而起；今天，他们也能凭着这样的一种心理，在全球市场上抢订单、卖产品，创造发展的奇迹。

在历史发生巨变的一刹那，人们的确不必，也不可能再捧着书本潜心阅读。他们需要的只是这么一个“凭什么”。他们责问统治贵族：凭什么是你尊我卑、你贵我贱，我就不能跟你一样？他们责问垄断财团，凭什么天底下的机会都是由你先挑，做生意总是由你赚钱？在改革开放以来的中国，相信很多创业者都曾在内心感到过那种“凭什么”的冲动。

启发生活在社会底层、通常情绪冷漠的人们在心里问一问这个“凭什么”，是推动任何社会变迁的动力。唐人周昙在歌颂陈胜时曾这样写道：

秦法烦苛霸业隳，一夫攘臂万夫随。
王侯无种英雄志，燕雀喧喧安得知。[1]（《秦门陈涉》）

近代的郁达夫为了纪念秦末大起义也写过：

楚虽三户竟亡秦，万世雄图一夕湮。
聚富咸阳终下策，八千子弟半清贫。（《咏史》）

据说秦始皇因害怕仇人谋反，把六国旧贵族全都迁往咸阳监视居住，却没想到日后起来毁灭他的“万世雄图”的，竟是由清贫子弟组成的造反大军（项羽麾下的队伍，自号“八千江东子弟”）。

距今半个多世纪前的中国革命，就是以亿万大众发出“凭什么”的怒吼而告成功的。

至今三十多年的中国改革，也大量凝聚着这种不服气的精神——不断疏导这样的精神，解答它的提问，即无往不胜。

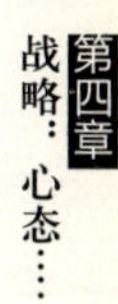

1. 隳（huī），毁坏、崩毁。

28. 有一种“战略”让人迷失方向

在会议室用投影仪放出来的战略，与从小屋里憋出来的文学讲义都是一样，无论再精致也脱不掉一种陈腐的气味，第一是因为它们本质上都是追溯性的，着重的是分析别人，而不是当下参与，创造未来；第二是正因为它们远离现实，它们也难以让实践者找到感觉、激起热情，甚至还会迷失方向，陷入困惑，心中增添一种无端的挫败感。

从海外刚回国时，曾为一些企业“战略发展部”的设置而倾倒，以为这些企业的老总真不愧是华夏文明的现代传人，做生意都从“道”的高度来看问题；而出入那里的身着西装革履、夹着公文包的海内外B-School（商学院）毕业生，说不定就是新一代的鲁肃、诸葛亮。

没想到后来接触几下颇为失望，发现那些“战略发展部”里的人，有些靓男俏女，其实没有思想；少量年纪大点的，也不过是现代侃爷，类似“文化大革命”中的造反派领袖，靠引用几句凡是了解时事的人都知道的名人名言来加强自己的观点——所不同的是他们的引用，多半是夹杂在PPT的演示里，半英半中而已。

这些人从来没当过销售人员，也没参与过车间管理，甚至待人接物都不利索——倘若与海外客户洽谈起来，外语也不一定够用。让他们能为公司制订“战略发展计划”，又能为公司增添什么价值？开拓什么前景？

我坚信我的失望是没有错误的。因为久而久之，这种坐而论道（甚至连坐而论道的水平都远远达不到）的设置在公司里已不常见了。

德鲁克曾说过：“一个创新、一个营销，没这两样，做不成企业。”[1] 换句话说，这位被誉为管理学之父的人从不认为“战略”（尤其是几十页、上百页的花花绿绿的PPT演示）是企业生存、发展的必不可少的条件。他只认为企业最不能不做的事，唯创新和营销而已，并

1. 英文原文为：“Business has only two basic functions—marketing and innovation.”

不包括给自己制订一大厚本接一大厚本的商业计划。

企业要怎么办才能办得更好——所有的战略，无非都要追求这个目的。但对这个问题要说出个道道来，非要积累相当多的具体办企业实践经验。相反地，撇开创新讲计谋，罔顾市场侃战略，不论看起来有怎样的高度，也是没有实际用处的东西。这些东西，我在海外求学时曾听一位教授说，全是“知识分子手淫”。

换个文明一些的说法，这好比文学教员在上课的时候，这种技巧，那种技巧，往往说得天花乱坠；而那些运用这些技巧的人，也就是那些真正的文学大师，却总是会告诉你：技巧是在新鲜的生活里原本就存在的，看山看雨即可有所领悟，并不是故意发明或刻意炫耀。就像杨万里所说的：

山思江情不负伊，雨姿晴态总成奇。
闭门觅句非诗法，只是征行自有诗。
（《下横山，滩头望金华山四首》）

另一位宋人仇远也说，整天关在小屋里冥思苦想，实在不可能获得什么激情：

仰屋著书无笔力，闭门觅句费心机。
不如花下冥冥坐，静看蜻蜓蛱蝶飞。（《闲十咏》）

在会议室用投影仪放出来的战略，与从小屋里憋出来的文学讲义都是一样的，无论再精致也脱不掉一种陈腐的气味，第一是因为它们本质上都是追溯性的，着重的是分析别人，而不是当下参与，创造未来；第二是正因为它们远离现实，它们也难以让实践者（如正在创造自己的文学作品的学生）找到感觉，激起热情，甚至还会迷失方向，陷入困惑，心中增添一种无端的挫败感。

战略是为生意服务的——生意讲究的是盎然、是焕发，是绝对不可能从挫败感的土壤上生长出来的。不幸的是，世界上很多的管理文献、战略咨询，就像很多的文学理论、作文指南一样，带给实践者的都是那种没有什么用，想起来又总觉得自己不如人家的挫败感。

这样的东西，与其叫做“战略”，真不如叫做企业家、经理人的“抑郁症偏方”。正如很多原本热爱写作的青年都被那种没有用、反倒带给他们挫败感的文学理论所伤害了，世界上不少的企业家、经理人的失败和死亡，也一定跟他们平日所读、所想、所接受的种种咨询服务有关。

这也难怪杰克·韦尔奇一当上 GE（通用电气公司）的 CEO，就把它的战略发展部就给解散了。

29. 迎接春潮——让组织蔓延扩展的逻辑

> 一个组织的领导人，善于经营的，会让大河、小河，甚至一大片的湿地都涨满了水，焕发出自然的天性；而不会经营的，即使把所有河流的水都汇进一条大沟，却仍无法让它掀起滚滚春潮。

中国又是个河流文明的国度。从很早的时候起，人们知道凭河中的涨落判断机会、捕捉机会。昏暗的冬天，是枯水的季节，河上没有生意：

落帆江口月黄昏，小店无灯欲闭门。
侧出岸沙枫半死，系船应有去年痕。（王安石《江宁夹口》）

曾经往来的喧闹，也像岸边的树影，凋枯了：

江上潮来浪薄天，隔江寒树晚生烟。
北风三日无人渡，寂寞沙头一簇船。（刘子翚《江上》）

几艘空船聚在岸边，被北风吹得不停地晃动，发出吱吱扭扭的声响……好像嘟囔着不知什么时候才会等到渡河的旅人。

终于大风逐渐减弱，下起了淅淅沥沥的小雨；在雨中传来了远处的鸟鸣：

晓步闲随蛱蝶行，村南村北雨新晴。
山花野草自幽意，布谷一声春水生。（李缯《晓步》）

河水涨起来了，岸边曾形同朽木的古树也焕发出生机：

数板小桥横晚晴，两行古木弄春荣。
不知多少夜来雨，水到岸头浑欲平。（谢谔《鳌溪》）

好像四面八方都在聚集着新的力量，好像从来都不曾改变的东西已出现变的迹象，好像很多的机会都在从身后推你，你不得不参与那个即将到来的更猛烈的变革：

春阴垂野草青青，时有幽花一树明。
晚泊孤舟古祠下，满川风雨看潮生。（苏舜钦《淮中晚泊犊头》）[1]

中国是一个大国，大国有大国的悖论。表面上看，大国国民获得

1. 苏舜钦（1008~1048 年），北宋大臣，是范仲淹等改革派的支持者。范仲淹很器重他，荐他以集贤校理官的身份负责进奏院（有点像现在的驻京办）的工作。后被保守派政敌弹劾。被革职后闲居苏州，在那里建筑了著名的沧浪亭，还写下了名篇《沧浪亭记》。
此诗作于 1042 年，当时苏舜钦还没有被罢官，而范仲淹主持的政治体制改革——庆历新政将在一年后开始。犊头，犊头镇，在今江苏淮阴县境内。

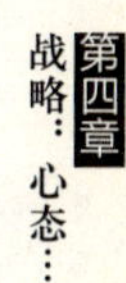

个人成就的概率要远远小于小国国民——比如在中国13亿多人才摊得上一个总理、一个内阁，而斯洛文尼亚200万人口刚出点头，赶不上北京市朝阳区的常住人口，也有一套自己的政府机器。

假如一定比例的国民备受冷落，无法施展，也会给一个大国造成难以承受的问题。因为在一个庞大人口中，即使是一个不大的比例，其绝对数字也会很大，从局部上说也会覆盖一片不小的面积。而且，在中国这样一个自古以来重视亲情、关系的社会，即使一个很小的比例也会牵扯很多的社会关系。“文化大革命”期间批斗教师，与太平天国以山寨版基督教反对孔孟如异曲同工，其社会效应，通过教师传导到学生，再通过学生传导到各行各业，几乎波及整个民族的知识群体。

按照相同的逻辑，一种新的思潮，一个新的技术，或作为它们载体的一个新的群体，或无论初始时看起来多么弱小、多么不起眼，只要对人有用，也会像山间的融雪、夜间的细雨那样汇集起来，最终涨起满川的潮水奔流而下，水面上还荡漾着新落的星星点点的花瓣。为每一个这样的群体打开一条流动的通道，或至少辟出一片可容纳它的洼地，一个社会的生态资源又将会得到怎样的丰富？这是一个生生不息的世界，这才是大国之所以大的逻辑（因为它可持续地大）。

一个大国命中注定不可能为很多的二流政客提供舞台，却理所应当为很多的文化潮流提供让它们奔流、汇聚的空间。

这也是任何组织蔓延扩展，甚至让其他文化圈里的人也兴高采烈加入进来的逻辑。一个组织的领导人，善于经营的，会让大河、小河，甚至一大片的湿地都涨满了水，焕发出自然的天性；而不会经营的，即使把所有河流的水都汇进一条大沟，却仍无法让它掀起滚滚春潮。

30. 机会的春天——展望潮流，捕捉发展机遇

就像最新鲜的果实，一定都是亲手从树上采摘的，一个让别人看得流口水的机遇，也一定是主动去争取来的。管理学者的一个经典观点，就是企业家、经理人一定要跳出企业之外去洞悉变化、探测危险、展望潮流、发现机会，对企业所面临的长期发展选择作出综合分析。

中国人可以说是世界上少有的机会主义者。因为他们都是农民（或农民后代）——向来都是按照季节生活的人。每个季节都会带来不同的机会，但假如没有抓住一个机会，或者没有把握好时机，在以后的时间里，即便成天忏悔也无济于事。

在一个农业社会里，最大机会莫过于春天。“一年之计在于春”，所以说春天就是机会的同义词。“随风潜入夜，润物细无声”，杜甫对春雨的歌颂现代人读起来仍感到平润、自然，好像字字顺理成章，但是在1200年前的地球上，这样的歌词却只有可能出现在农耕文明发展到如此精致的中国。

一个有意思的现象，那就是在中国古代文学的总量中，颂咏春天的，占到的比率，要远远超过其他季节，甚至遍地金色的丰收的秋季。这样的情况，在宋明出版的《千家诗》里就看得出。而一部《全唐诗》，收入诗作42000多条，其中带“春”字的将近9500条，比率达22%；而带“秋”字的将近7500条，比率达18%。

农民喜欢这样的景象：一时间，春雨、春风、春花、春鸟……新的变化层出不穷，新的景象无处不在，叫人觉得它真是一个到处营造机会的“大忙人”：

春风多可太忙生，长共花边柳外行。
与燕作泥蜂酿蜜，才吹小雨又须晴。（方岳《春思》）

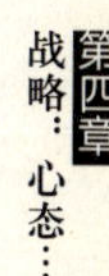

世间草木也如同知道感恩戴德的小儿女一样，对春天的到来报以热烈响应：

律回岁晚冰霜少，春到人间草木知。
便觉眼前生意满，东风吹水绿参差。（张栻《立春偶成》）

万物萌生只是自然现象——只要时候到了，“草不谢荣于春风，木不怨落于秋天”[1]，只要有口气的生命都不会“误车”。

然而要抓住发展的机遇，却需要相当杰出的判断力和行动力。20世纪70年代末，很多的国家仍埋头在无休止的“武斗”、“文斗”中不能自拔时，邓小平提出抓住机遇，迎头赶上，有一个基本考虑，那就是世界上不会马上打起仗来；而不是像以前担心的，中国随时都处在侵略战争的威胁之下。

没有战争威胁的拖累，对中国来说就已是奢侈，或足够的机遇。这是他的本意——只要老天给我30年和平，我就能叫这个全世界人口最多、但社会经济发展指标仍排名在全球170位以下的国家富强起来。他实现了他的诺言，无论后人有再多的挑剔。

就像最新鲜的果实，一定都是亲手从树上采摘的，一个让别人看得流口水的机遇，也一定是主动去争取来的。管理学者的一个经典观点，就是企业家、经理人一定要跳出企业之外（或企业的日常事务之外）去洞悉变化、探测危险、展望潮流、发现机会，对企业所面临的长期发展选择作出综合分析。[2] 当企业一切有形的和无形的资源，以及人们可调动的一切知识和想象力，都被用来去实现根据这一分析所得出的计划，在具体作为上，也必然表现为这家企业对原本未必一定属于它的发展机遇的一次精彩捕捉。

1. 李白《日出行》。
2. 参见David A. Aaker, *Developing Business Strategies*（著名品牌管理专家大卫·艾克的著作《发展企业策略》）。德鲁克也说过：“重大变化永远发生在组织之外。”

这就像很多经典作品里暗示的那样，属于绝唱级的春天景致都不能是在书斋里等候来的，而必须是以近乎痴狂的激情、满世界地去搜索、去观察、去跟踪这个美好季节的第一印象。有人最惊喜的，是听到第一声黄鹂的歌唱：

城雪初霁荠菜生，角门深巷少人行。
柳梢听得黄鹂语，此是春来第一声。（杨载《到京师》）

有人最陶醉的，是那种蒙蒙细雨中几乎难以辨别、但确实充满生机的草色：

天街小雨润如酥，草色遥看近却无。
最是一年春好处，绝胜烟柳满皇都。（韩愈《初春小雨》）

有人说赏春要赶早，否则跟着大群游人出游，路上熙熙攘攘，说不定是看花还是看人呢：

诗家清景在新春，绿柳才黄半未匀。
若待上林花似锦，出门俱是看花人。（杨巨源《城东早春》）

但真的做到赶早赏春也是要付出超常的代价的，不免要冒着瑟瑟轻寒、潇潇细雨。但唐朝一位女诗人说，与情人携手雨中赏花，心中的满足，却是难以比拟：

东风未放晓泥干，红药花开不耐寒。
待得天晴花已老，不如携手雨中看。（窦梁宾《雨中看牡丹》）

——又一个春天即将悄然来临，读到这里，您还坐得住吗？

走在发现春天的路上的你，或许也能想到：亲身领略别人所体会不到的景致，是一种属于少数人的奢侈；这种奢侈，只有平时对自然、对生活极用心的人才享受得到。在市场经济中占有别人没有发现或贸然放弃的机会，更是一种奢侈；这种奢侈也只会属于那种平时对社会极关注的人。

31. 失去一个大机会就等于失去一个季节

所有失败者，无论一时间抓到过、占据了多少小机会，都是把握不住一个大机会而失败的；失去了一个大机会就等于失去了整整一个季节，整整一个时代的无处不在的选择。而所有成功者，无论在创业过程中失去了或放弃了多少个小机会，却都是因为把握住了一个大机会而成功的。

有一种可借用的西洋化的句子结构：每一个春天都是如此短暂，以至于人们只会抱怨它的别去，而绝不厌烦它的到来。这正是杜牧曾表达的意思：

共惜流年留不得，且环流水醉流杯。
无情红艳年年盛，只恨凋零不恨开。（杜牧《和严恽秀才落花》）

春天短暂，但它使人心动的美景，在文化精英的眼中，甚至会比农民的现实生活中的春天更短暂——任何事，一旦被世人当做时髦，趋之若鹜，唯恐不及，精英们便不禁感到，一个曾经无比新鲜的机会，就像一座城市雨后的天空，随着高峰车流的到来，几乎瞬间改变了颜色。

或者就像一座园林，在随风凋谢的如雨的花瓣和大群赏花人腾起的尘土里失去了它一周前的只被少数人所发现的优美。欧阳修是这样说道：

红树青山日欲斜，长郊草色绿无涯。

游人不管春将老，来往亭前踏落花。（欧阳修《丰乐亭游春三首》）

而这时的纳兰性德想到在一年前的春天失去的恋人，内心更是双重纠结：

谁道飘零不可怜？旧游时节好花天。断肠人去自经年。

一片晕红才著雨，几丝柔绿乍和烟。倩魂销尽夕阳前。

（纳兰性德《浣溪沙·西郊冯氏园看海棠，因忆〈香严词〉有感》）

乍一看，这里边好像有个悖论：不是说机会无处不在吗？对一个机会的失去，为什么又要那么舍不得？

没错，世界上永远还有机会，海棠花凋谢了，你还能等待石榴花。如果石榴花开放时你又耽误了，你还能继续等待桂花或菊花。到了冰天雪地的季节，实在不行，你还能买一把色彩俗艳的塑料花。但这时的你，与你所第一次觉悟、想要赏花的时间，距离已是越来越遥远。你再也找不回去了，除非奇迹发生，你也难以再赶上了。

世界上的机会仍像被风吹撒的花瓣那样多，这而也有，那儿也有，但时间却像河流那样奔流而去——“百川东到海，何时复西归？”[1]“时哉不我与，去乎若浮云。”[2]除非你付出经济起飞那样的超常的努力，除非别人也在昏头昏脑地浪费时间，要不你的处境就像一个想去赏花、却永远把握不好赏花的最佳时间的人，实在是有点儿尴尬。

能不能抓住一个小机会不要紧。关键是能不能发现和理解那些正

1. 接下来的两句是中国人熟悉的“少壮不努力，老大徒伤悲”。引自古乐府《长歌行》。

2. 刘琨《重赠卢谌》。

在像春风化雨、悄然而至的大变局、大趋势，并作出一个局部的适当的回应。我们看到，所有失败者，无论一时间抓到过、占据了多少小机会，都是把握不住一个大机会而失败的；失去了一个大机会就等于失去了整整一个季节，整整一个时代的无处不在的选择。而所有成功者，无论在创业过程中失去了或放弃了多少个小机会，却都是因为把握住了一个大机会而成功的。

更重要的是，“无情春色不长久，有限年光多盛衰”[1]——机会无穷，但人生有限。更何况力求革新、创造的人或许还要为不可避免的失败和曲折预留更多的一些时间。

我们生活在一个无情的世界上：当你赶上了潮流，你就有很多的机会，或许机会多得一时都用不完（会犯注意力不集中的错误）；但假如你赶不上潮流，你连维持少数几个机会都会感到吃力，甚至连一个机会都未必能得到。

大潮流、大趋势是属于“道可道，非常道”的层次，是“不以人的意志为转移”的规律。当今世界，正处在一个经济学、社会学意义上的历史巨变的前夜。相比之下，2008年的全球金融危机，或许不过是它的序曲。文明形态、生活方式，都将发生怎样的变化？这些问题没有现成答案；那些由19~20世纪的政治教条武装起来的头脑，更是无法找到头绪。

在现实生活中，人们看到，有些领导人做报告，比如做事要科学，办事要人道云云，本来都不错，可一旦面临大问题、大考验，却还是显得措手不及、慌不择路，经常事后大叹：怎么又晚了一步！只有积累了相当实践经验，又不放弃理论学习的人，才有可能在这样的全球巨变中不断开拓，赢得智慧。

智慧在哪里？谁也说不准。但最不可能找到智慧的地方，谁都说

1. 杜牧《旅怀作》。

得准——那就是各种欢庆胜利、炫耀物质的华丽舞台。这不是说一个社会、一个组织不应该有自己的节日；这些节日在商业上的功能是不可抹杀的。但任何肩负社会责任的人在那里能够找到的，只是一时的陶醉和轻松；那是一个离智慧最遥远的角落。

那些在美酒轻歌中醉倒的人，当他们醒来，看到别人又开辟了新业务、创造了新成就，又怎么会不感到倍加寂寞、倍加失落呢？

江头从此管弦稀，散尽游人独未归。

落日已将春色去，残花应逐夜风飞。（李昌符《三月尽日》）

32. 战战兢兢、如履薄冰——偏执狂才能生存的真正含义

假如一家企业不能让自己经常处于一种竞争中的“惊恐”状态，不断发现自己在产品和服务上的缺陷，不断去弥补昨天的漏洞，争取今天做得更好，那么当一场新的危机到来时，它恐怕就会来不及应对，只能在事后哀叹“夜来风雨声，花落知多少”了。

20 世纪 90 年代末的纳斯达克互联网泡沫的时候，坊间流行的西方管理研究文献上经常出现这样一句话，即“唯有偏执狂才能生存”。英特尔公司的主席安迪 · 格鲁夫还把这句话作为自己的书名。为什么？译者一般都不给解释，好像你理所应当明了，但是好多人却不甚了了。

其实这句话的原文，是“Survival the paranoid”，其句法，是达尔文的“适者生存”（“Survival the fittest”）的翻版。其出处，有人说是考古学的一个新近分支环境考古学（“environmental archaeology”），也就是对古代某个地方的整体环境、而不仅是某个具体遗址进行考察，并由此来判断当时人类活动的生存背景。

环境考古学的一个重大贡献，就是对进化论之父达尔文“适者生

存”说的修正：科学家发现当人类出现在东非大草原上时，在那里还同时漫游着至少七种像狮子、豹子一样大型猫科动物，而人类则是灵长类中唯一在母亲奔跑、攀缘时婴儿不能叼着母亲乳头的一种。所以在遭到其他动物攻击的时候，人类的处境尤为不利，几乎没有靠搏斗，甚至靠逃跑得以活命的机会，只有靠保持无休止的警惕和互助的组织形态才能得以生存。但最终能够得以生存的，并不是最强壮有力和最勇猛好斗的动物（这是西方人对适者生存的通常理解），而是习惯了在惊恐中生活的人类。关于这一考古学发现对管理研究的启示，多年前的《经济学家》杂志曾有介绍。

随着精神病学知识的普及，在英语中 paranoid 已是一个常用词汇。精神上高度紧张，总是怕什么没做对、没做好，人们就经常称为“偏执狂”。但在汉语中“偏执狂”仍不那么常用，词义也没那么宽泛。要把不同地方、不同含义的 paranoid 都翻译好自非易事。在管理研究文献里，可以把它翻译为“完美主义”吗？不行，因为它不是一种办事风格。可以是“谨小慎微”吗？不行，因为它绝不表示无谓的胆怯和畏缩。可以是“杞人忧天”吗？不行，因为尽管略有些病态，归根结底却没有那么无端和虚妄。可以是“自己跟自己过不去”吗？好像也不行，因为它的目的性仍很明确，仍是市场，是要在市场竞争中得胜。

要问这到底是一种什么心态，不禁想到李商隐的一首小诗：

寻芳不觉醉流霞，倚树沉眠日已斜。
客散酒醒深夜后，更持红烛赏残花。（《花下醉》）

晚宴酒醒之后，点起蜡烛赏花，怕天亮时花期一过，夜晚尚留在枝头的花朵就变成满地的落英缤纷了。这种惜花的心态，不但有些“偏执”，甚至还有些痴狂了。

我想古人表现自己paranoid心态的最惯常的方式，莫过于那一大堆的惜春和伤春诗了。总之东亚大陆的春季自古以来都伴随着一些冷空气回潮和凄寒风雨，而风雨几番之后，当天气开始热起来的时候，春季里的花朵也就大都凋谢了。所以说春日赏花是一个难得的机会。而随着每一个晴朗日子的过去和每一个风雨夜晚的来临，诗人对盛开之花的关爱和对零落之花的哀悼，也就炽烈到了要做出常人做不出的一些举动出来。

不仅李商隐要点着蜡烛赏花，面对他最钟情的海棠花（让他想起远方的故乡），苏东坡也曾有这样的举动：

东风袅袅泛崇光，香雾空濛月转廊。
只恐夜深花睡去，故烧高烛照红妆。（苏轼《海棠》）

为了不让花期那么快地逝去，让花朵慢慢地开放，杜甫弯下腰来向待放的花苞诉说，就像老爷爷跟一群任性的小朋友对话：

不是爱花即欲死，只恐花尽老相催。
繁枝容易纷纷落，嫩蕊商量细细开。（杜甫《江畔独步寻花七绝句》）

而陆游，则是要请道士来祈求神灵保佑他的钟爱：

为爱名花抵死狂，只愁风日损红芳。
绿章夜奏通明殿，乞借春阴护海棠。（陆游《花时遍游诸家园十首》）

古人说每一个季节都是90天，倘若从阴历一月一日开始算起，那么春天的最后一天就是三月三十日。在三月三十日的夜晚，贾岛终夜不眠，为的是给春天送行：

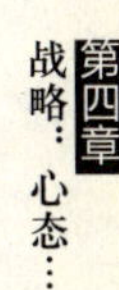

三月正当三十日，风光别我苦吟身。
共君今夜不须睡，未到晓钟犹是春。（贾岛《三月晦日送春》）

在今天的激烈竞争的市场上，企业家、经理人每时每刻都要在想如何比别人先出一招，或如何让自己更进一步。这就像在区区90天的春天里，众多诗人要用每一天来赏花、游春、动情、抒怀、歌唱、悲泣、送行、送春……忙得不亦乐乎，也多愁善感得不亦乐乎那样，他们对自己企业的态度，也难免让其他人看着总觉得太忙、太累，甚至都有点痴狂。

用海尔掌门人张瑞敏的话说，率领着一个每年都在力求高速增长的大企业集团的他，感到“永远战战兢兢，永远如履薄冰”。我想，用古人“如临深渊、如履薄冰”的话来翻译西方管理研究文献中的“偏执狂”概念，不会比前边列出的那些翻译方法更离谱。其实，这正是“如临深渊、如履薄冰”在《诗经》里的原意：

……
不敢暴虎，不敢冯河。
人知其一，莫知其他。
战战兢兢，如临深渊，如履薄冰。(《小旻》)[1]

这一节的意思，是人间风险，比比皆是，何止是只手搏虎，徒步渡河；所以身居领导岗位的人，必须战战兢兢，如临深渊、如履薄冰。朱熹的注解是：“众人之虑，不能及远。暴虎冯河之患，近而易见，则知避之。丧国亡家之祸，隐于无形，则不知以为忧也”。把这段话用在朱熹自己身处的不思进取、苟且维持的南宋王朝上，正好合适。

不过翻译事小，实践事大。环顾四周生意场，我们往往见到的，是在企业发展的春天狂欢痛饮的场面，而很少见到真的有人在这个时

1. 旻（mín），秋天、苍天；暴（bó）虎，空手打虎；冯（píng）河，徒步渡河。

候沉下心来，以“偏执狂”的眼光来审视自己和审视未来。张瑞敏多年来在海尔推行的管理方法，似乎也就是要把自己“如履薄冰”的心态转变为整个公司的文化。

假如一家企业（或任何负有社会责任的组织）不能让自己经常处于一种竞争中的“惊恐”状态（当然不必再担心被虎豹吞食），不断发现自己在产品和服务上的缺陷，不断去弥补昨天的漏洞，争取今天做得更好，那么当一场新的危机到来时，它恐怕就会来不及应对，只能在事后哀叹“夜来风雨声，花落知多少”了。

33. 领略真精神，莫用白马制造斑马

那些市井画师的作品，大概跟那些白头宫女的故事差不多，都是陈陈相因、复制多次的文化，是一种创造不了、也激发不出任何新的价值的东西。这样的文化不仅仍在腐蚀着中国的国企。在任何曾经辉煌过的地方，在那些任凭时过境迁仍在止不住地缅怀旧日辉煌的人们中间，都会有所察觉。

一次开会，听一位学者讲到国企上市时说：即使是在海外上市的国企，骨子里头经常还是生活在计划经济时代，还没学会按市场经济的规律办事。“就像当我们需要斑马的时候，你拉过来几匹普通的白马，在它们身上用黑色颜料画上些道道，说这样就有了斑马。”顿时席间一片笑声。

凡是不会按市场经济规律办事的国企，之所以不会，一个重要原因就在于他们长期以来从事的大量是垄断性、半垄断性的业务。扛着“中国”的招牌做生意，没有在真枪实弹的市场上摸爬滚打过。对于他们来说，改制、重组好像很容易，就像以前改变部门或公司的行政归属一样。

这不是说世界上不应有扛着“中国”招牌的企业，但这些企业的领导者，不应仅仅是上级领导信得过的干部，最好也得有市场经济的

实战经验，在肩膀上还没扛着“中国”招牌的时候做过真正赚钱的生意，在竞争中，甚至危机中拿出来过让顾客满意的服务和让投资者信得过的业绩。

关于在白马身上画黑道道制造斑马的说法，让人想起唐人元稹的一首诗：

张藻画古松，往往得神骨。
翠帚扫春风，枯龙戛寒月。
流传画师辈，奇态尽埋没。
纤枝无潇洒，顽干空突兀。
乃悟埃尘心，难状烟霄质。
我去淅阳山，深山看真物。（《画松》）

这是一首说理的诗。意思很简单：从前的大画家（名叫张藻）擅长画松，画得尽得神韵。坊间画师因而一时蜂拥效仿，结果画风草草，神韵全无，把松树画得臭了街。唉！凡夫俗子的身手，怎能表现得出来高山古松伫立云霄的气质呢？我真是再也受不了看那些烂画了，还是让我到深山老林里去领略真正的松树风格吧！

诗人不但要进山，而且还要进“深山”。两“山”连用，品味起来，真还有点山内有山、山深凡人不可及的意思。

反复使用同一个字来递进强调自己的意思，是元稹用得很妙的一个小技巧。另一个例子是他写的一首很有名的政治讽刺诗：

寥落古行宫，宫花寂寞红。
白头宫女在，闲坐说玄宗。（《行宫》）

玄宗就是那个老来享乐，差点把大唐江山断送了的风流皇帝李隆基。元稹写下这首诗时，距离安史之乱中李皇帝处死爱妃、自己退位的那些事儿，已有多年。但在那些“国字号”的高级招待所里，当年招募来的那些招待员仍健在。她们无所事事，还是在唠唠叨叨地追溯着一个一去不返的年代。一连三个“宫”字，直坠一个“玄宗”，确实把老大帝国治理荒疏、社会涣散的趋势表现得淋漓尽致。

这两首诗联系起来读，读者内心难免感到不妙：那些市井画师的作品，大概跟那些白头宫女的故事差不多，都是陈陈相因、复制多次的文化，是一种创造不了、也激发不出任何新的价值的东西。这样的文化不仅仍在腐蚀着中国的国企。在任何曾经辉煌过的地方，在那些任凭时过境迁仍在止不住地缅怀旧日辉煌的人们中间，都会有所察觉。

不但是垄断的直接受益者，就连在香港，这个垄断时代的间接受益者，时而也流露着一种让人感到古旧的优越感。20 世纪很长一段时间里，香港是中国连接国际市场的唯一通道。在中国加入了 WTO 多年之后，某些人仍以国家门户的把守者自居，对内地发生的变化不求甚解地指指点点，是不是就有点像“白头宫女在，闲坐说玄宗”的架势？

其实，已有越来越多的国际商人绕过香港，甚至也绕过了上海、北京，直奔苏州、大连、宁波、义乌那些地方去做生意了——他们像不像是去领略真正的“松树”？或许他们不仅仅是去寻找真正的生意；他们也是在寻找真正的精神。

34. 寂寞长松：企业家需要一种使徒式修炼

他们的寂寞，是在无人理会中吸收养分、丰富自己、勾画梦想、调整战略的一个必然的准备阶段。任何企业，要是没有或不愿经历这样的一种使徒式的寂寞，即使有说起来很好听的战略，也是不可能最终在市场上化作蛟龙腾空而起的。

一位友人，掌管着几乎被金融危机摧垮的一爿生意，变卖了不少财产，办公室里仅剩下墙上悬挂的一幅画卷——画上只有一棵松树，大有古人“秋风桃李摇落尽，为君青青伴松柏”[1]的意思。

说起松树，真是中国文化里的一个罕见现象。从古代到现代，从佛教信徒到儒家学子再到共产党人，它一直被视为高贵品质的象征。陈毅元帅写过“大雪压青松，青松挺且直”[2]的诗篇，前中共中南局书记陶铸写过一篇题为“松树的风格”的散文。甚至最反传统的人士也很少对松树崇拜提出过疑问和挑战。这是连梅花也享受不到的待遇——因为至少从龚自珍开始，就有人不断指出，文化人画笔和诗笔下的梅花与山野的梅花在形态风韵上其实已相去甚远。

中国文化人从很早开始就把长青松柏作为个人气节的寄托了——而且往往是在世道艰难的时候，从晋朝人的“郁郁涧底松，离离山上苗”到南朝人“未见笼云心，谁知负霜骨”，再到唐诗中“青青好颜色，落落任孤直”；“自知桃李世，有爱岁寒人”云云。[3]

松树看起来孤独、寂寞。但经典松树诗的灵感却是多元的，受到至少两个伟大精神源泉的共同滋养，一个是神秘主义的（大致是佛家），另一个是事功主义的（大约是儒家）。一个象征一旦具有了多重的文化含义，其感召力便会历经时变，而愈加精彩，正像高山青松的枝干那样，愈久弥坚。

带着出世的禅心看松树，看到的是它们生长在高高山上，样子又好看，气质又潇洒，好像完全不屑于那些世俗琐碎。唐朝景云和尚（此人也擅长书画）有一首小诗，把画中的松树写得如同远在名山深处的真的松树，又如同多年前曾经有过交往的故人一般，可见出家人与松树之间虽言语不通，但心神之投合，甚是融洽：

画松一似真松树，且待寻思记得无？

曾在天台山上见，石桥南畔第三株。（《画松》）

1. 皎然《裴端公使君清席，赋得青桂歌送徐长史》。

2. 陈毅《咏松》。

3. 以上诗句依次引自：左思《咏史八首》；吴均《赠王桂阳》；刘希夷《孤松篇》；齐己《卖松者》。

天台是南宗佛教的圣地；景云的机智叫人拍案叫绝。不过他对天台松的联想并非唯一，唐人施肩吾也写道：

每欲寻君千古峰，岂知人世也相逢。
一瓢遗却在何处？应挂天台最老松。（《遇王山人》）

然而，带着入世的儒家道德观看松树，侧重的则是它们的坚贞：它们虽历经磨难却绝不放弃成长和进取，“仁者之勇，雷霆不移”[1]。孔子“岁寒，然后知松柏之后凋也”一句话已极富诗意。唐人杜荀鹤的松树诗就是走的这一条路线：

自小刺头深草里，而今渐觉出蓬蒿。
时人不识凌云木，直待凌云始道高。（《小松》）

清政府割让台湾后领导过抗日起义的台湾人丘逢甲写道：

山林鳞鬣尚参差，已觉干霄势崛奇。
只恐庭阶留不得，万山风雨化龙时。[2]（《韩山书院新栽小松》）

小小庭院里的松树长大后，竟然是会在“万山风雨”之时突然跃上长空，化作飞龙的（当然这里又带有了道教的仙气。）

品味禅味的松树诗和儒家的松树诗，能感到它们中间其实有一种东西是相通的。“山深有雨寒犹在，松老无风韵亦长”[3]——那就是在逆境中沉得住气，在寂寞中埋头成长的那种宗教使徒般的风格。不过在

1. 苏轼《祭堂兄子正文》。
2. 鳞鬣（liè），龙的鳞片和长毛。
3. 皎然《晚春寻桃源观》。

市场经济里，那种“松树的风格”不应该是认死理，就像德鲁克批评过的“在一个地方屡战屡败”；而应该是沿着一个方向屡败屡战，直到找到能打出战果的地方[1]，也就是创造出超越市场平均水平附加值的生意来。

从逆境中走过来的曾国藩也说，带兵的将才，不但不能“不急急名利”，而且还要“耐受辛苦”。中国社会上一批这样的人，从20世纪90年代末互联网刚刚兴起，到现在移动网络技术日臻成熟，十多年来一直在鼓捣自己的解决方案，却一直还没得到风险投资的青睐，所以他们一直还奔走在北京、上海、深圳之间，一直乘坐经济舱，住平价酒店，无论冬夏，出门坐地铁，从不打的。

这样的青年（或不复年轻的人们），在我们这个人山人海竞考公务员的媚俗时代，大概可被视为社会的高山松树。虽然不是每一棵松树最终都能成材，但正如白居易说过的：“知君死则已，不死会凌云。”[2]

这样的追求，在常人看来，甚至在家人眼里，与蛮干无异。实际上，从一个方案到下一个方案，从一个项目到下一个项目，从一批合作伙伴到新的一批合作伙伴，无不伴随着知识的汲取和想象力的延展。

他们的寂寞，是在无人理会中吸收养分、丰富自己、勾画梦想、调整战略的一个必然的准备阶段。任何企业，要是没有或不愿经历这样的一种使徒式的寂寞，即使有说起来很好听的战略，也是不可能最终在市场上化作蛟龙腾空而起的。

“化龙腾飞”仍是神秘主义的比喻；在现实世界，它其实就意味着超越寻常，超越自己原有水平的一种在境界上的升华。明人袁宏道有一首短歌就包含着这个意思，只不过诗中写的不是松树，而是人们经常跟松树种植在一起的柏树：

1. 英文原文为：“where the results are”. Peter Drucker, *The Daily Drucker* (NY: HarperCollins, 2004), p341.

2. 白居易《栽松二首》。

一番霜雪一番姿，铁干铜肤自小时。

和叶和梢才尺五，几年长出杜陵诗。

（袁宏道《法华庵看月江老衲移柏树》）

这里“杜陵”指的是杜甫。整个诗是说现在树虽还幼小，但只要百般历练，终究会长得如同杜甫诗句“锦官城外柏森森”所形容的那样的茂盛，说不定还会具有像杜甫诗那样老成苍劲的风格。

如果诗人修炼到这个地步，应该说已然变成了一条诗界苍龙。用西方语言说，应该也够得上了virtuoso（艺术专家、大师）的资格；而一位企业家或经理人，修炼到了类似的地步，也应该可以称为管理艺术家了。

品味禅家的松树诗和儒家的松树诗，能感到它们其实有一种东西是相通的：心灵的修炼，思想的飞跃，都是在寂寞中完成的。在人们恐惧独处的时代，寂寞，却在静悄悄中为它的光顾者准备着人生最为珍贵的奖赏。

35. 禅的启示：相信未来，相信无穷

相信未来其实就是相信无穷——相信人的潜力是无穷的；世界上的机会也是无穷的——对于不吝啬付出、不害怕动脑子的人来说，最终也是均等的。所以禅宗师傅说：“吾家生涯，虽然冷淡；取之无禁，用之无穷。”以这样的心态去工作、生活，就会看见地平线上呈现出一片清新景象。

半岭篮舆小驻肩，眼中已觉渺云烟。

山头更尽无穷境，非是人间别有天。（《方广道中半岭少憩》）

这是一首宋诗，作者张栻是一位理学家（海外汉学家叫“新儒

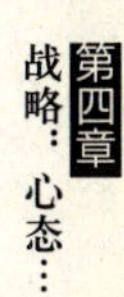

学”家)，然而他的诗却被后人选入不止一个版本的禅诗。原因可想而知——因为禅比理学更相信无穷。只有把无穷当成一个信念，才能真的具备一个与之相对应的心态。也只有具备了这种心态的人，才能不论有什么问题发生，总会有比别人多一点精神上的准备，如果走运的话，也应该比别人还要多一点的机智。

佛教是讲究机智的，禅更是如此，因而它们相信无穷。但是在一切常规化（正规化)、官僚化的体制里，无穷是不允许存在的。在德国军事史上，以施里芬元帅命名的“施里芬计划”在执行时漏洞百出，后人在评论的时候全都归咎于指挥作战的小毛奇（施里芬前任老毛奇的侄子)。但倘若事先根本没有一份如此严密的战争的全过程计划，至少施里芬的后继人能享有更多决策自主和想象空间。这对于战略处境相对劣势的德国，其作用恐怕将胜于一切事先制定好了的，决不允许有半点差错却偏偏差错横生的计划。

奈何世界上硬是有人拒绝领会“胸中有物乾坤窄，眼里无尘天地宽”[1]的道理。

杰克·韦尔奇一当上 GE 的 CEO 就解散公司的战略研究部，也不应仅仅被看做是为了节省开支，停止制造那种永远也不可能落实的成堆的战略报告。他这样做还造成了一个更重要的效果，那就是不让那些似是而非的意见阻挡视线、蒙蔽头脑，从而为自己保留下一块不受“污染”的思维空间。

每当讨论战略问题的时候，那些动不动就跳出来捍卫既定方案、往日经验，甚至个别领导指示、祖宗章法的人，其实是最大的 troublemaker（捣蛋鬼)，最没有资格参加这种严肃的工作。因为他们根本没有精神准备去面对千变万化的日常情况（而不是纸面上预测的情况)，也根本不具备勇气和才干去从实践中开掘别人尚未发现的新的机会——在他们的脑子里，根本还不具备一套与现实世界情况相符的

1.（日本）滴水宜牧《偶成》。

程序。

最令人遗憾的是，这样的大捣乱者、大折腾者，偏偏就是企业最高领导人自己，正如管理学家指出的，CEO 每每抱怨下属不会创新，而员工却时时抱怨领导不想创新。[1] 以坚守制度为第一要务的人们，骨子里都是与创新格格不入的。

有管理学家指出：世界上最杰出企业的领导人，在制订发展战略时，都不是以瞄准同行业其他企业为满足的；他们甚至在想，如果能将自己的企业推倒重来，那么他们要建立的新的企业将会是什么模样。[2] 这种颠覆性想象的目的，难道不正是要创造颠覆性的市场业绩吗？

“事业无穷要自强”[3]。追求实践智慧的人们，任何时候都不能拒绝相信无穷。无穷是不可限量的；因而它不是一个经验的定义，而是一个信念。无论是在一切看似安排妥帖（但潜伏危机）的时候，还是在遭遇挫折（但仍怀希望）的时候，这个信念都将帮助它的领悟者们寻找新的方向、新的解决方案。这就像当代诗人食指在“相信未来”一诗中写过的：

当蜘蛛网无情地查封了我的炉台
当灰烬的余烟叹息着贫困的悲哀
我依然固执地铺平失望的灰烬
用美丽的雪花写下：相信未来……

相信未来其实就是相信无穷——相信人的潜力是无穷的；世界上

1. 英文原文为：“CEO's often complain about lack of innovation, while workers often say leaders are hostile to new ideas.” Patrick Dixon, *Building a Better Business* (London: Profile Books, 2009), p137.

2. W. Chan Kim and Renee Mauborgne, “Value Innovation: The Strategic Logic of High Growth”, in *Harvard Business Review on Strategies for Growth* (Cambridge: Harvard Business School Press, 1998), pp25-53.

3. 乐雷发《送李焕云赴恭城主簿》。

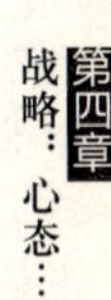

的机会也是无穷的——对于不吝啬付出、不害怕动脑子的人来说，最终也是均等的。所以禅宗师傅说："吾家生涯，虽然冷淡；取之无禁，用之无穷。"[1] 以这样的心态去工作、生活，就会看见地平线上呈现出一片清新景象。

写到这里，正好京城子夜，窗外大雪纷飞。

1. 释妙伦《偈颂八十五首》。

第五章

战略：想象

醉里挑灯看剑，梦回吹角连营。
八百里分麾下炙，五十弦翻塞外声。
沙场秋点兵。

——辛弃疾（南宋，军事家）
《破阵子·为陈同父赋壮语以寄之》
绍熙四年（公元1193年）

36. 战略是一种想象

在一个现实的企业里，其实一个阵势早已布好，只不过要想实现战略目标，总是要根据形势，调整战术。即便是原先通过仔细斟酌作出的部署，由于情况发生变化，也需要不断调整，要一而再地“点兵”。这是战略的一个特点，它不是法律，它必须因事制宜进行不断调整的。

这是中国人熟知的一首词，作者是青年武士出身的辛弃疾[1]：

醉里挑灯看剑，梦回吹角连营。八百里分麾下炙，五十弦翻塞外声。沙场秋点兵。

马作的卢飞快，弓如霹雳弦惊。了却君王天下事，赢得生前身后名。可怜白发生。(《破阵子·为陈同父赋壮语以寄之》)[2]

辛弃疾一辈子都想象——想象着带领士卒，重上战场，杀回故乡，收复国土。其志之笃，其心之切，也让他一辈子都在心中演练着调兵遣将。

1. 辛弃疾（1140~1207 年），号稼轩，历城（今山东济南历城区）人。辛弃疾出生时，中原已为金兵所占。辛弃疾 21 岁时起兵反金，率两千多人投靠了耿京的抗金队伍。辛弃疾劝耿京投靠宋朝，耿京派他去宋朝表示归朝，此时他们已经聚集了 25 万人的军队。宋高宗赵构接见了他，表示欢迎他们。但当辛弃疾返回时，得知耿京被叛徒张安国杀害，悲愤之中，他带着 50 名义士闯入 5 万人的军营中生擒张安国，然后南渡归宋。

2. 陈同父即哲学家陈亮（1143~1194 年）。陈亮和辛弃疾都是主战派，屡经挫折和排挤，两人志同道合、惺惺相惜。陈亮一生不得志，曾两次下狱，宋光宗绍熙四年（1193 年）才考中状元。这首《破阵子》就作于此时，这年两人都年过五旬，因此说“五十弦翻塞外声”。宋光宗给陈亮赐诗，陈亮当廷和诗谢恩，诗云“复仇自是平生志，勿谓儒臣鬓发霜”。与辛词结尾“可怜白发生”相呼应。没料到，陈亮第二年就去世了。

虽然一种窝囊到了极点的政治坚决拒绝给予他（或其他任何人）实现这一梦想的条件，但只要有一星半点的机会，辛弃疾恨不得就纵身扑向半空去捕捉它。他在长沙仅一年左右，甚至以“欺上瞒下”和自己出钱的方式兴建飞虎军的案例[1]，也充分显示出这一用心。

他留下来的文字里，有些字句，或是追溯，也有想象，冰火交激，竟难分别。像“汉家组练十万，列舰耸高楼”也是，“破敌金城雷过耳，谈兵玉帐冰生颊”也是，“金戈铁马，气吞万里如虎”也是。[2]

如果你老是在想怎样把企业办得更好，在你的脑子里，也难免变换着很多新的部署，包括人力、资金、技术，以及商业联盟、销售渠道，你一定也会止不住地想象，想象带领着现有这班人马在一个全新的环境下拼搏，与你现实中尚未挑战过的行业对手一一交锋，“十步杀一人，千里不留行”[3]。如果恰好这时你的助理抱着一叠公文进来，看到你这副魂不守舍的样子，大概会想：“老板……是在做白日梦吗？”

如果你仅仅是在想象结果，你的确是在浪费时间。

如果你专注的是实施步骤，你是在做战略的演练。

“战略”这个词在中国的历史不算最久远，相应的概念，在《孙子兵法》里是“计”，后来叫兵略、韬略、谋略的。最先以“战略”二字命名著作的人，是西晋司马彪。在英语里，“战略”（strategy）一词源于希腊语 strategos，原意为“将道”，最初的来源，是指对大兵团阵势（stratos）的指挥。

不过，正如世界上有很多冠以“战略”之名的废纸那样；那些具有战略眼光的人，不但他们的著作（如《孙子兵法》），而且他们日常之所

1. 辛弃疾将皇帝要求停建飞虎军的御旨藏起来，还施行酒类专营专卖等措施筹措军费。详见赵晓岚《金戈铁马辛弃疾》（人民文学出版社，2010 年）。

2. 以上诗句依次引自：《水调歌头·舟次扬州，和杨济翁、周显先韵》、《满江红》、《永遇乐·京口北固亭怀古》。

3. 李白《侠客行》。

言、所思、所想象，都会流露出俯瞰战场、纵观战局的视角。辛弃疾的“吹角连营”、“沙场点兵”之梦，开始的就是一场新的宋金战争的想象。

当然，“点兵”是为了布阵，而不是为了检阅仪仗队。在一个现实的企业里，其实一个阵势早已布好，只不过要想实现战略目标，总是要根据形势，调整战术。即便是原先通过仔细斟酌作出的部署，由于情况发生变化（甚至原定目标已不能成立），也需要不断调整，要一而再地“点兵”。这是战略的一个特点，它不是法律，它是必须因事制宜进行不断调整的。

所以战略问题是叫你想了还得想的问题。但一个无情事实，是全世界绝大多数组织的领导者，每天的时间，几乎全被用来处理那些属于鸡毛蒜皮却好像又不能不管的业务——比如助理刚刚摆在你办公桌上的文件；能够用来在自己脑子里或与高管团队一道做战略演练的时间极为有限。

战略本身并不是特别费脑子的事情，不是科学发明，不是技术创新，但荒疏了战略思考，却必然给事业造成难以挽回的损失。联想集团创始人柳传志的管理经验看起来也很简单，仅仅“建班子，定战略，带队伍”九个字；但在实际操作中，他说一件要务，就是要与高管层成员一道经常“务虚”。想想看，什么是“务虚”？务虚就是想象中的“沙场秋点兵”。

37.《孙子兵法》的魅力：管理者为何要读兵书

《孙子兵法》并非仅仅是一部关于战争的书，甚至也不是英文翻译里的所谓“战争艺术”，而是属于一种言简意赅、又凝聚着大量实践体会的管理智慧书。

古代将领中有不少人是像辛弃疾那样，自打年轻时就饱读兵书，一辈子都在等候、梦想国家对他们的调遣——只要有这样的机会，死亦无憾。在唐诗里，就能读到这样的例子：

北风裂地黯边霜，战败桑干日色黄。
故国暗回残士卒，新坟空葬旧衣裳。
散牵细马嘶青草，任去佳人吊白杨。
除却阴符与兵法，更无一物在仪床。（曹唐《哭陷边许兵马使》）

读到这里，人们的耳边或许会响起一阵《血染的风采》的音乐，挺壮烈的。没错，任何以服务公众、效忠组织为最高目标的人，其人生落幕，大概应该都是这样——身边什么财物都没有，除了生前潜心研读的几本兵书。

那时的人读的是什么兵书？《韩非子》说过，自战国时起，“境内皆言兵，藏孙吴之书者家有之”云云。所谓孙吴，就是孙武、吴起的合称。

唐人尚武，士大夫读兵法的风气更为盛行，皇帝亲自参与《李卫公问对》的创作，大诗人杜牧为《孙子兵法》作注，以及“口里虽谭周孔文，怀中不舍孙吴略”[1]的诗句，都是例证。

和平生活中的人，老大不小的，读什么兵书？历来有人对此不齿，其中也包括韩非。但历史的吊诡，却在于随着经济发展，读兵书的兴趣，从古代士大夫传播到现代工商管理界，然后又蔓延至从事管理工作的人。不仅中国如此，西方社会也是如此。读战争史，读各个历史时期的战例，读前人的和同时代人的带兵经验，已成为企业家、经理人中的一个普遍现象。

无论在中国书店还是在美国书店里，你都会发现有一本兵书《战争艺术》（*art of war*），在这两个经济大国的读者中享有几乎同样高的声誉——而且历久不衰，它就是《孙子兵法》（作者孙武，有时也以《孙子兵法》与《孙膑兵法》合编）。

1. 李渤《喜弟淑再至为长歌》。谭，同“谈”；周孔，周公和孔子。

在中国的当当网上，以“孙子”检索，共有573种图书音像产品。[1] 在美国亚马逊网站上以“Sun Tzu”（孙子的英文译名）在图书频道上检索，结果大致与被誉为现代管理之父的德鲁克和股神巴菲特旗鼓相当。而二十多年前，当《孙子兵法》刚刚受到重视的时候，才仅有一两个英译版本。

为什么这本中国书，用不着到纽约时代广场打广告，从中国走到外国，然后在美英“主流书店”登堂入室竟如履平地？这种如同“不战而屈人之兵”而征服世界的过程，与很多中国企业，中国产品尴尬的国际化经验相比，竟形成鲜明对照。

是因为《孙子兵法》语言非常时髦，或者它的作者长相非常酷吗？

是因为它充满了色情、暴力、不可思议的恋爱和悬念，以及雷人的对话吗？

是因为它无论什么人用都一用就灵吗？

或因为它属于居家常备，就像创可贴吗？

可以想见的一个原因，是因为《孙子兵法》并非仅仅是一部关于战争的书，甚至也不是英文翻译里的所谓“战争艺术”，而是属于一种言简意赅、又凝聚着大量实践体会的管理智慧书。

管理学家约翰·阿代尔（John Adair）说，18世纪中期，西欧最大的“工业组织”就是英国的皇家舰队。[2] 这里“工业”的意思，是指人员庞大、分工复杂、纪律严明、协调严谨而言。

同样，在公元前3世纪，世界上的一个最大、最有效的组织，必然是建立整个耕战体制上以及用全世界射程最远、最锋利的弓弩武装起来的秦军。这一点，用不着看活人，看看咸阳的兵马俑就能有所体会。

秦军只是一个登峰造极的形式，它的基础，是贯穿春秋战国而积累下来的军队管理经验。那个时代（包括随后的西汉）产生的大量兵书，

1. 截至2011年12月27日。

2. John Adair, *Effective Strategic Leadership* (London: Macmillan, 2002), p17.

就是这些经验的反映，《孙子兵法》则是其中的善之又善者。

两千多年后的今天仍有军队。但世界上容纳人员最多、分工最复杂的组织形式，肯定早已被企业所取代，还有各种各样以企业为制度蓝本的非盈利组织；在很多国家里，人们最大规模的竞争性活动，已不是在战场，而是在于无休止的、遍布全球的市场竞争。

然而人类文明组织配合，优胜劣汰的需要，赋予了《孙子兵法》贯穿时空的普世性价值。那就是一种深入浅出，但绝非简单化、工具化的实践智慧或实践哲学。

它帮助实践者，尤其是一个组织的管理者，形成自己思维的和行动的特点，以争取在同等物质条件下，通过自己的管理实践，创造组织的最佳效益。

这才是为什么《孙子兵法》可与历代良将共生死的原因所在。可以想见，在一个截然不同的时代，它也将伴随着世界上很多的企业家和组织领导者，完成他们一生中最险恶的战斗，创造他们一生中最伟大的辉煌。

38. 实力 VS 计谋——理解《孙子兵法》的起点

战场也好，生意场也好，假如决定胜负的只不过是实力，天时、地利、人和一概皆可不顾，那么世界上还会有什么悬念可言？倘若实力雄厚者不自恃强大、疏于防范；而实力薄弱者不巧于计谋、精湛管理，竞争又从何谈起？

大江东去，浪淘尽、千古风流人物。故垒西边，人道是、三国周郎赤壁。乱石穿空，惊涛拍岸，卷起千堆雪。江山如画，一时多少豪杰。

遥想公瑾当年，小乔初嫁了，雄姿英发。羽扇纶巾，谈笑间、樯虏灰飞烟灭。故国神游，多情应笑我，早生华发。人生如梦，一尊还酹江月。

这首“念奴娇”是苏东坡的一首千古绝唱，副题“赤壁怀古”。到底是什么东西叫他以及历代满怀英雄抱负的人无比向往、激情澎湃，转而又黯然自叹、生不逢时呢？

那就是赤壁之战，一场以计谋取胜的惊世大战，一个各路人才彰显才华的历史关口。赤壁之战里不仅只有一个计谋，而是大至外交，小至战斗，以一个接一个的计谋化解了魏军优势，弥补了吴蜀欠缺，最终完美实现一场以少胜多、以弱胜强的经典战役。

可是世界上很多人瞧不起计谋。

记得曾为《孙子兵法》英文译本做过前言的英国战略学家李德·哈特（B. H. Liddell Hart）曾追溯说，“二战”前后，日本军人对《孙子兵法》是不感兴趣的，觉得那是狐狸的兵法，而他们要做的是老虎。与此同时，国民党军事将领对《孙子兵法》也缺乏自信，认为那已经是古代的东西，无法适应现代战争的需要了。

现代中国某些业余军事爱好者也学着伟人口吻，说打起仗来，只有实力才是“硬道理”；计谋有什么用？古代齐国军事家辈出，还不是被秦国给灭了？克劳塞维茨能写鸿篇巨制《战争论》，还不是叫拿破仑逮着做俘虏？

这种“唯实力论”，听起来跟“唯GDP论”差不多，表面上挺唯物主义的，其实眼界实在狭窄。这也难怪中国的军事杂志，基本上是有关武器装备的，不像在某些其他国家，军事网站的兴趣点从后勤到小规模战争再到军事史，不一而足。

世界上的事情远不是都像很多现代中国人所想象的那样“唯物”的。这不是中国古典兵法的思路，也不是战争的真实情况。

世界上自从有了战争，就有了计谋。公元前13世纪古埃及与赫梯人之间的战争，被称为世界上最古老的战争。在这场战争中，就已有迂回、有突袭，利用对手的失误发起攻击，并非像有人所说，无非就是双方正面互攻对打而已。

做生意也是这样。没有钱（或没有物质实力），说做生意是胡扯。不过，有再多的钱，不了解经济，不研究市场，三下子两下子也会把所有家底折腾个精光，比胡扯更叫人瞧不起。在同样实力的前提下，爱动脑子，同时也精于计算的闷声发财者必然要比感情用事者、求神拜佛者、盲目跟风者，或纸上谈兵者获得更高回报。

战场也好，生意场也好，假如决定胜负的只不过是实力，天时地利、人和一概皆可不顾，那么世界上还会有什么悬念可言？倘若实力雄厚者不自恃强大、疏于防范；而实力薄弱者不巧于计谋、精湛管理，竞争又从何谈起？

在整个历史上都是这样，倘若实力雄厚的一方不自我陶醉、自我消耗，实力薄弱的一方不重视民心、励精图治，那么多的兴亡更替又从何谈起？人靠动脑子改变自己的生存状况，包括聚积实力，恰恰是精神变物质的一个过程。

所以一部不到6000字的《孙子兵法》，充满了“上兵伐谋”、“兵以诈立”的观点；作者从头至尾都在强调计谋的重要性，尤其是那种哲学层次、战略层次上的大思路、大谋略。书的一开始就警告读者：“夫未战而庙算胜者，得算多也；未战而庙算不胜者，得算少也”[1]，不动脑子，不做谋划，就一定会吃亏。

为什么不动脑子会吃亏？孙子没说。（这么浅显的道理还用解释吗？）

但现实世界的吊诡，却是那些唯实力论者偏偏就不喜欢用脑子。尤其是一些眼看正在崛起的新兴势力，一旦聚积了一些财物，听到了一些恭维，马上就感觉良好，精神亢奋，去挑战那些看似已不复辉煌、却仍具多年积累和历史底蕴的传统势力。导致这种冒险游戏的根源，就是战略思维上的唯实力论。

1. 庙算，指开战之前于庙堂上的谋划。

这样的赶超，这样的挑战，其实有很大缺陷，因为它从一开始就是被对方的表面特征所限定的。从本质上说它不具备有独创性；仍然是在复制别人的模样，模仿别人的外表。这是一种无须费脑子只需费体力的工作。

一个执行这种任务的团队，因为它的所有指标都是表面的，也就必然不会重视内部因素，尤其是聚集人的力量。它的管理，很可能看起来强悍，但很难做到坚韧；它的行动，很可能看起来猛烈，但很难做到自如。

这也是为什么后起帝国主义气势汹汹跟老牌的帝国主义硬拼却总是拼不过的道理——不是因为他们天资差，或痴或狂或不通人性，实在是因为他们所执著的唯实力论妨碍了自己动脑子。

理解这一点很重要——因为做事要动脑子，这是《孙子兵法》的起点。《孙子兵法》还有更深刻的道理，但你不动脑子，后边的一切也就都谈不上。一切关于你如何自我设计，自我调整的咨询建议也就成为瞎耽误工夫。在具体实践上，在试图赶超别人或挑战别人的时候，你必然只会仅仅盯着人家的一些表面特征，最终把自己搞成东施效颦、邯郸学步。

更重要的是，妄图通过不动脑子的工作来聚积超过动脑子的工作所聚积起来的实力，或实现比后者更伟大的成就，是一种违反逻辑的行为。违反逻辑的行为在实践上一定行不通，用中国人的话说，是一定会遭到“老天报应”的。这个灾谁也帮你免不了。

所以孙子对君主（当时是吴国国君阖闾）说，你如果不想动脑子还要打胜仗，那咱们也就免谈了，你用不着来找我——因为找谁都没用。大意如此。[1]

1.《孙子兵法》中《计篇》云：“将听吾计，用之必胜，留之；将不听吾计，用之必败，去之。”一个版本的现代汉语译文是：“若能听从我的计谋，指挥作战就一定会取胜，我就留下；如果不能听从我的计谋，用兵打仗就必败无疑，我就告辞离去。”据吴如嵩（主编）《孙子兵法解说》。

39. 经营不败——抢占和维护属于你的险要地形

只有首先占据不败之地和做成不败之局，然后再借此运势，击敌之可败，即可决定成败，影响全局。所以像这样打仗，总像是从山上往山下放水、滚石头那么顺手。

读中国历代文学，有时就像读一本介绍险要地理的读物。

在唐朝有“秦时明月汉时关，万里长征人未还”和一大堆的边塞诗。

在宋朝有“楼船夜雪瓜洲渡，铁马秋风大散关”和很多关于长江沿岸军争要地的诗。

在金朝也有写的不错的：

两崖峡束枕洪涛，自古英雄争虎牢。
苍天胡为设此限，长使战骨如山高。（赵秉文《虎牢》）[1]

到了明代，再筑长城，长城诗也多了起来：

八大高坡百尺强，迳连大漠去荒荒。
舆幢尽日山油碧，戍堡终年雾噀黄。（徐渭《八达岭》）[2]

---

1. 虎牢关，位于今河南郑州荥阳市汜（sì）水镇境内。因西周穆王在此牢虎而得名。南连嵩岳，北濒黄河，自成天险，为历代兵家必争之地。

2. 八达岭，位于北京市西北延庆县南部，是长城重要关口居庸关的前哨。徐渭（1521~1593 年），著名文学家、书画家、军事家。万历四年（1576 年）徐渭应好友邀请，经北京过居庸关赴塞外宣化府。期间，徐渭目睹了长城的险峻，《八达岭》一诗当写于此时。

迳，同径，道路；舆，车；幢（chuáng），车帘；戍堡（shù pù），长城防御体系中的重要组成部分。明朱棣迁都北京后，有计划地从人烟稠密地区移民到张家口、宣化一带，由官方筑起土堡，以居新迁之民。噀（xùn）：喷。后两句意思是，车窗外整天都是油绿的青山，戍堡长年被黄色的雾气笼罩。

到了清代也有：

立马风陵望汉关，三峰高出白云间。

西来一曲昆仑水，划断中条太华山。（峻德《望潼关》）[1]

占据有利地形，把守险要关隘，不是说非等打起仗来才要急忙着手去做——这样做有时来不及；在和平时期就要有重兵把守。而战略要地之所以叫做战略要地，因为它们是一打起仗来就必然成为两军争夺的重点，对战争全局有着重大影响；这一点，已为历史反复证明。

在和平时期就把战略要地的防卫建立起来，虽然不能决定未来战争的胜利，但绝对可以加强己方在未来战争中做到不败的可能性。中国古典兵法上一个重要概念，就是要在战争爆发或决战开始之前，首先经营不败。要“先为不可胜”。

不败是一种能力。胜利是这种能力实施于具体目标的结果。孙子说：“不可胜在己，可胜在敌。”做到了不败，至少在一定程度上就占有了战争的主动权。只有首先占据不败之地和做成不败之局，然后再借此运势，击敌之可败（缺陷），即可决定成败，影响全局。所以像这样打仗，总像是从山上往山下放水、滚石头那么顺手。

即使人们熟知的“知己知彼，百战不殆”的说法，也不是为“百战百胜”打保票。“殆”是危险的意思，这里应该是说在做到知己知彼之后，就可避免陷入未曾预料的危险。“不殆”也是不败的意思。

不败是一种条件。不具备这种条件的胜利是无本之源。孙子之所以把“不败”当做他的形势论中首要概念提出，就是要强调，而所谓不败，作为一切不利因素（不仅敌对势力，也包括己方所不能支配的一切势力）都不可压倒的优势，其实在交战之前和战场之外就已确立，并具备了深厚基础。

1. 潼关，位于陕西省渭南市潼关县北，北临黄河。潼关是关中的东大门，亦是历来兵家必争之地。

有时交战双方武力悬殊，一方获胜轻而易举，但倘若得胜以后，假以时日，仍未能经营出不败的条件，难免打也白打，胜而不胜。美国发动的“伊战”、“阿战”就是例子。[1] 一些反美势力之所以仍不害怕美国，继续与之对抗，因为他们有足够的自信——即使国被打烂、军被打散，却未失民心。他们仍占据着社会文化上的阵地。

抬头仰望在战略要道、险山狭路上千古屹立的城楼、要塞，今天的人们，或许更加理解孙子所说：“故用兵之法，无恃其不来，恃吾有以待也；无恃其不攻，恃吾有所不可克也。”我们无法寄希望于敌人不来，而只能立足于做好时刻迎敌的准备；也无法要寄希望于敌人不进攻，而只能立足于拥有足够的力量、足够的办法，叫敌人打不过。

抢占和维护属于你的险要“地形”（在商战里也叫利基，niche），就是经营不败。

40. 简易功夫 VS 十年功力——羊祜的灭吴战争

羊祜的灭吴战争从公元 269 年就开始了。此后他不是没有遭到过失败，西陵之战甚至败得相当无奈，但他十年如一日，坚持文功武备，把一个“军无百日粮”的拉锯战地区建成了一个眼下敌方不可陷，而将来必可攻敌方的战略高地，为国家完成了“先为不可胜”的战略步骤。正是由于这个原因，史载灭吴捷报传来，司马炎泪流满面说：“此羊太傅之功也。”

中国人向来爱讨论“形势”。看问题要看“形”看“势”——这是《孙子兵法》给整个留下的一份文化遗产。

然而中国士大夫讨论“形势”，时而也流露出无奈和颓丧。比如“不知江月待何人，但见长江送流水”；什么“百岁付于花暗落，四时随

1.“伊战”，指伊拉克战争，2003 年 3 月 20 日，以美国军队和英国军队为主的联合部队正式宣布对伊拉克开战，到 2010 年 8 月结束，历时 7 年。“阿战”，指 2001 年以美国为首的联军发起的，针对阿富汗基地组织和塔利班的一场战争。

却水奔流”；什么“渡人来往青山在，霸业兴亡白鸟惊”；什么“潮生潮落朝还暮，堪叹人生自转蓬”云云。[1]

这样的无奈有一个根深蒂固的原因。那就是在我们这个农民国家(这本身没什么不好意思承认的；与别人相比，也没有什么必然的优劣之分)，当经济发展业已定型，社会生活形成规律，久而久之，民间做事情，想问题，就变得只重简易功夫，而不再做批判思辨了。至少自宋以降，这种倾向，已看得相当清楚。

有的时候，简易功夫是挺有用的——看到安徽人开始收麦了，河南人就要做好准备，出门在外的河北人也要开始赶路回家；看到山里边接连几天乌云笼罩，山脚下的人就要忧心忡忡地做好防洪的准备；而 200 里外的大平原上的人们，却满心喜悦，要准备浇地了。

可是简易功夫也有一个不好的倾向：一时形势不利，就不主动出击，这一点人们都会；但一有风吹草动，不管是否真的大势所趋，只要别人转变方向，自己就忙不迭地赶上去，好像一个难得机遇即将降临于世。俗话说的“跟风”就是这样。极而言之则是赌徒心理。

在懒于自我经营中判断形势，就是机会主义；甚至放弃道德原则，一味迎合时局。像这样的管理，难免叫社会上一些变来变去的时尚、风潮左右了自己；当真正的变局来临，却又因并未做好准备仓促应对，坐失良机。于是只好甩手长叹“时迁大运去，龙虎势休歇”[2] 罢了。

战略的失败，从来都是“没想到”或“想不到”的产物：它们的推行者往往看不到，也想见不到山外还有山；小时尚外还有大趋势。就像互联网刚出现时，很多人把它当做时尚，结果半开玩笑地从投资者那里忽悠了一把钱，什么事也没办成就散伙了。

就在互联网泡沫破裂的同时，由于中国经济改革使然，传统商业业态大举发展，一些大渠道商横行一时，甚至相互比拼店面数量，覆

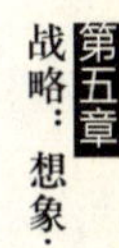

1. 以上诗句依次引自：张若虚《春江花月夜》；徐夤《寄僧寓题》；释行海《渡钱塘江》；黄庚《舟次樗蒲庙》。

2. 李白《登梅冈望金陵，赠族侄高座寺僧中孚》。

盖的城市。这时又有人又觉得市场经济毕竟还是传统业态的天下，把互联网抛到脑后了。

可是，过了不到十年，当传统渠道的发展瓶颈愈发凸显，互联网渠道终于以新兴商业的姿态走上资本市场的时候，老一代的互联网企业坚持下来的却寥寥无几。但凡坚持下来的，却都已形成了自己的独特优势。

可以看出，在多变中把自己变小、变老，甚至变没了的组织的错误，并不在于它们制订了什么错误战略，而在于它们的“战略”从根本上说就不是战略，而把一些显而易见、流行一时的东西当做了安身立命的坐标。判断什么是形势，什么只不过是时髦；什么是天下大势，什么只不过是一时的力量对比——这些问题它们回答不了，而是一味追求简易功夫。

在复杂的社会条件下，尤其是现代市场经济条件下，对于那些没有判断能力的人来说，简易功夫其实并不存在。随便抓住什么东西当做简易功夫来用，也肯定出错。在这方面，没有“简易功夫”，只有“必要功夫”，那就是为着一个长远目标而不懈工作、不懈努力。

从这一高度来理解孙子的“先为不可胜”，会觉得其中道理更加深远。它不仅包括物质上的自我积累，也包括组织上的自我发展。所以孙子说：“故善战者，立于不败之地，而不失敌之败也。是故胜兵先胜而后求战，败兵先战而后求胜。善用兵者，修道而保法[1]，故能为胜败之政。”

一部兵书，为什么在此偏偏要从军事说到政治，从对外战争说到内务（“修道保法”云云）？你感到突然吗？

不过有一个人读到这里，只会感到顺理成章。他就是西晋功臣羊祜[2]。

晋武帝司马炎公元 269 年任羊为荆州都督。羊一面以积极内政，

1. 杜牧注解：“道者，仁义也；法者，法制也。善用兵者，先修理仁义，保守法制，自为不可胜之政，伺敌有可败之隙，则攻能胜之。”据《十一家注孙子》。

2. 羊祜（hù），字叔子（221~278 年）。西晋军事家、政治家、文学家。羊祜出身泰山名门望族羊氏家族，家族人才辈出，东汉名臣蔡邕为其外祖父，世代皆有人在朝为官。

在国家前沿地区恢复经济、安抚社会，一面以怀柔外交，在吴地争取民心、网罗叛将，至死前仍向国家推举良将（杜预、王濬），使晋在公元 280 年得以大举攻吴，获得全胜。

显然，羊祜的灭吴战争从公元 269 年就开始了。此后他不是没有遭到过失败，西陵之战[1]甚至败得相当无奈，但他十年如一日，坚持文功武备，把一个“军无百日粮”的拉锯战地区建成了一个眼下敌方不可陷，而将来必可攻敌方的战略高地，为国家完成了“先为不可胜”的战略步骤。正是由于这个原因，史载灭吴捷报传来，司马炎泪流满面说：“此羊太傅之功也。”

为羊祜落泪的人很多。他死后，襄阳百姓为了纪念他在岘山上立碑，就叫堕泪碑。到四百多年后唐人孟浩然来此凭吊，还写下了“羊公碑尚在，读罢泪沾襟”的诗。李白也来过，他说他也哭了：“空思羊叔子，堕泪岘山头。”杜甫也写过：“已堕岘山泪，因题零雨诗。”[2]

苏洵淌着哗哗的泪水，还发了一通议论，说羊祜对国家的用心，比诸葛亮毫不逊色：

……
道逢堕泪碣，不觉涕亦零。
借问羊叔子，何异葛孔明？
……（《襄阳怀古》）

范仲淹的诗把羊祜的作为总结得更好，说他把德政早已推过了敌方的防线：

1. 公元 272 年，吴国西陵守将步阐降晋。陆抗率兵平叛，采取围而不攻的战术。羊祜率军进攻江陵，意解西陵之围。陆抗识破敌军意图，说服众将，继续围困西陵，并派人令江陵都督固守，令公安都督率部巡长江南岸抵御羊祜水师。羊祜只得退兵。陆抗一举攻克西陵，斩步阐等叛将。

2. 以上诗句依次引自：孟浩然《与诸子登岘山》；李白《忆襄阳旧游，赠马少府巨》；杜甫《随章留后新亭会送诸君》。

休哉羊叔子，辅晋功勋大。
化行江汉间，恩被疆场外。
……（《寄题岘山羊公祠堂》）

可不是吗？羊祜从公元269年开始的作战，就叫“修道而保法”。

41. 奇正之术的应用——解放战争和改革开放

组织框架下的“奇”，理论或技术进步上的“正”；传统业务上的“奇”，创新业务，未来业务上的“正”——此类情况，在市场竞争中其实屡见不鲜且变化频繁，已甚于战争。而且有的时候，“奇”也会成长为“正”，而新一代的“奇”则应运而生。

有讲授《孙子兵法》的人说它“最难的地方”就是所谓“奇正之术”。

不过别让他们吓着了。《孙子兵法》里有关“奇正”的论述并不多，基本就在13篇中的《势篇》里：“凡战者，以正合，以奇胜。故善出奇者，不竭如江河……奇正相生，如循环之无端，孰能穷之？”

孙子还用了好多的形象比喻，本来为了启发想象。但让想象力已变得不那么丰富的现代人读起来，未免觉得玄而又玄。

读者不可忽略的一个事实是，从大框架上讲，奇正之论只是形势虚实之论的一部分。虽然“奇正之便，不可胜穷”，孙子说：“战势不过奇正。”他的整个思想就是在敌我力量的动态对比中，要想尽一切办法，不断定位和加强己方的优势，寻找和利用敌方的缺陷，使己方立于“不败之地”，使敌方呈现可败之相。一旦出现这样的机会，顺势疾击就是。

在作战过程中，加强自己，消耗敌人，寻找战机，实施决战，或“形人而我无形”——以己方的无形之形（像水一样，这是一种很精彩的形，只是你看不清轮廓）让敌方呈现出有形之形（这一下难免也暴露出薄弱环节），怎么做？

在市场竞争中，我们经常说最可怕的竞争对手有时就是自己，那么相对于你的昨天来说，你怎样以今天的变中之形去弥补、超越你昨天的未变之形所暴露出的薄弱环节？

这就到了考验你的奇正功夫的关头。说实在的，奇正甚至都不是什么术——是一种几乎无法用三十六计那样的工具性语言来描述的瞬间的、随机的实践智慧。[1]

实践智慧如同格言（《孙子兵法》里不少的话也像格言），解释得太多并没有用，什么时候适用？适用时又该怎么用？则全靠人们自己摸索、品味。

可以追溯一下中国人共同的历史经验：解放战争中，解放军总部是“正”还是“奇”？从组织构架上说当然是“正”，但访问过西柏坡的人知道，它却只有少数人，而且中央五大书记在此会和之前，连一个党中央还要兵分三路，避免与据说兵力二十多万的胡宗南大军正面交火。

几大野战军里，东北野战军最强，三大战役中承包了一个半，似乎是“正”；中原野战军长途进军大别山，人少，装备差，只打下了三大战役的小半个，似乎是“奇”。但在解放全中国的战略中，这支部队的部署，却是最具全局意义的一招。正如《李卫公问对》中言：“善用兵者，无不正，无不奇，使敌莫测，故正亦胜，奇亦胜。”

再深入一层分析，俗话说打仗外行看武器，内行看后勤，几百万解放军之所以扬威疆场，一个很大原因，就在于解放区土地改革所激发起来的民众支援。史传淮海战役胜利后，从解放区筹集到的军粮还剩余约五亿多斤，在当时的中国已是天文数字。[2]

相比之下，国民党军队在战争开始时来势汹汹，铺天盖地，人员、装备处于明显优势，但全局战略，并不连贯，指挥刻板，绝少出奇。

1. 明代“西湖逸士”所著兵书《投笔肤谈》中有句话十分贴切：“凡兵之所交，阵之所向，胜负决于斯须，存在辨于顷刻者，无非奇正形之也。”
2. 引自《解放军报》2011 年 07 月 01 日《是谁，哺育了中国革命》一文，记者毛俊。

因而所有的“正”（主力部队和正面进攻）也均被一一化解。

又如20世纪80年代，为了实现改革突破，成立了专门的体制改革机构。相比计划经济时代庞大的官僚体制而言，这些新建机构看起来是“奇”。但这些以中青年干部为主体的机构，却在系统引进市场经济理论，大力推动中国改革试点等方面，从理论上和实践上都发挥了“正”的作用。

与此同时，一些率先开放的地区，在整个中国版图上的地位，绝对是“奇”，却在引进外资和市场经济运行规范等方面，扮演者“主渠道”的角色。直至不同地区之间，发展水平相仿的互不相让，但在发展水平错落的地区之间，也出现了互为奇正的现象。

组织框架下的“奇”，理论或技术进步上的“正”；传统业务上的“奇”，创新业务、未来业务上的“正”——此类情况，在市场竞争中其实屡见不鲜且变化频繁，已甚于战争。而且有的时候，“奇”也会成长为“正”，而新一代的“奇”则应运而生。正如现在，中央一级的专门改革机构虽不复存在，大型的改革试验区却可望发挥越来越大的体制创新作用。

在一个快速发展的经济里，人们每天都在很多的奇正选择和配合中工作和生活，他们并不感到奇怪只不过是因为他们大多已习以为常。

孙子讨论奇正时，曾用艺术作比喻，如“声不过五，五声之变，不可胜听也”。这样的说法，不禁让人想起苏东坡的小诗：

若言琴上有琴声，放在匣中何不鸣？
若言声在指头上，何不于君指上听？（《琴诗》）

奇正就像音符；但大多数人所欣赏的却只是音乐。好听的音乐，如同取得胜利的作战，“人皆知我所以胜之形，而莫知吾所以制胜之形”。“所以胜之形”是音乐、是结局，大家都听得见、看得见；而“所以制胜之形”是艺术的灵感，只闪烁于刹那之间，潜藏于心灵之曲。

42. 中国第一大“起死回生经理人”

世界上各种各样有才的人好像不少，但真正有让一家企业、一个事业起死回生的才能的却实在太少。他们一定都是对天下大势（社会、市场的发展走势）具有不凡认识，对微观管理的关键环节也具有精湛操控的人。

有这样一首诗，倘若我说它原本是金庸先生为某部武侠小说写的，大致会迷惑不少的人。不过确切的作者，却是明末一位江南比丘尼，名叫周琼[1]：

小榻参差竹影斜，衡门芳草锁烟霞。
棱铮傲骨诗为友，淡泊禅心画作家。
暖日不须来燕子，春风争肯逐桃花。
凭栏和雨潇潇夜，慷慨悲歌抚莫邪。（《春居》）

有股江湖气，是不是？这位周小姐还有另一位奇女子做朋友，姓吴[2]，也是出家人。两位“傲骨棱铮”、“禅心淡泊”的奇女子在一起时的话题又是什么呢？周琼有次写道：

才惊落叶锁花城，一径春风感落英。
岭上白云都如画，樽前红烛夜谈兵。
文人薄命非因妒，侠女狂歌更有情。

1. 周琼，生卒年不详。明末清初苏州人。初嫁一士人，夫君被陷入狱后，周琼遁入空门。
2. 吴蕊仙，生卒年不详。亦是苏州人，其祖父和父亲均为明朝官员。吴的丈夫因反清事败遇难。后来，吴蕊仙也出家做尼姑。

安得五湖同载去，好寻范蠡诉平生？（《赠吴蕊仙》）

原来她们都爱好军事研究（若生在现在一定是军事网友），都迷恋着两千年前的越国谋臣范蠡——可能也暗中相信自己拥有绝对不亚于西施姑娘的天资。

范蠡的粉丝真是千古不绝，尽管他不是歌坛天王，也不像屈原那样留下经典著作。但你随便抄起一本古典诗词选集，发现里边肯定都少不了他的名字。哪怕是以纯艺术观点编辑的，如果注解里没有了范蠡的大名，也只能算是平庸。

此人的确身手不凡：他与其他几个谋臣一道，制订并实施了让越国从战败废墟上重新崛起的国家复兴计划；同时消磨对手吴国的实力，包括离间它的高层领导团队（导致谋臣伍子胥被处死）。经过约二十年艰苦奋斗（包括敦促老板“卧薪尝胆”，忍辱屈尊），终于选择良机，奋起决战，消灭宿敌，完成复仇。

得胜之际，他又及时抽身出走，化名“鸱夷子皮”归隐江湖，据说还带走了曾被他派到吴王身边卧底的越国第一大美人——西施。

想不到这一归隐竟相当于现在的官员“下海”，一段时间后，此人在商业发达的齐国再次曝光，已成为天下首屈一指的富商（人称陶朱公），搞市场经济又搞出了花样。

以上这些，除西施到底是否跟他在一起出走之外，大致都属史实——不过人们宁愿相信，西施从来就是他实施越国复兴计划的左右手，而且后来的确是他们两人一道，搭小船匿迹于浩渺烟波之上的。

范蠡的魅力充分揭示了一个华夏民族口头上不说、心里面却永远会有的一个倾向，那就是虽然人们经常说“不以成败论英雄”，但是在大是大非上，尤其是生死存亡的问题上，还是非要论成败的。至少，做不成终究是遗憾；做得一般，也仅仅是一般。可是，如果谁要是能够把一个行将灭亡的国家或一家眼看就破产的企业给整顿好了，让它起死回生，恢复活力，人们绝对会觉得他是无比的“酷”。

对范蠡的业绩全世界也很少有人会觉得不“酷”的。在美国，倘若有人能够叫哪家企业转危为安，再创辉煌，比如说成功走出“Chapter 11”（指美国《破产法》第11章）的破产保护，就会被同行和媒体赋予“起死回生经理人”（Turnaround Manager）的称号。在重实践、重业绩的工商管理界，这是比一切国际奖赏或优异学历都更加值得尊重的荣耀。猎头公司在物色高管人才的时候，也最看重这样的经历——倘若能给哪家企业推荐一位“起死回生经理人”做公司CEO，董事会也一定会喜出望外。

中国文化人对范蠡这种事业境界的称颂——以及对官场上营营利益者的不屑，被李商隐表达得最为深切：

迢递高城百尺楼，绿杨枝外尽汀洲。
贾生年少虚垂泪，王粲春来更远游。
永忆江湖归白发，欲回天地入扁舟。
不知腐鼠成滋味，猜意鸳雏竟未休。（《安定城楼》）

贾谊和王粲都是有所谓的青年。但李商隐最向往的，还是范蠡的成就：诗中“永忆江湖归白发，欲回天地入扁舟”两句，所指就是他的事迹。这两句诗，竟让无数后人为之欷歔不已——包括宋朝宰相王安石[1]，大概也包括前面说的那两位心志不凡的明末女子。

想一想不难理解。世界上各种各样有才的人好像不少，但真正有让一家企业、一个事业起死回生的才能的人却实在太少。他们一定都是对天下大势（社会、市场的发展走势）具有不凡认识，对微观管理的关键环节也具有精湛操控的人。他们在大局和细节之间出入自如，把身边的一切，花钱的和不花钱的，都变成自己可利用的资源，最终

1. 查慎行《初白庵诗评》说，此两句得王安石赞赏，因“细味之，大有杜意”（杜甫诗的境界）。

实现手中事业与天下大势的精彩对接——一个别人看来几乎不可能的组织目标。

不过，在一个领导人自己不思进取、从上到下也不鼓励别人进取的制度下，要做一名起死回生经理人是一个会叫人内心很压抑的理想。事实上，在中国的大一统官僚帝国的历史上，所谓中兴，经常就是缓一口气的代名词，而真正意义上的起死回生基本没有。所以李商隐只能借诗歌表达他对范蠡业绩的向往；王安石只能对李商隐的诗句啧啧称道，却留下一个连自己都不愿再回首的政治废墟；而生活在极沉闷的时代里，那两位奇女子终究也无缘遇到会与她们一起笑谈兵法的潇洒男生。

43. “起死回生经理人”四件事达成复兴战略

有的企业，虽然在经营上出现暂时困难，但仍然具备某些不可替代甚至尚待开发的特质。这些特质并不是任何新创公司就能迅速取代的。假使前些年苹果电脑发展停滞时就关门了事，怎么可能有新兴企业迅速取代它积累的经验？全世界设计和娱乐产业的发展又会因此延误多少年时间？

春秋时代，范蠡帮越国从战争废墟上重新崛起，然后又手挽情人，出走江湖，简直赚足了后世文人的联想与笔墨。仅在唐诗中，除了李商隐最有名的那两句，人们还读到李白的“何如鸱夷子，散发弄扁舟”；温庭筠的“三台缺位严陵卧，百战功高范蠡归”；李绅的“伍胥抉目看吴灭，范蠡全身霸西越”；杨乘的“国破（越国破吴国）西施一笑中，名归范蠡五湖上”；也读到女诗人鱼玄机的“范蠡功成身隐遁，伍胥谏死国消磨”。[1]

1. 以上诗句依次引自：李白《古风五十九首》；温庭筠《和友人题壁》；李绅《姑苏台杂句》；杨乘《吴中书事》；鱼玄机《浣纱庙》。

然而，做一个国家的起死回生经理人到底有什么了不起的？有的现代人不理解。说白了，那不就是“死马当活马医”吗？他们说。可市场经济的逻辑，是优胜劣汰，简单地说也就是胜者王侯败者寇啊！一家企业破产就让它破产好了，还有什么值得挽救的？一个国家崩溃就也让它崩溃好了，难道不都是赖这个国家的国民自己吗？这也救，那也救，不是违反市场经济规律吗？

他们还经常振振有词地引用诺贝尔奖获得者熊彼特的理论，说放手淘汰那些失败企业、失败国家叫做“建设性破坏”，是顺理成章，否则就是违反自然。[1] 旧的不去，新的不来，这固然是自然，但自然也有自然的进程和规律，没有必要人为把新旧更替的周期加快到赛马大会的地步。没有优胜劣汰，甚至保护落后，的确是违反自然；但过于追求速度上、形式上的优胜劣汰，是不是也会造成新的浪费和失衡？

从社会学的角度来看，这里的门道或许可以看得更清楚——假如说女真人打北宋，蒙古人打南宋，都是促进种族融合，有什么可抵抗的？那只不过是置身历史之外，“站着说话不嫌腰疼”而已。因为抵抗毕竟发生了。凡事只要存在就有其合理性。假如世界上没有人抵抗，没有人挺身而出力挽狂澜于既倒，甚至没有人挣扎，那么胜者的取胜岂不太容易了？更何况有的最后得胜者也曾是一时危在旦夕，处在眼看就被淘汰的边缘呢！

还是拿历史上的事作例子：北宋、南宋的抵抗固然窝囊得很。但中国人在20世纪三四十年代抵抗日本侵略的战争不是好歹抵抗出来了一个现代国家雏形（黄仁宇的说法）吗？在落后、徘徊了一阵之后，中国自20世纪70年代末以来的现代化进程，刚开始的时候，不是有很多旁观者讥笑说这是“死马当活马医”，没有什么希望吗？他们以权

1. 美籍奥地利经济学家约瑟夫·熊彼特（Joseph A. Schumpeter，1883~1950年）最有名的观点之一就是“创造性破坏”。该理论认为，当景气循环到谷底的同时，也是某些企业家不得不考虑退出市场或是另一些企业家必须要“创新”以求生存的时候。只要将多余的竞争者筛除或是有一些成功的“创新”产生，便会使景气提升、生产效率提高。

威口吻诘问：还有什么必要重新发明轮子（英语成语，意思是已有现成模式在先，不必再另辟蹊径）吗？

不过，从现代管理学的角度来看，反倒是那些站在一旁说中国改革风凉话的人的知识过于陈旧了。管理学者指出，企业失败的原因多种多样，不尽相同。有的企业，虽然在经营上出现暂时困难（大量破产企业都是由暂时困难，特别是流动资金上的困难压垮的），但仍然具备某些不可替代甚至尚待开发的特质。这些特质并不是任何新创公司就能迅速取代的。假使前些年苹果电脑发展停滞时就关门了事，怎么可能有新兴企业迅速取代它积累的经验（包括技术和非专利技术）？全世界设计和娱乐产业的发展又会因此延误多少年时间？

尤其是在只有两三家大企业瓜分的某个行业或某个市场的时候，任何一家企业退出市场都会为另外一两家形成事实垄断提供条件，大大提高整个社会的风险。垄断的本质是反发展。尤其是在经济危机频繁发生、政府干预在所难免的现在，垄断企业随口以国家利益的名义绑架消费者，长此以往必然造成难以估量的社会成本和政治代价。比如相对中国移动来说，联通的实力一直相差很大，甚至简直“不是个儿”，但假如市场上没有了联通，你能想象得到中国移动对顾客会有多霸道吗？

所以说简单的破产或者并购都未必能为市场竞争提供更加充足的条件。而另还有一个长期未受重视的手段，按照赫尔辛基经济学院创新管理教授莉萨·韦利坎加斯（Liisa Välikangas）的意见，就是提高企业恢复力（corporate resilience）和自新力，或企业在经历危难后恢复竞争状态的能力。这家研究所的一个重要研究方向，就是企业的恢复力与自新力。从某种程度上说，这也正是中国人范蠡远在春秋时代就操作过的事业。

所以，别笑话“死马当活马医”。“死马当活马医”是门大学问。

其实，要达到恢复竞争力的目的，一个“起死回生”的项目，也要遵循一定的章法——绝不是任何人登上讲台，喊几嗓子就能办到；“起死回生经理人”一般都要做到四件事。这也是范蠡在越国的主要工作，是比四大发明都要早得多的事情。

第一件事，就是改造决策过程，不能再是做销售的只管销售、管生产的只管生产，而必须是一个集合了多种人才、多个专业、多重视角的决策过程。越国战败后制订的“十年生聚、十年教训”的复兴计划，就是由当时全国能找得到的顶尖学者主持制订、实施的——其中范蠡作为战略专家，而文种是作为治国和行政管理专家。

第二件事，是大幅度更新企业运作方式和产品。越国动员了全国所有能动员一切资源，一方面把国王、王后和大批的美女送到吴国当人质、奴隶，以缓解、麻痹它对越国的敌对情绪；另一方面，由文种带领国民按照既定的“伐吴九术”（或九大战略）重建国家，恢复军力。

顺便提一下，无名氏作《三十六计》讲到“美人计”时这样说：“兵强者，攻其将；将智者，攻其情。将弱兵颓，其势自萎。利用御寇（利用对方的弱点控制它），顺相保也。”这一节全文如此。这些文字，恰好为丽人西施的出场提供了最好的注解。

第三件事，是在根据市场实践不断调整的过程中，打造新竞争力。越国的复兴计划，其中每一步骤，都是瞄准首要对手的情况而采取的——比如吴国不出现高层分裂就不放弃卧薪尝胆，不获得最佳决战机会就不贸然出击，等等。

第四件事，是加强领导团队和领导力。越国首先是聘请范蠡等体制外专家主持制订和实施国家战略，然后由范蠡随越王一道去吴国作人质——目的之一，也是对越王进行实时的监督和引导。《史记》上就有范蠡对越王进行耐心规劝的记载。

越国国民真应该感谢有范蠡这样的起死回生经理人每天强迫让他

们的“伟大领导人”吃那么恶心的东西——要是不这样，他们就要当亡国奴；而对于那些惯于养尊处优的人来说，叫他们皮肉上适当受点苦，一定也有不可替代的教育意义。正应为如此，“卧薪尝胆”后来被用来比喻领导克己奉公的代名词，唐人还有“越王尝胆安可敌”的诗句。

重温范蠡的故事，现代中国的企业家、经理人或可想到，在市场经济大发展的今天，这样的业绩，不应仅仅存在于我们遥远的记忆。在我们的财经媒体上，商学院的讲堂上，北京、上海等中心城市的高层论坛上，理所应当到处都能读到起死回生经理人的故事或见到他们的面孔。可惜在我们的周围，却有那么多的国企、民企时时挣扎在管理失败的边缘，那些即使被保护而不倒闭的，服务水准其实也很低下——企业如何提高恢复力、竞争力的问题，往往让人感到无从谈起、无从下手。我们的社会、我们的经济，甚至我们的体制，仍需要多少“起死回生经理人”？

唐人有一首诗不但是对范蠡的称赞，而且也向后人提出的挑战：

东上高山望五湖，雪涛烟浪起天隅。
不知范蠡乘舟后，更有功臣继踵无？（胡曾《咏史诗·五湖》）

44.“烹狗藏弓”之辩：功成身退是无奈还是洒脱？

当一个组织自认为已不再面对任何危机，正处在足以自我陶醉地从胜利走向新的更伟大胜利的途中，那些在危机时期招募的提意见、做劝告的个人又能再发挥什么作用呢？无论如何爱国、爱人民、爱家乡、爱同事，为一个自我膨胀的君主（或领导人）继续提供服务，从个人角度来看，已纯属自我埋没、自我屈辱，被人“烹狗藏弓”也在所难免。

有一个想法，长久不能决定放到哪一章下，最后还是决定作为一个战略问题讨论——表面上看，只能说事关个人事业发展的战略；但在更深一个层面上，与组织发展并非无关。

粗略浏览了古代那些颂咏范蠡的诗词，发现时代越往后，作者越爱纠缠所谓“烹狗藏弓”的问题。“烹狗藏弓”的典故，说的是越国重新崛起，灭掉吴国以后，范蠡在凯旋途中出走后说的“狡兔死，走狗烹；高鸟尽，良弓藏”的名言。

这里首先反映出一个可悲的现实，那就是到了帝国政治的晚期，士大夫（社会精英人士）对范蠡如何通过加强管理，发动改革让国家“起死回生”已不再感兴趣。天下兴亡与他们已大体绝缘；他们所能为之“奋斗”的，只是在心胸狭窄、情绪无常的君王股掌之间苟且求生而已。

在几经宦海沉浮之后，宋人王安石想到了范蠡，也想到了在汉末军阀混战中携家迁徙，远避灾祸的管宁[1]：

范蠡五湖收远迹，管宁沧海寄余生。
可怜世上风波恶，最有仁贤不敢行。（王安石《世上》）

清人张裕钊更认为在范蠡和伍子胥之间，虽治国方略有胜负之分，但若论个人待遇，两人命运却本质上一样可怜：

功名富贵尽危机，烹狗藏弓剧可悲。
范蠡浮家子胥死，可怜吴越两鸱夷。（张裕钊《吟史》）

越国和吴国的两大谋臣都和“鸱夷”这两个字有关系——伍子胥是进谏吴王，反遭冤狱，被装到鸱夷（皮囊）里投水而死的；而范蠡

1. 管宁（158~241年），东汉北海朱虚（今潍坊市临朐县）人，远祖为管仲，汉末高士。东汉末年，天下大乱，管宁避居辽东三十余年。曹魏代汉，管宁回乡，几次朝廷欲重用他，但他坚决不受。

预见到了"烹狗藏弓"的命运，埋名江湖，自称"鸱夷子皮"，也未得到任何国家奖赏。

持有以上意见的人大都认为范蠡是失败者，因为在完成越国"起死回生"项目之后，他并没有分到成功费（除了捡回一个同样没分到成功费的美人做伴），更谈不上享受高官厚禄，实现治国理想了。他们都不理解，在现实世界上，一个专业管理者的命运并不可能，也不应该如此"风光"。

首先，对于范蠡来说，他的承诺、他的使命不就是再造越国，让它得以起死回生、卷土重来吗？现在这一计划已圆满完成。虽然成功费没得到，但以一个独立管理咨询师的身份（国家重组和发展战略顾问），经过二十多年艰苦奋斗，将一个失败国家打造成为一个历史时代的最后一个霸主，同时打垮了这个时代的倒数第二个霸主。在人类文明史上，只有极少数人才有机会和有才干扮演这样的角色。范从内心里将别无他求了。（虽然越王的小气也因此显得愈加丑陋。）另外，从个人生涯上说，还有什么是比带着成功的自豪、追求自由的情调更美好的生活方式吗？

功成身退，正是一种拿金子也堆不出来的潇洒。于是，唐人曹邺想象说：

功名若及鸱夷子，必拟将舟泛洞庭。
柳色湖光好相待，我心非醉亦非醒。（曹邺《题舒乡》）

出于与范蠡相似的考虑，作为中国古代另一位谋臣楷模，张良也是在平定天下后只要了最小的一份报酬，随即告别"董事长"刘邦，跟民间长老学道去了。清人何绍基赞颂道：

博浪沙椎气夺秦，忽逢龙准即君臣。

功成便欲凌云去，千古元勋有几人？（何绍基《留侯庙》）

近代人曾国藩也有一首诗献给张良，里边有两句是“国仇亦已偿，不退当何待？”[1]这或许也给曾国藩在平定太平天国后本人的心境提供了一个脚注。

不过，由于见识的局限，旧时士大夫却很难理解范蠡现象的全部意义。现代政治学揭示这样一条铁律：任何急匆匆登上权力顶峰的个人，无论在古代还是现代，都会自命不凡，忘乎所以，作出各种违反常识的荒诞决策。出现这样的情况，一是由于时过境迁，二是由于人性使然，即便在较成熟的民主制度下都很难避免。

当一个组织自认为已不再面对任何危机，正处在足以自我陶醉地从胜利走向新的更伟大胜利的途中，那些在危机时期招募的提意见、做劝告的个人又能再发挥什么作用呢？无论如何爱国、爱人民、爱家乡、爱同事，为一个自我膨胀的君主（或领导人）继续提供服务，从个人角度来看，已纯属自我埋没、自我屈辱，被人“烹狗藏弓”也在所难免。

进一步说，虽然历史上不是没有比越王更讲义气的领导人，但作为独立管理咨询师，范蠡在完成越国复兴计划后，继续待在体制内又能在人生事业上有什么更大作为？他如果贪图安逸待下来，能做的事情还不就成天陪着勾践练你好我好他也好的昏庸合唱吗？到最后沦为政治运动的牺牲品，完全有可能。

所以，一是为了个人安全，二是为了心情自由，三是为了再创成就（这个范也做到了），四是为了给正在忘乎所以的当权者增加些有益于社会的危机感，范蠡绝对有必要离开越王、告别体制。这样的出走，完全是对个人、对组织（聘任自己的客户）、对一个保持着公开竞争的社会的责任心的一种表现。

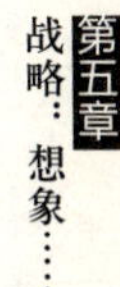

1. 曾国藩《留侯庙》。

比起在胜利中陶醉，直到危机再次到来；比起跟着一个昏庸、专制的老板混吃混喝，直到遭到全社会唾弃，天底下有的是更有意义、更有乐趣的事情——对于范蠡来说，或许是经商致富；对于张良来说，或许是深山学道；而对于曾国藩来说，则或许是为华夏文明的继往开来储备人才。他们都获得过空前的胜利，他们也都能预见到下一个危机。

更进一步说，“烹狗藏弓”论不是说的单方面的关系，而是君主与谋臣的双方面的关系。不错，是范蠡最先想到了“狗”的比喻——他承认旧时代的谋臣，就等于是君主的走狗。刘邦的“功狗”论就是历史上关于这种关系的下一个脚注。但作为一个绝顶聪明的人，难道就非得自认“狗命”不可？在权力场上，范蠡知道自己不是贵族，只是一个“外地人”（楚国移民），没有资格参与游戏，但他也有足够的自信：不懂得居安思危、再接再厉的越王以及越国的整个体制，就会像一个抛开了武器、醉倒在篝火边的猎人，那么，就只好让他在下一个生死存亡的考验中再一次惊醒吧！

事实上，就在范蠡归隐江湖后不久，他的朋友文种就惨遭迫害，越国也开始丧失元气。假如说吴国称霸是一出荒诞剧的话，越国称霸则像是一出观众不等看完就起身离场的沉闷剧——随着范蠡的中途退场而不知所终。李白有一首著名的短诗，讽咏的就是作为战胜国的越国：

越王勾践破吴归，义士还家尽锦衣。
宫女如花满春殿，只今唯有鹧鸪飞。（李白《越中怀古》）

唐人罗隐禁不住问道：

家国兴亡自有时，吴人何苦怨西施？
西施若解倾吴国，越国亡来又是谁？（罗隐《西施》）

唐人冷朝光的评论则更是以小见大：

越王宫里如花人，越水溪头采白苹。
白苹未尽人先尽，唯见江南春复春。[1]（冷朝光《越溪怨》）

水边的白花，年复一年地开放。越王自鸣得意的“千秋大业”竟在何处呢？——真正流传下来的，只有范蠡的事迹，以及他与西施姑娘的浪漫故事。

45. 开放式决策：企业家、经理人的“心灵战略”

作为东方人的你或许感到，这里边已然有了一些禅的意味。一个开放式决策制度的运行，只能是靠企业家、经理人的“心灵战略”，靠他们的诚心。

不论是读史还是读管理案例，人们都可以看到，最有竞争力的团队，一定都不仅仅是从草创时就拉起来的小圈子，也不是像洗麻将牌一样呼啦啦大换班中的临时组合，而是随着业务发展不断充实和扩大起来的，公司元老和新业务骨干都能平等对话（但不是胡搅蛮缠）的开放式的决策系统。

这种开放式的团队并不是“面子工程”；它的意义并不仅仅是“好看”或“亲民”。直到21世纪的今天，很多中国人仍以为“领导班子”里出现分歧和辩论是可怕的事情，或顶多能容忍“小骂大帮忙”。他们不知道在信息充斥、信息爆炸的现在，已没有任何个人的脑袋能处理

1. 白苹，亦作白蘋，亦即水中浮草。据李时珍所说：苹乃四叶菜也，叶浮水面，根连水底……夏秋开小白花，故称白苹。

得过来哪怕是短短一天里增加和更新的所有信息；汇合各个专业知识和经验，对比不同层次的分析，已成为任何组织进行有效决策的必要过程。开放决策不再是“雅量”，而是生命线了。

什么是生命线？那就是能保证和维系一个组织的竞争力的东西。唐人徐寅有诗论史：

闲补亡书见废兴，偶然前古也填膺。
秦宫犹自拜张禄，楚幕不知留范增。
大道岂全关历数，雄图强半属贤能。
燕台财力知多少，谁筑黄金到九层？[1]（《偶题》）

杜牧更是言之凿凿：

圣敬文思业太平，海寰天下唱歌行。
秋来气势洪河壮，霜后精神泰华狞。
广德者强朝万国，用贤无敌是长城。
君王若悟治安论，安史何人敢弄兵？[2]
（《咏歌圣德，远怀天宝，因题关亭长句四韵》）

诗人说广施德政者会夺得民心，任用贤明者可自保平安，倘若（当然历史无法假设）唐玄宗能理解汉初贾谊在“治安策”中提出的防止诸侯割据的对策，尤其是避免让权力过度集中在几个无法监管的封疆大吏手里，必然就不会出安史之乱那么大的乱子了。

1. 张禄，指战国时魏人范雎（jū）。范雎在魏国时，非但不被重用，还被怀疑卖国差点被打死。后易名张禄入秦，范雎给秦昭王提出了“远交近攻”等战略，秦昭王拜其为相。在长平之战中，范雎以反间计使赵国用赵括代廉颇为将，使得白起大破赵军。而范增尽管被项羽尊称为“亚父”，但他在鸿门宴上杀刘邦的建议却不被采纳，后被项羽猜忌，辞官归里途中病死。“燕台”两句指燕昭王筑黄金招募贤才，在本书“人的管理”中有充分评述。

2. “圣敬文思”是杜牧写这首诗时的皇帝——唐宣宗的尊号，因此题为“咏歌圣德”。他提醒皇帝别忘了安史之乱的教训，后者在本书“人的管理”中亦有充分评述。

徐诗中的“大道岂全关历数，雄图强半属贤能”和杜诗中的“广德者强朝万国，用贤无敌是长城”两联，无论对于治理国家还是对于管理企业的人来说，都是颠扑不破的真理——按照相同逻辑，拒绝学习，压制批评，在小圈子里搞武断决策，所造成的结果，肯定只会使管理失误和战略失败。

在现代企业里，领导者和决策的每一参与者都必须学会追问：

在决策制定过程中，是否考虑了各方意见——尤其是那些由具有实践经验和过人学识者提出的意想不到的批评？

在决策制定后和执行过程中，是否营造了更多的共识，而不是更多的意见和分歧？

在决策执行过程中和执行后，是否促进了各部门、各分支机构之间的协作，以及提高了员工的工作热情？

为了让美国企业适应全球化管理的挑战，哈佛商学院教授米歇尔·罗伯特（Michael Roberto）在论文中倡导决策层内部的分歧和辩论，尤其是向阿谀奉承做斗争。企业家自己也必须认识到，所有在一团和气、溜须拍马的过程中制定的“宏伟蓝图”都是自欺欺人——或不过是某些管理层中滥竽充数者骗取信任的工具。尤其在面临越来越多国际业务、大踏步走出国门的时候，中国企业的管理团队也势必大量采集来自内部和外部的战略建议，包括任用与董事长、CEO生涯背景大不一样但有真才实学的“客卿”。在“走出去”初期人们见到的那种由企业领导人独自提着公文包到海外谈判收购的，被称做“CEO敢死队”的现象，最好不要一再重演了。

按照流行说法，在后现代社会，一个人的就业年龄大约是50年；一家企业的寿命，平均只有30年；一位CEO精力最旺盛的时间，有人说只有七八年，有人甚至说在一个岗位上只能有一任。世界上有很多中小企业，它们的出现和消失如同原上朝露、天边云霞，几乎是转瞬即逝，能坚持上两三年也就不错了。

按照以上的说法，企业家也就难免在自己的创业生涯遭到不止一次的失败（这样他的员工也才不得不频繁换工作）——除非他让自己的企业做到“超常长寿”。然而谈何容易？在几十年的时间里（且不说能否达到30年），叫企业在一次又一次危机中持续经营，长期发展，得要承受多么巨大的心理压力？

对企业家、管理者来说，企业越成功，就越会带来一种像影子似的幽暗而飘忽的紧迫感——叫他们总是去琢磨下一步上马什么、下马什么、防备什么、试验什么。这是一种自企业创立之日起一直存在的“战略压力”。让这种压力压得身心俱残的个案已有很多。

摆脱压力，实属不易，况且这种压力对企业来说可谓“与生俱来”的宿命，克服不了，也无法回避。唯一能做到自释和自强的办法，就是用心去建立这样一种智慧型的、开放式决策体制。心不尽到，没人理你；心尽到了，才会听到让你茅塞顿开的意见，甚至发现让你相见恨晚的“贤能”。

作为东方人的你或许感到，这里边已然有了一些禅的意味。一个开放式决策制度的运行，只能是靠企业家、经理人的“心灵战略”，靠他们的诚心。

明月清风一杖担，现成公案不须参。

目前万法唯心法，何用逢人买指南？

（释敬安《元妙上人从南岳来，以雪樵禅友题福严丈室之作示余，因次韵》）

——禅诗里说的那个“心法”，听起来好像不难，但实行起来，却是需要一生的修炼。

46. 器量决定命运：美国和唐朝崛起的共同之处

任何一个非凡事业、强盛国家，都是通过多种因素相互批判吸收、融会贯通才建立起来的。这也是为什么一段伟大的历史，往往都是沿着不同的线索而同时展开的；在历史学家的追溯中，往往都能总结出很多个层次的意义。而无论曾经多么成功的国家或个人，一旦切断交往，甚至转而闭关锁国或埋头单干，也就很难再继续往日的辉煌了。

世界上搞分裂运动的人，总是爱把自己比作北美独立战争后的 13 州。13 州从大英帝国下独立确是事实，但它们实现的理念，尤其是后来联邦宪法中体现出的理念，却是平等契约基础上的更强大、更具韧性的联合。

美国走的是一条开放的大国路线，因此其制度建设的经验，影响了整个现代世界。美国宪法上没有一条排外条款；禁止畜奴、种族平等虽长时间内并未做到，却作为一份历史遗产，为社会提供了自我反省的永恒话题。进入 21 世纪以后，终于选出了有史以来第一位的非洲裔总统。

而其他国家或地区不少分裂运动所醉心的，则无非是占山为王、排斥异己的封闭社会。陈水扁的贪污下狱已足以暴露出他那帮人马的狭小心胸。在各个方面针对大陆的歧视条例只能表现出政策推行者的心态是何等保守与自危。以此等阴暗心理与独立战争时 13 州人民的胸襟相比岂非搞笑？

中国古代所谓“五胡乱华”的时期，各路英豪率部族进入中原，也都是通过近乎疯狂的宗教上、文化上和生活习性上的学习，才得以立脚。而每一次却又都是因为器量还不够大，甚至运气不够好而垮台，唯独到了唐朝，才在军政统一、文化开放的基础上实现了最大限度的融合。唐太宗口口声声不搞华夷之辨，吸收各民族、各国精英做宰相、做将军，才把华夏文明推至顶峰。金庸说，有唐一代不满300年，就任用了23位“外国”宰相——且不说为数更多的非中原籍的文官武将。

大凡那些开创历史的势力，有些一开始从物质上看很弱小，但它们的领导者的视野和志向，却必定是很远大、很宽广的。而另外一些小团伙、小宗派，尽管逢人自夸前程无限，却永远也发展不起来，因为他们的心态太狭窄、太逼仄，容不下稍有不同的人们。

可以说，任何一个非凡事业、强盛国家，都是通过多种因素相互批判吸收、融会贯通才建立起来的。这也是为什么一段伟大的历史，往往都是沿着不同的线索而同时展开的；在历史学家的追溯中，往往都能总结出很多个层次的意义。而无论曾经多么成功的国家或个人，一旦切断交往，甚至转而闭关锁国或埋头单干，也就很难再继续往日的辉煌了。相比唐朝政坛的开放，宋朝体制一向保守，甚至一度连官员籍贯都要有严格控制。如此管理，看起来是当时国际关系紧张使然，但实际结果，却造成中央政府涉外人才和服务的愈加短缺。

“去矣英雄事，荒哉割据心。”[1] 自我封闭和排外割据都是不能长久的。这是政治学上的普世经验，对当代组织领导人来说，已越来越具有现实意义。在全球化的世界市场上，所有企业都像春秋战国时代的大小诸侯国，无论情愿与否，都不得不在激烈竞争中求生存，谋发展，没有人可奢望龟缩一隅，置身度外。

哈佛两教授安东尼·梅奥（Anthony J. Mayo）和尼廷·诺里亚（Nitin Nohria）以文化人类学方法论证明，什么样的人能够登上美国企业主管的地位，已越来越取决于个人的教育背景和资历背景。人们可进而展望，在全球化的时代，这样的背景要求，必然也将超越单一民族、少数地域的局限。高管层的多元视角和整合能力将成为使企业发挥员工才华、抓住创新机遇的重要保证。

1. 杜甫《峡口二首》。

德鲁克也早就指出过，由于信息管理上的复杂性，企业无论大小，都需要利用外部资源、外聘人士来了解自己的经营环境和校正自己的发展战略。[1] 在全球化已成为商业经营的必然条件的时代，能否有效调动专业知识上的外围资源、外部资源、远程资源和国际资源，尤其是在知识和信息上的资源，将对企业经营成败产生决定性影响。

唯有坚持一条引进、学习、融汇、整合的管理思想路线，才能成为全球化时代的胜出者。然而一个无情事实，却是2008年波士顿咨询公司（BCG）在一份报告中揭示的，世界上真正能够实行“全球人才优势”的企业仍“只有少数”。这说明，尽管管理学者一再呼吁拓展国际视野、启用国际人才，在实践上，那些企业权力的把持者（包括那些信誓旦旦的人）却根本无力超越自我——思想上、心态上的封闭割据，是任何制度把自己不但不能做大，而且越做越小，即便有人劝告改进不了的根本原因。

一件器物，没有足够大的器量，就无法承载足够大的分量。这是条简单道理。一个地方，一个组织，不就那么一点点资源、那么一点点实力，怎么可能用来与天下巨变、文明走势来抗衡？这应该是组织学上的一条规律，不分古代国家或现代企业。

清人陈维崧有一首词，感慨的是历史上搞封闭割据的人所赖以称霸一时的险要地形，但读者稍加想象，也可想到那些策动封闭割据者内心的意识形态的支柱：

赵南燕北多驿路。见一带，霜红树。又天外，乱山青可数。丛台也，知何处？雀台也，知何处？

一鞭袅袅临官渡。雁叫酸如雨。尽古往今来夸割据。漳水也，东流去；淇水也，东流去。

1. Peter Drucker, *On the Profession of Management*（Cambridge: Harvard Business School Publishing, 1998）, pp97-98.

（陈维崧《酷相思·冬日行彰德、卫辉诸处马上作》）

地理的屏障，思想的堡垒，都阻挡不了历史长河奔流远去。

47. 器量是怎样打造的——两个糟老头子的赫赫战功

把历史当做小说，把成就当做偶然，是中国人历来读史的弊病。结果五千年历史，仅沦为茶余饭后的谈资；办起事来，就大可撇到脑后了。也恰恰是这个原因，才会有“直至如今千载后，谁与争功？”的哀叹。前人的境界，后人竟觉得永远也不可能再达到了。

说钢铁的时候，人们自然而然说钢铁是怎样“炼成”的。说器量（此处不是指个人心态，而是一个企业对外来人才的礼遇和容纳）的时候，人们无法说它是“炼成”的；这种器量，跟企业的质量、品牌一样，只能是在高管层的带领下，通过全体员工日复一日的合作而营造出来的，是经营的一种境界。

伊尹和吕尚，是华夏民族兴起时对两个部落联盟兴起立下赫赫战功的人，前一个曾是陪嫁奴隶，80岁时被商汤看中，起用为相，助商代夏；后一个也是年过70，牙都没了，才被周文王、周武王任用，辅周代商。

王安石有词评价他们说：

伊吕两衰翁。历遍穷通。一为钓叟一耕佣。若使当时身不遇，老了英雄。

汤武偶相逢。风虎云龙。兴王只在笑谈中。直至如今千载后，谁与争功？（《浪淘沙令·伊吕两衰翁》）

两个“衰翁”（俗话说“糟老头子”），都不是后来王者本部落的近臣或亲信，与他们在意识形态、仪式习惯上想必也不尽相同。倘若未“被发现”，只会在社会底层潦倒终生。但是，使他们脑子里的资源得以如此发挥的因素，难道仅仅是偶然的机遇（“汤武偶相逢”），或相士的占卜以及王者的礼遇吗？难道其中就没有政治的见识，没有体制的教训吗？

把历史当做小说，把成就当做偶然，是中国人历来读史的弊病。结果五千年历史，仅沦为茶余饭后的谈资（所谓“煮酒论英雄”就有这个意思）；办起事来，就大可撇到脑后了。也恰恰是这个原因，才会有“直至如今千载后，谁与争功？”的哀叹。前人的境界，后人竟觉得永远也不可能再达到了。

2008 年，耶鲁大学法学院教授蔡美儿（Amy Chua）[1] 发表了讨论历史上全球霸主兴衰的“大历史”著作《帝国时代》（*Day of Empire*）。其中要点，就是全球霸主（hyper-power）在兴起过程中，虽伴随万里征伐、血洗疆场，但一条基本策略，就是对统治下的人民，不分种族、国籍、宗教一视同仁——谁有本事就用谁；谁在哪方面有本事就让他们去办哪方面的事情。这样的管理人力资本的战略，其实就是发挥其最佳效率的不二法门。而历代霸主在衰落的过程中，却也都会犯同样错误，那就是变得容忍度越来越低，直至众叛亲离。

《大国的兴衰》作者保罗 · 肯尼迪（Paul Kennedy）在《外交事务》(Foreign Affairs)杂志上发表书评，对蔡美儿极为推崇，称她的著作“有可能成为经典”。

蔡美儿的书的主题是政治历史，但一个国家的开放和容纳度，却表现在社会的各个层面。在接受访谈的时候，她明确问访问者：“我们看到全世界的人向往移民中国了吗？我们看到西欧、北美的工程师选择去中国工作了吗？至少现在我们还没有看到。”言下之意，是尽管“伊

1. 蔡美儿（Amy Chua）1962 年生于美国伊利诺伊州，现任耶鲁大学法学院终身教授。蔡美儿祖籍福建，她的父母在 20 世纪 60 年代从菲律宾移民美国。蔡美儿为中国人所熟知，是因为她的那本广受争议的《虎妈战歌》。

战”、“阿战”两战不利，又深陷金融危机，美国仍然是她所说的全球霸主（大概这样的全球霸主在同一时间里世界上容不下两个）。

蔡美儿所说的“容忍度”，其含义并不仅仅包括现代政治学上的人权、平等的概念。它有点像中国传统统治术里所说的器量，但又远远高于那种策略层次上的定义，大有不以人的意志为转移，也不以政治家的声明所决定的“帝国之道”的意思。让不同族群从相争到相处、相通、相合作甚至相融合，世界上那些一度占据全球霸主地位的国家，它们的诞生与兴盛，往往都包含着一系列这样的过程——不光是杀来杀去，血流遍地的过程而已。

蔡美儿的研究，西方读者中表示不屑的大有人在，从亚马逊的在线书评里便可见一斑，但对于中国人来说，应不难接受。因为类似观点，在中国人对历代兴亡的感叹里时而浮现，尽管一直没有用政治学理论的语言加以总结。

蔡美儿的历史经验对于企业，尤其是正在进行全球扩张的企业，如果确有借鉴意义，那么企业又将如何调整自己的组织战略呢？人们可以想见至少几个方面的努力：

以国际通行语言和办法管理自己的海外业务。

掌握国际经济的基本知识；了解国际政治大局；对业务所在国政治、社会有深入了解但也应避免直接卷入，同时应与中国使领馆和开户银行保持紧密关系。

学会聘用和管理外籍的中层以上员工，以及具有其他背景的员工（如民企聘用原国企人员、国企聘用原民企人员）。以行政单位为起源的中国企业惯于搞什么“内外有别”，这样的做法假如太随意，必然不可能在不同种族、不同民族、不同宗教信仰的员工中间培养出团结合作的多元化的团队精神。

提高整个管理团队的开放度、容忍度，淘汰不能适应全球化管理需要的团队人员。

依靠和配合有国际经验的员工开展国际营销和推广活动；让本地精英领导本地业务。

学习与国际企业以及海外的当地企业开展商业合作、发展商业联盟。

然而一个屡见不鲜的现象，就是企业老总为了奖励某些曾经在身边工作过的心腹人员，比如秘书、司机什么的，把他们不加培训就派往海外，甚至任命为一方业务的主管。这些人往往没有与不同民族的人在一起生活的基本常识和感觉。但是员工不是傻子，不同民族的员工更对“内外有别”的小圈子游戏甚为敏感。在他们看来，派这样的人去管理他们，本身就是对人的侮辱。

地球上的每一家业务跨越不同国家的企业（叫跨国公司也罢，国际企业也罢），从人际关系管理的层面上看，其实都是一个世界帝国——都有一个中心，有一些当地业务，在自己不尽熟悉的市场上展开竞争。这样的企业，像所有的古代帝国的经营者一样，假如没有足够的器量，以及很强的跨文化学习、适应本地社会的能力，都是会很快就失败的。

48. 寻找战略：发现你身边永不枯竭的甘泉

当你一时还没有什么最新决策的时候，你怎么能获得一种自信——那就是知道战略并未离自己远去；作为一种精神的和智慧的资源，它时刻就在自己的身边，就像永不枯竭、日夜流淌的一眼甘泉？

在以上两部分中，我们先讨论了，要想干出一番战略级别的事业来，你首先要具备一种精神状态，去带领一支由苏格拉底和斯巴达克斯（或哲学家和造反奴隶）组成的远征军团。[1]

或者假如你认为自己具有类似张良的帝王师的才能，仅仅靠抱着几本大部头的书，自己吆喝自己是国内或海外某“黄石公”的高徒也没有用——你还要放下架子，去跟刘邦、樊哙、英布、彭越那样一帮社会底层人士精诚合作。

你要学会把社会上找不到出路，尤其那些受到既得利益挤压的人力资本都网罗起来，带领他们去迎接社会的新的潮流，创造新的机会。即便在暂时没有什么好机会的时候，也要把握方向，坚定信念，想象未来，谋划变局。

无论你是企业家，还是军师，都不要嫌弃那些仍有一线希望通过改革，得到复兴的组织（尤其是当这个组织是你口粮钱唯一来源的时候）。把它们救活是对社会的贡献（增进了经济的竞争活力，帮助了企业的在职员工），也是远比做一辈子一个小行政官僚要自我感觉要好得多的个人成就。

当然，要达到这样的人生境界，要玩得起战略的游戏，企业家、经理人就必须对他们自己的行为提出一个战略高度的要求：至少不能小气，要学会经营一个开放性的决策体制和管理体制，和你的团队一道实现你们作为个人谁也不可能单独完成的创举。

不过，这些就算是战略吗？

对于缺少实践经验的人来说，这些绕来绕去，很难执行的言语，就算是战略了吗？

可是如果你想要的战略就是一二三四、ABCD那样的东西，那么书店里有的是这样的战略书；至于它们好用不好用，相信读者都能“如鱼饮水，冷暖自知”。

战略是属于实践哲学或实践智慧层面的东西；智慧是向来无法被

1. 苏格拉底弟子色诺芬（Xenophon，约前430~354年）就有点这个架势，他既是学者又是将领，其著作《远征记》（又译《万人远征记》，*Anabasis*）曾被亚历山大大帝当做带兵布阵教材。

归纳为一二三四、ABCD 的。

如果你有一些实践经验，相信你必然也有所感觉，“那种东西”八九不离十就在这一团好像云一样的言语里边；具体哪一句话、哪一个观点最重要，却没必要纠缠。这是中国人对大道理的一种源远流长的态度：大道理是不能细说的，“道可道，非常道”。只要有一个基本的感觉，试着去做就好；再好的一二三四、ABCD 也比不上自己从实践中得出的感觉和积累的经验。

因此孙子提醒后人：总而言之，不断变换计谋就不会远离取胜之道，但什么情况下用什么计谋，却只能是由实践者决定的事，“兵家之胜，不可先传也。”

战略的事，即使《孙子兵法》也未能尽道——这是中国历史上第一位武学博士，宋人何去非[1]说的。他对历代兵法有一著名评论，那就是“法有定论，而兵无常形”。还说：“是以古之善为兵者，不以法为守，而以法为用。常能缘法而生法，与夫离法而会法。”

记得邓小平在讲述自己对马克思主义的理解的时候，也有类似的言论；他并不标榜自己读了多少大部头理论书。后来，人们把“马克思主义中国化”堂而皇之地作为中国成功经验而提出，也应是改革开放时代思想解放的一个结果。

按照上面的逻辑，关键的问题，从来就不应该是什么具体的战略条款。

作为利益攸关的实践者，真正需要关心的，是用什么办法能够找到管用的战略。

古人说“道不远人何博士”，但道在何处？有什么办法想要找它就能找得到呢？

当你一时还没有什么最新决策的时候，你怎么能获得一种自信——

1. 何去非，北宋浦城（今福建省浦城）人。何去非喜谈兵学，元丰五年（1082 年），被任命为右班殿直、武学教授，而后升任武学博士。著有《何博士备论》，为中国古代第一部军事人物评论集，苏轼评价“其论历代所以废兴成败，皆出人意表，有补于世”。

那就是知道战略并未离自己远去；作为一种精神的和智慧的资源，它时刻就在自己的身边，就像永不枯竭、日夜流淌的一眼甘泉？

——只有当你把所想的事、所读的书、所提的问题提高到一个全局的高度；

——只有当你建立起一个具有战略能力的高层团队，一个包含你所未有的经验和能力，并能为企业源源不断输送这些经验和智慧的团队；

——只有当你和这个团队在日常交流中不断想象和谋划未来的发展；

——只有当你决心成为智者，并像智者一样在社会的智者群体中生活。

或许你的企业只有不大的一块业务，它的产品、它的服务从来不值得大红大紫的宣传，你的办公室坐落在城市的一个不起眼的角落，你也从来没到过传媒的论坛、讲座上抛头露面，但只要你进入了这样一种生活状态，将自己浸淫在社会的真知灼见之中，你就会感到，每一天的工作都带给你探究未来、追求创新的动力。像这样做管理工作，不但绝对缺少不了战略的灵感，而且可以说已达到大哲学家朱熹所标榜的那种境界：

半亩方塘一鉴开，天光云影共徘徊。
问渠那得清如许，为有源头活水来。(《观书有感》)

这种汇集着时代思潮和经典思辨，市场经验和创新想象的各种“源头活水”的管理团队和工作氛围，在现实世界上，实在是一种无价的奢侈。只有不多的人，在不长的时间里，才享受得到。

为什么？成功的企业一定都具有同类的业绩，而失败的企业也一定各有各的苦衷：有的企业领导人天资有限，根本无法容忍周围有比自己能力更强的人；有的运气有限，整天被势利小人所包围，还没来得及突破原有的社会关系网就已然遭遇业务挫折；有的各方面条件本来不错，但挣钱挣得舒舒服服，对自我超越没有丝毫兴趣；有的则过于想入非非，对团队产生厌烦情绪，却没有发现是自己偏离团队已然太远，丧失了对它的影响力。

说到这里，我们也就自然而然说到了下一部分的主题，那就是领导力与领导核心的建设。

第六章

领导力与领导集体

同声相应，同气相求。
水流湿，火就燥。云从龙，风从虎。

——《周易·乾·文言》

49. 成败在于领导力

只有体制而没有领导力的现象，并非中国仅有而举世可见，包括苏联的崩溃式改革，日本的长期衰退，欧洲的债务陷阱，以及美国的艰难复苏。这些国家，面对各自的问题，尽管各种方案都已具备，但要想另创体制，重建构架，又谈何容易！其实没有一个国家有办法像按电钮那样实现一次体制转换；它们铆足了劲，充其量只能先做到领导力的更新。

羊祜生前常叹人生在世，不如意事常八九。未能见到自己开始的灭吴战略的胜利，自然也是一件。

天下大势的转折，在后人看来往往是史家大笔一挥而就，但亲历者却要费尽心机，历经难熬。

羊祜刚到荆州上任时，晋国并非占尽优势，而东吴也并非大势已去。它有千里长江的天堑阻拦，有几代精英的经营成果，还有陆抗[1]那样的人才带兵御敌。但10年过去，羊祜虽吃过败仗，却在全面部署上有板有眼，经营得当，终于造成形势悬殊，让继任者以大比分赢得战争胜利。

10年期间，晋仍是晋，吴仍是吴，两个集团就其基本组织和体制而言，并无本质区别。一胜一负的原因，大而化之，无非是先进生产力战胜落后生产力云云，但说明不了问题。更靠谱一些的解释，应该是领导力（也就是说领导者的战略构想加实施能力）上的区别。

1. 陆抗（226~274年），吴国著名将领。陆逊之子，官至大司马、荆州牧。

其实世界上的组织，都不可能免除社会文化的牵制；而且一个社会，一个大文化圈，充其量只容得下为数不多的几个组织原型，这些我们都已讨论过。但与此同时，属于同一文化圈的组织，也会在发展过程和具体业绩上呈现出极大悬殊。在西方，说资本主义的兴起是弱肉强食，当然也反映了它内部激烈竞争的一面。而在中国，帝国朝代的兴亡更替，有阶级斗争或制度竞争的因素，但也有领导力和管理效益上的竞争。

然而一个历史的讽刺，是那些没有领导力或领导力失败的组织，只要尚未最后崩溃，在管理上却显得极为简便——到时候就上班、下班，到时候就开会、发文，好像想放任都不可能放任得开。但这样的组织，实际上却在付出着越来越大的社会代价——在它的内部，批评与自我批评，学习与相互学习的空气淡化了，上下关系也变得彻底僵化、仪式化和主仆化了，部门协作阻断了，员工士气也枯萎了。最后的结局，只有束手待毙。

将垮未垮时的历代王朝都是如此——晋国威胁下的东吴是这样，“洋鬼子”威胁下的大清帝国也是这样。自 1840 年鸦片战争到 1898 年戊戌变法过了将近一个甲子。在这期间，如此老大帝国有些什么变革方案？有些什么自强举措？当局连一个对世界的大体符合实际的看法都形成不了，以致所有改革机会都浪费了。这样一个组织，用领导力学者沃伦·本尼斯（Warren Bennis）的话来说，早已是“无梦想、无灵魂、无愿景”的“三无组织”，哪有什么领导力可言？[1]

只有体制而没有领导力的现象，并非中国仅有而举世可见，包括苏联的崩溃式改革，日本的长期衰退，欧洲的债务陷阱，以及美国的艰难复苏。这些国家，面对各自问题，尽管各种方案都已具备，但要想另创体制，重建构架，又谈何容易！其实没有一个国家有办法像按电钮那样实现一次体制转换；它们铆足了劲，充其量只能先做到领导

1. 这是沃伦·本尼斯最被频繁引用的一个语录。

力的更新。

在中国，随着改革开放的发动，人们开始热衷于谈论体制，有一种“唯体制论”（或“唯制度论”）甚至直至现在仍在流行[1]。相对于“文化大革命”后期很多企业口号流行、管理废弛的情况，恢复和建立起制度来，具有拨乱反正的意义，确有必要。但之后三十多年来所建立的制度，却大体仍未跳出“文革”的最佳模式，仍是军事化管束与教条式洗脑的结合，再加上些立竿见影式的物质刺激。从个体服务业门店每天的领班训话，到民营企业播放领导讲话的集体学习，再到国企里的时势教育、政治学习，都是佐证。这些也都是社会记忆使然。

所以说，说改体制，改来改去不容易改得动；说调领导力，却总是能调出很多的花样来。中国经验表明，从实践上说，一场“体制”改革，真正改动大的，并非社会的基本组织形态和运行规律，而首先是由它的领导人和领导集团根据一个新的战略计划而发动的，针对既有体制和运行方式的自上而下的干预。

这也是为什么管理研究者在讨论“组织变革”（organizational change）时，看重的是领导力而不是组织。对领导力的强调，本身就是对作为组织的笼统概念的一种修正。有研究者甚至把领导力直接定义为对既有组织流程的“挑战”。[2]怎样挑战自有区别，但本质上，都是通过领导力的干预，叫一个按照常规或惯性运行的组织获得新的动力，走上新的轨道。

也只有在这一层次上，人们才能解释为什么在同一个阶级统治之下，在同一个文化圈里和基本相同的组织原型、体制构架之下，仍会出现那么激烈的竞争。不思进取，一味维持的领导力，或像孙皓[3]那样

1. 中欧国际工商学院肖知兴教授称为“制度崇拜”。

2. James Kouzes and Barry Posner, *The Leadership Challenge* (NY: Wiley, 2002), pp16-17.

3. 孙皓（242~284 年），三国时期吴国末代皇帝。孙权之孙，吴国第三任皇帝孙休的侄子。据《三国志》记载，孙休死后，被寄予厚望的孙皓当上皇帝，但其“粗暴骄盈，多忌讳，好酒色，大小失望”。280 年，吴国被西晋所灭，孙皓投降，被封为归命侯。

的伪领导力，必然遭到历史的抛弃；而锐意进取、持之以恒的领导力，包括不在领导职位却以主人翁之心为国家着想的羊祜，必然获得历史的嘉奖。

唐人刘禹锡有一首名作，赞颂的就是羊祜所营造的灭吴战争的胜利——诗中没有提到他的名字，但提到的王濬[1]，却是他生前为国家举荐的主要战将：

王濬楼船下益州，金陵王气黯然收。
千寻铁锁沉江底，一片降幡出石头。
人世几回伤往事，山形依旧枕江流。
今逢四海为家日，故垒萧萧芦荻秋。（《西塞山怀古》）

50. 刘邦团队如何作决策：主持辩论是“帝王师”

最具现实意义的领导力，是一种超个人的概念，即一种以任何个人能力都不可替代也不可匹敌的东西。

史上功成身退的人并非范蠡一个，张良也是。

张良是与刘邦一道建立汉朝的主要人物，史籍对他的称呼是“王者师”。

刘邦是一个监督下属很有一套的人（一度把萧何害得颇为狼狈），一定也不满足于只有张良一个军师，于是招揽了一大帮人做参谋。但张良仍是最受敬重的一位，原因之一，大概是他经常无意独自立功；

1. 王濬（jùn），西晋著名将领（206~286 年）。羊祜知濬有奇略，筹划平吴时，上表推举他。王濬受诏造舰，每艘可载两千余人。羊祜死后第二年，王濬上书请求伐吴。晋武帝采用羊祜生前制订计划，发兵进攻吴国，王濬水军为主力。在进攻过程中，王濬破了吴军的拦江铁锁，最终攻到吴都建业（又称石头城）城下，孙皓投降。此时，王濬已经 74 岁了。

提建议时他时而叫上陈平，时而叫上樊哙，与他们一起分享荣誉。当然你也可以说，这是他自我保护的一个办法。

一个案例就是娄敬[1]的到来——这么一个在汉军逐鹿中原业已获胜时才投奔而来的，裹着臭羊皮袄的齐国车夫，凭什么就能凭着一阵狂侃（但绝对不是忽悠）对汉朝定都的决策产生了转折性的影响呢？有一个环节，那就是后来张良也点头了。没有张的首肯，娄怎么可能说服得了满朝文武？

后世儒生向来佩服张良。唐人有诗赞曰：

开济由来变盛衰，五车才得号镃基。
留侯功业何容易，一卷兵书作帝师。[2]（温庭筠《简同志》）

辛弃疾也有“一编书是帝王师”的说法。[3]但张良在刘邦身边扮演的角色，并不是简单的一个谋臣，甚至也不是兵书层面的智囊。他更是领导力层面上的“王者师”——这一点，在领导力这个概念尚未提出的古代，是不大容易被人想到的。

其实史上都有记载：攻秦也好，灭楚也好，张良是战略的制定者。但更经常地，他也参与了有关其他人（如娄敬）提出的计策的辩论，并在很大程度上主持了这些辩论。这一角色，有点像“文化大革命”

1. 娄敬，汉初齐国人，是刘邦的重要谋士之一。刘邦曾想定都洛阳，但娄敬认为中原经过秦末大战，经济凋敝，民怨沸腾。而秦地险要且富饶，即便将来中原再起祸乱，秦地也可以保全。控制着秦地就是掐住了天下的咽喉。此建议遭到群臣反对，因为那将远离他们的家乡，就纷纷说秦地晦气，洛阳曾是周朝的都城，选洛阳好。最后因为娄敬的建议得到张良的支持，刘邦最终选择定都关中（长安）。
除此之外，娄敬还提过与匈奴和亲，迁徙山东豪强等建议，对稳定汉初政权稳固起了重要的作用。为了表彰他的功劳，被赐姓“刘”，因此《史记》中称其刘敬。
2. 镃基（zī jī），农具名，大锄头。孟子说：“虽有智慧，不如乘势；虽有镃基，不如待时。”镃基又引申为才略、基业。本诗意思是：不是大才，谁又能更换朝代，改变世界？不学富五车，谁又配得上参与这样的伟业？偏偏张良就那么容易，靠一本兵书就成为帝王的师爷。
3. 辛弃疾《木兰花慢·席上呈张仲固帅兴元》。

期间的周恩来，有时用听似无心的半句话，就能启动一项政策。

一位智慧的管理者，必须能够管理智慧，调动分散和隐藏在各个角落里的有用的想法——也包括那些自己未曾想到但确实很高明的想法。张良的存在，使汉军得以通过高层辩论（《史记》里有着诸多记载），不断集思广益。

相比之下，楚军首领越虚荣，越讨厌批评，越脾气暴躁，就越容易犯错误。用欧洲工商管理学院前院长，审计师出身的弗兰克·布朗（Frank Brown）的话说，项羽只是一个 LINO（名义领导者，leader in name only），不具备调动有用的决策资源的能力。古人也说，此人论个人或许本事了得，但论领导艺术，则实在看不出有什么特别：

八尺将军千里骓，拔山扛鼎不妨奇。

范增力尽无施处，路到乌江君自知。（陆游《项羽》）

所以说，假如作为领导者的你不想重演霸王别姬的悲剧，那么你一个人力气到底多大、脑筋到底多快并不要紧，要紧的是要具有一种能力：你必须与全公司乃至全社会的智囊人物坐在一起讨论问题——听他们批评，听他们辩论。

稍加浏览互联网上的前沿思想介绍，你也会发现，随着经营环境日益复杂化，管理学者也越发提倡在决策过程中容纳异议，引进新知，打破沉没，发起辩论。有学者指出，美国 1961 年派遣雇佣军登陆古巴惨痛失败，1996 年一次珠穆朗玛峰登顶行动严重事故，以及 2003 年哥伦比亚号航天飞机的升空爆炸，都与决策会议上不能畅所欲言有关。[1]

美国越战时期的国防部长，福特汽车公司前总经理，世界银行前总裁罗伯特·麦克纳马拉（Robert S. McNamara）说过，无论是在大企业还是在联邦政府，“最重要、最具争议的问题经常在决策会议上得不

1. Michael A. Roberto, *Why Great Leaders Don't Take Yes for an Answer: Managing for Conflict and Consensus* (NY: Pearson Prentice Hall, 2005).

到反映”。在人民惯于有话直说的美国尚且如此，在拐弯抹角有着深刻传统的中国，决策者更应意识到，要发动一场畅所欲言、言之有物的决策辩论，应该是多么不易。

这一交流过程的主持人不能是一个大学文秘专科刚毕业小姑娘，不能是一个油嘴滑舌、叫读书人一看就讨厌的办公室主任，不能是一个公关经理（因为不是对媒体开放日的活动），不能是一个习惯于军事化管理作风的副总，也不能是你自己（因为可能你一出现，谁都不说话了），只能是一个你信得过的、自己有知识，也会帮助别人思想的智者。

仅从这一点上看，乡村警察出身的刘邦，得以与贵族才子出身的张良联手创业，由张替他筛选建议，提供咨询，简直是空前的幸运。

一般人很难喜欢与专家交流，这一点，刘邦与互联网上的大量现代人都是同样。因为跟专家交流让人感到别扭——尤其是当你犯了一个不算大的错误，而某位专家却认为他自己在这个问题上最有发言权的时候。他会滔滔不绝说个没完，字里行间还流露出气味很大的辛辣尖酸。听着这样的发言，你会气得咬牙切齿。这不，瞅着你的眼神，坐在会场外圈的几个女干部正在交头接耳：“咱们今天是不是会目睹一场新的庐山会议？”

然而假如坐在你身边的主持人是张良的话，他会轻磕一下你的脚，小声说：还是按我们准备好的办法做吧。

那么你要做什么呢？

——你不懂技术（或某一方面的细节），但你起码要从管理上带头承担责任，总结经验，感谢批评。作重大政策调整时都要解释原因，如果原因是先前错了，那就承认错了——承认得越爽快越会赢得拥护。

——你要树立课题，把问题的解决当做一项公司任务及时提出。这样做，对提高士气效果极佳；泛泛说一句“我也有责任”，而后又议而不决，决而不行，都会败坏领导力。

——完善规章，改善流程。如有可能，甚至可以把解决问题的任务交给发表最激烈批评的人加以落实。白登突围后的刘邦在匈奴政策上依仗劝阻过他的娄敬，就是一例。

——在会后（其实也是下次辩论的会前），还要通过各种渠道与专业人员不断交流，跟踪了解解决方案实施是次要的，从中了解后续问题和相关问题是最重要的。

有一位像张良那样的人主持辩论，参与决策，你的企业会就不会经常陷入高层危机；即便面临困难（这是难免的），也会比较顺利地解决问题，恢复活力。

市面上关于领导力的书籍，互联网上关于领导力的语录，可谓汗牛充栋，却大多数只说到领导者个人应当如何如何。按照它们的建议行事，即便你身兼全球伟人的一切人格禀赋，但你仍然未必能够改善企业的哪怕是仅仅一天的工作业绩。

然而通过反思历史（外加稍微一点点的想象），2200年前楚汉相争的经验，我们完全可以看出，真正决定胜负的，并非最高领导者一人的意志和能力，还要靠网罗英雄，倾听辩论；还要靠组建联盟，配合行动。中国人常说“一个好汉三个帮”，刘邦自己都承认，没有与汉初三杰（张良、萧何和韩信）的合作，他就坐不成天下。在全球市场“群雄睚眦相驰逐”[1]的今天，又怎么可能想象只依靠个人，不依靠团队，不通过有逻辑，有理性，有真才实学的辩论来进行决策呢？

所以说，某领导人是否拥有领袖品格，与他或她所带领下的组织如何发展并无直接关系。一来个人品格完美并不能保证这个人不犯错误，或判断力上的失误；二来这个人本事再大，设想再好，即使可与诸葛亮媲美，他或她所在的核心团队也未必能够对这个组织的运行发挥出相应的影响力。最具现实意义的领导力，是一种超个人的概念，

1. 张说《邺都引》。

即一种以任何个人能力都不可替代也不可匹敌的东西。

能干大事的领导力一定是来自一个集体，更不要说要想创造持续性的业绩还要跨越代际界限，还要领导力。这个集体应当它的领袖，但此人并不需要具有超级魅力；有起码的大度即可——比如说就像刘邦。

但在它的各个成员之间，一定要具有思想见识和办事能力上最大互补性。“不有百炼火，孰知寸金精”[1]。打造这样的领导力，只能是通过一次又一次有逻辑、有理性、有真才实学的高层辩论。能够主持、容纳、协调和利用这样的辩论，形成一种杰出人才协同配合的工作状态，才会有一种“王者级”的领导力。

不久前，与几位曾在一家名噪一时但不复存的企业的老同事聚会，大家情不自禁又谈起公司的管理教训。像很多时候，在很多案例上的情况一样，几个至少海归硕士学历、职业生涯20年以上的高层管理亲历者，在回顾当时教训时仍有不同角度、不同看法。虽然大家都有道理，但把所有人的道理整合起来则教训更深——而当时公司领导核心中偏偏就没有一个人做这份主持交流、整合意见的工作。

从时隔多年以后的这场交流看来，很多问题（尤其是企业管理这样具有方方面面，可从不同角度观察的问题），用一个人的视角、一个人的脑力来思考，不经交流、不经思辨层次上的辩论，仍会有一些盲点。

任何一部历史都是这样——充满了很多后人看来再明白、浅显不过的经验教训。而现代人不得不追问的是，那么明白、浅显的问题，为什么身处历史事件之中的人却似乎茫然无知或满不在乎？那些帝王将相，除了一些公认的酒囊饭袋，大多不是笨人，有一些人甚至是某一层次上的杰出人才。他们不是不会动脑子。然而究竟是什么东西妨碍了他们思想？是什么东西让他们身处万劫不复的深渊边缘，作出错

1. 孟郊《古意赠梁肃补阙》。

误判断，甚至豪情满怀地迈出了最后一步？

世界经济史更是如此。在“一战”前夜，30年代大萧条的前夜，以及2008年全球衰退前夜，有些症候，连老百姓都能觉得荒诞。为什么那么多专门靠动脑子吃饭的学者专家却只有很少人发出预警，而且预警者还大多都是身处边缘、远离核心的人？事实证明，什么事情，一旦形成趋势压倒性的舆论，到了“盲点时代”，要像加以纠正，往往为时已晚。[1]

所以，发现已然存在的盲点加以弥补固然重要，而更重要的，是在日常的管理过程中，通过具有不同知识、经验背景的人的交流和辩论来避免可能出现的盲点。为了达到这一效果（而不仅仅出于展示“雅量”），在这种交流和辩论的过程中，还经常需要引进边缘人、局外人的视角和智慧，比如说裹着一件臭羊皮袄来到汉营的娄敬。公司决策层交流、辩论的主持者还必须注意搜集、听取、转述、吸纳决策圈子之外的意见。只有做到了这一点的才是真正的“王者师”。

51. 从一个起点，到万里长征

企业家、经理人都向往基业长青。但如果没有在艰难的业务发展中断然实现自我再造，没有在新一代领导核心的带领下创造业务的新发展、新业绩，没有这样一代一代延续下去，基业长青又岂能做到。因此说，实现自我的可持续发展，才是领导力发展上最不易的事情。

有一种领袖最容易赢得喝彩。那就是在大家都备受压迫、倍感失望的时刻，由这个人或这群人首先站出来做了大家都想做的事，让很多人的内心顿时充满了一种解放的感觉。

1. 从尼尔弗·格森的《货币崛起》和约翰·肯尼斯·加尔布雷思的《1929年股市大崩盘》中人们都能读到这样的情况；2008年危机爆发之前的情况相信人们记忆犹新。

当一堵高墙耸立在众人面前，封锁了他们机会的时候，第一个站出来拆墙的人一定会被尊为英雄，虽然这时的人们对拆掉高墙之后要到哪里去甚至连想都来不及想。

当一个产业长期委靡不振、徘徊不前的时候，另一个杀入这个市场的竞争者也一定会被视为崭新的希望，甚至一下子可以从原有行业老大那里撬走一大批人才。这样的情况，其实也反映出人们（包括在原有行业老大那里就职的人们）内心中对竞争的渴望。

每到这一刻，或许最重要的事不是什么战略、什么模式、什么计划，而是斗胆包天、铤而走险，迈出头一步。正如管理教育家亨利·明茨伯格（Henry Mintzberg）所说的，没有这头一步，后来一切的磨炼和学习，以及一切的实践和理论，也就完全谈不上。

英语有一个说法："无事可有定论，也就是万事皆有可能"。在"新经济"早期，也有人说过："人们需要领导。有时只需有个人站出来为他们指点，到底指向哪里都不要紧"。[1] 虽然远不是世界上的每一条道路都会通往胜利，但只要是路，就毕竟需要一个起点。

秦末陈胜、吴广率先揭竿而起，带动天下民众起义，"遂令一夫唱，四海欣提矛"[2]，就是一个案例。对于他们的历史功绩，后人是这样赞颂的：

闾左称雄日，渔阳谪戍人。
王侯宁有种，竿木足亡秦。
大义呼豪杰，先声仗鬼神。
驱除功第一，汉将谁可论？（屈大均·读陈胜传）

但是很多英雄的命运是短暂的——有些人牺牲了，其悲壮令人扼腕；有些人自我牺牲了，尽管留下了历史痕迹。

1. 两句英文原文分别为："When nothing is sure, everything is possible."，"People need a leader. Sometimes it doesn't matter in which direction you point as long as someone is pointing."
2. 元结《悯荒诗》。

自我牺牲其实是自我报废。就像太平天国在“太平一统乐如何”[1]歌声里陶醉之时，它的灭亡之日也就悄悄袭来了。

在他的第三世界观察中，美国社会学家克利福德·格尔茨（Clifford Geertz）不无轻蔑地说：在经过革命，赢得独立后，那里的社会旋即被黑暗情绪所笼罩。在对前辈英雄的缅怀，对官僚政治的疏远，对未来方向的迷惘，对意识形态的厌倦之中，人们开始意识到，他们曾归咎于殖民统治的很多社会问题、经济问题和政治问题，其实都有着深刻的本地原因。“在哲学上，在务实与颓废、谨慎与冷漠、成熟与绝望之间，都有着明显的界限，但在社会学意义上，它们之间的距离却会变得近在咫尺；在大多数新兴国家里，这些概念的定义已几近重叠。”[2]

这种体验，在任何一个经历巨变中的集体都会有。列宁说“革命是群众的节日”，但意思并非热闹一场，然后各回各家，吃饭喝茶，接着过以前的生活。人们一旦来到一个起点，就不会满足于在仅此一点上停留；他们渴望前进，向往领导。带领他们去寻找方向、开辟道路的人，在尚未走上康庄大道之前（这又谈何容易？），所得到的社会学意义的反馈，或多或少都会是格尔茨形容的那种局面。在2008年全球危机后，在西方世界也能感觉到类似情绪的弥漫，那里的人们也在摸索前行。

在中国，也有很多一度发展势头很好、赚钱赚得就像过节一样的企业，很快都遇到了发展停滞的问题。如何把改革开放中脱颖而出的企业经过一代一代的董事会和CEO、高管层发展下去，中国人的经验仍几乎为零。

在一片怀疑、指责、叹息、叫骂声中，经历千回百折、千难万险，终于以真诚和能力赢得一个社会或一个集体的信赖，并带领着它实现一个既定的目标，这是最难的领导力。

在这一点上，企业家、经理人的处境比政客更为艰难。政客可以

1. 洪秀全《吟剑诗》。

2. Clifford Geertz, *The Interpretation of Cultures* (NY: Basic Books, 1973), pp234-237.

靠哗众取宠混饭，玩弄民族主义或这个主义、那个主义的游戏。而企业家则完全要凭业绩说话，要真正解决问题。

因此，有人也把领导力定义为领导者影响着被领导者去实现一个共同目标的，“知正路，走正路，指正路”的过程；更有人把领导力定义为一个“永无休止”的引导过程。[1] 无休止的行进，要经过多少曲折？担当多少风险？这样的定义，令人不禁想起中国古代那些一程复一程、一战复一战的远征文学。

那是“秦时明月汉时关，万里长征人未还”的使命；那是“天山雪后海风寒，横笛偏吹行路难”的征途；那是“百战沙场碎铁衣，城南已合数重围”将领；那是“将军破了单于阵，更把兵书仔细看”的用心。[2] 还有，就是像“偏执狂”那样的，在极度亢奋和惶恐中度过的准备随时应战的日日夜夜。

然而从领导力发展的意义上说，这些征途，都比不上中国工农红军在 1934~1936 年进行的二万五千里长征。小学生课本上的长征，是为了理想，不怕困难，艰苦奋战，英勇牺牲。稍微知道多一些的人，记得关于长征是“宣言书、宣传队、播种机”的说法，那说的是长征对中国社会造成的影响。从管理的角度上看，长征不仅是一次路途、里程上的长征，同时也完成了一个领导力发展上的长距离的进步。

在这一过程中，红军顶着枪林弹雨的死亡威胁和共产国际的权威压力，断然进行了一次领导力的自我否定，完成了一次领导力的自我再造（顺便说，那不是什么“体制改革”）。而实现这一转变的主要因素，是来自于自己队伍中先前被压制、被浪费、被边缘化的实践智慧。这些智慧一经被赋予领导职能，即实现了一次大幅度的领导力升华，形成了新的凝聚力、新的战略、新的战斗力，迎来了新的局面。

1. 前句语出专门进行领导力有关说教的福音派教士 John Maxwell；后句引自 AG Jago (1982), “Leadership: Perspectives in theory and research”, *Management Science*, 28(3), pp315-336.

2. 以上诗句依次引自：王昌龄《出塞二首》；李益《从军北征》；李白《从军行》；沈传师《寄大府兄侍史》。

企业家、经理人都向往基业长青。但如果没有在艰难的业务发展中断然实现自我再造，没有在新一代领导核心的带领下创造业务的新发展、新业绩，没有这样一代一代延续下去，基业长青又岂能做到。因此说，实现自我的可持续发展，才是领导力发展上最不易的事情。

相比之下，和平时代的企业，可以说有整个社会，甚至全世界的智力资源可以调配使用，在屡遭惨败之后仍不能以实事求是的态度调整和再造领导力，甚至越是危机，越要压制不同意见，越不能作任何调整。这种高层团队的素质，与当年红军的相比，差距的确万里之遥。

还有为数更多的组织，因为没有血雨腥风的实践检验，一贯以随波逐流，但求无事的态度维持运行。它们不是一时无作为，而是长期无作为；不是一时吃老本，而是常年吃老本。它们不是在走长征；从它们的存在里，人们看不出使命感，也感觉不到领导力。

领导力的自我再造，或许要付出高昂代价。有时在亲历者自己看来，也难免惊心动魄，无比悲壮。毛泽东在遵义会议上回到领导岗位后不久，在一首词里就这样唱道：

西风烈，长空雁叫霜晨月。霜晨月，马蹄声碎，喇叭声咽。

雄关漫道真如铁，而今迈步从头越。从头越，苍山如海，残阳如血。（忆秦娥《娄山关》）[1]

为了实现基业长青，一个企业又需要经历多少次领导力上“从头越”？

1. 遵义会议时间是1935年1月15~17日，毛泽东这首词的写作时间，通行说法是1935年2月。

52. 站在古战场废墟上的幽思：一时霸业还是基业长青？

倘若在走出去的过程中，中国企业家、经理人的追求，仅仅是一时霸业，或在世界市场上“逐鹿中原”的快感，而不是建立在与当地人民共存共荣基础上的长远发展；倘若他们不能出于高度的社会责任和战略理性，借着走出去的机会进一步提高自己的领导力和管理水平，那么他们又怎么可能赢得当地人民的认同，担当未来世界的主角？

中国是一个遍布古战场的国家，旅途上的人们，每经一地，凭吊古迹，抚今追昔，未免倍感苍凉。

来到关中，人们迎风高叹：

……
南山漠漠云常在，渭水悠悠事旋空。
立马举鞭遥望处，阿房遗址夕阳东。（刘兼《咸阳怀古》）

离开中原，人们沿路悠歌：

争霸图王事总非，中原失统可伤悲。
往来宾主如邮传，胜负干戈似局棋。
……（詹敦仁《劝王氏入贡》，宠予以官，作辞命篇）

造访金陵，人们临江低吟：

……
市朝迁变秋芜绿，坟冢高低落照红。
霸业鼎图人去尽，独来惆怅水云中。（李群玉《秣陵怀古》）

徘徊燕南赵北，人们摇头自语：

昔时霸业何萧索，古木唯多鸟雀声。
芳草自生宫殿处，牧童谁识帝王城？
……（刘沧《邺都怀古》）

眼下中国人开始游历世界，在那些几百年前殖民主义者留下的废墟前，在那些不到一百年前帝国主义浴血争夺的旧战场上，想必也会浮想联翩。

然而，再过一些年，当人们在世界上看到当年中国公司兴建的矿山，建立的工厂，又会作何感想？到那个时候，中国，一个曾以震撼世界的姿态崛起的新兴经济大国，是在全球商业网络中发挥着更大的，或主要的作用？还是只不过作为各国市场上的"客商"之一，埋头自顾而来去匆匆？或者已然在各国人民的脑海中成为了一种边缘化的记忆？

倘若在走出去的过程中，中国企业家、经理人的追求，仅仅是一时霸业，或在世界市场上"逐鹿中原"的快感，而不是建立在与当地人民共存共荣基础上的长远发展；倘若他们不能出于高度的社会责任和战略理性，借着走出去的机会进一步提高自己的领导力和管理水平，那么他们又怎么可能赢得当地人民的认同，担当未来世界的主角？像这个样子走出去，霸业萧索或是难免，沦为边缘化记忆也不是没有可能。

以一时狂暴所换来的，必然是长久哀情。中国经典咏史文学里所表达的那种伤感，并不是没落阶级的颓废：人在面对历史教训的时候，实在没什么好争辩的，更无脸面趾高气扬。

在管理上，那种一半是只适合极低起点，另一半则属于自吹自擂的"中国模式"，放在一个改革开放的大环境下，好像竞争力无比强悍。但这一模式，其实并不看重员工对企业的真心认同和主动参与——况且这种认同和参与也不是用过去常见手段（如行政督导下的政治学习和征求意见）就能培养和加强的。这样说，并不意味着需要转换到什么其他模式上去，但意识到，中国企业以军事化管束加教条化洗脑为基本特征的管理办法，在国内市场上效益尚且有限，更无法在全球加以推广。

最近一段时间，在中国经营的一些大企业（包括国企、民企甚至外企）接连陷入丑闻。事件期间，相关企业的管理团队上至老总，下到专业公关经理，拒绝答复者有之，蛮横纠缠者有之，公然撒谎者有之，越抹越黑者有之，却没有任何人以自身言行为公司挽回半点社会尊严和公众同情。为什么会出现这样的情况？想必就是公司内部根本不存在对社会大义和基本人性的鼓励和默认。

如此这般“走出去”，肯定会比在国内取得更大成果吗？肯定会比竞争对手做得更好吗？肯定不会受到世界舆论的嘲弄和诟病吗？

跨国公关公司福莱（Fleish man-Hillard）的 CEO 戴夫 · 施耐德（Dave Senay）最近对我说，2008 年全球危机爆发以来，该公司的新增客户（企业和品牌）已多数来自新兴市场，有的甚至从未听说过。这也说明，正在登上世界舞台的并非中国一国，而是来自很多发展中国家的新兴势力。

古人说：“长策苟未立，丈夫诚可羞。”[1] 美国励志演讲人贝内特（Bo Bennett）也说，不能采取主动的领导者只不过是占据领导岗位的普通工人。从现在始，正在走出去或有志于走出去的中国企业家就需要不断询问自己：要做些什么，才能让企业在陌生市场条件下分享市场、赢得客户呢？

管理研究的先驱玛丽 · 帕克 · 芙丽特（Mary Parker Follett）指出，最核心、最重要的一种领导力，就是对全局的把握：领导者必须了解全局中各要素的相互关系，以及这种关系演化的全局影响，必须预见到未来。[2] 全局意识也就是战略意识。倘若中国企业家追求的并非一时霸业，而是基业长青，他们就应该从战略的高度出发，通过及时干预，

1. 孟郊《杀气不在边》。

2. Mary Parker Follett (Pauline Graham ed.), *Prophet of Management* (Washington, DC: Beard Books, 2003), pp168-70.

把企业从不适合长期发展的缺陷和病态中解救出来。

在某种意义上，全球化是对管理方法的一种“普世性的”检验，也就是将其放之四海而看其是否皆准的检验。我们可以发现，什么样的管理方法只能适合一国或一种特定社会条件。正如福利国家的员工管理不适合于第三世界国家，中国沿海城市一些企业对农民工的军事化管理是否适合那些国家，或适合哪些国家而不适合另外的一些国家？这些仍说不清楚。

我们也可以发现，什么样的管理方法只能适合一代技术、一代产业，比如说在中国大陆常见的技术和产业（大制造业），而不适合新一代的技术，以及多元化的产业结构。国际投资银行摩根士丹利前亚洲主席、经济学家罗奇（Steven Roach）就一再指出，就服务业提供的发展效益而言，当前的中国仍低于亚洲平均水平，不仅低于日本、韩国，还低于印度、泰国。

与此同时，我们还可以发现大量的学习机会，甚至发现有些国际经验，倘若移植到中国，辅以中国条件，效益有可能更好？

我们更可以通过国内人才与来自各个国家、民族的人才的广泛协作，根据生产力的发展和企业组织需要建立起新的管理方法。

也只有这样，实行走出去战略，才会成为企业自身发展的一个契机；而不仅仅是一个自我复制、简单扩张的完成任务式的行动。

回过头看，每一处古代废墟，也都是一座失败领导力的坟墓。这样的废墟世界上已经太多，教训也已经很深，对此，聪明的人不必再抱侥幸心理。

53. 创业功臣范蠡出走以后：关于高层换血的想象

> 既然人们对成功领导力的理解，如同开辟一条道路，打通一条江河，那么当道路连上更远的道路，江河汇入更大的江河，它不但将替换自己的功臣和谋士，甚至也会淘汰自己的领袖人物——但与此同时继承和延续下去他们的最精辟的思想和最灿烂的精神。只要一个事业的寿命比一个人的寿命更长，出现这样的事也是天经地义，没什么好奇怪的。

《吴越春秋》的读者，不知是否有人想象：倘若在范蠡出走以后，勾践的表现并未像想象的那么差劲。他与留下来的谋士文种一道组织国家振兴第二梯队，文功武备，大力发展，继而兴师伐楚，统一了（叫占据也行）长江中下游包括江淮一带的广阔土地……特别是当西施（那时一定人到中年，乡思日甚了）的故乡诸暨被建成楼台林立、车水马龙的国际化大都市，那么范蠡是不是要后悔？

倘若范家的商业在齐国又一时萧条——不是因为他们经营失败，而是因为齐国爆发了史上最严重的金融危机，只得暂时歇业，乘船重游故乡。当华发萧骚的他拉着西施干瘪的手来到诸暨CBD中心广场，看到高高耸立的“国家复兴纪念碑”上以金色大字镌刻着“楚人客卿范蠡”和“本市丽人西施”的名字，老两口内心是否有些酸涩？

他们的身份终于被越国网民“人肉”到了，受到了抗战老兵式的待遇。在接受“火凤凰电视台”一位瘦骨嶙峋的主持人专访时，范蠡被问到了这个别人不好意思问他的问题。

我想，此刻的范蠡，在捋了一把花白的山羊胡子之后，会以平稳而坦然的口气问答：我认为我们的政治私奔没什么可值得后悔的——因为我的任务，就是帮助越国打败吴国；至于以后的发展，勾总没有请我提供咨询，我也从未设想得那么遥远。一个恪尽职守者，在完成自己的任务之后，就腾出职位，让继往开来者得以顺利开展新的工作，难道不是他的本分吗？

无奈，无奈——这样一个版本的君臣关系，在悠久的华夏文明史上并不存在。在一个旧的任务业已完成，一个新的任务（或一段新的不愿与人分享的生活）即将开始的时候，历史也就揭开了溅满血腥的屠杀功臣的一页。

这样的案例太多了，根本就不需要再举例说明；不流血（但肯定经过预谋）的例子，大概就算宋太祖的两次“杯酒释兵权”，已算仁至义尽。

难道就没有更好的选择吗？为什么就没有领导者带领第一梯队的功臣完成第二阶段、第三阶段任务，“从胜利走向新的更伟大胜利的”案例呢？

然而这种设想有可能实现吗？尤其是在一个巨变的时代，世界上有什么样的功臣或谋士，或出于公心抑或出于才学，能够帮助一个组织在一代人之间从小本经营、手工劳作跳跃到机器操作、规模管理；再跳跃到科技创新、产品升级；再跳跃到信息管理、跨国行销；再跳跃到全球融资、全球经营的？

可以想见，在这样一个过程中，大多数功臣都只能做到各管一段，而大多数谋士，也只能顾得了前，顾不了后，不可能从开始到永远都一直胜任，或发挥着同样的作用。

既然人们对成功领导力的理解，如同开辟一条道路，打通一条江河，那么当道路连上更远的道路，江河汇入更大的江河，它不但将替换自己的功臣和谋士，甚至也会淘汰自己的领袖人物——但与此同时继承和延续下去他们的最精辟的思想和最灿烂的精神。只要一个事业的寿命比一个人的寿命更长，出现这样的事也是天经地义，没什么好奇怪的。

所以说，这样的考验，也是所有尚未垮台和不愿垮台的中国企业的必然经历。它们发展的每一个新的阶段，也将是它们调整领导力的新的契机。当前，在中国企业国际化和走出去的过程中，它们之所以时时被一些其他企业所不被困扰的问题而困扰，所反映出的，正是领导力以及领导核心的人员组合，与企业现阶段发展所需的管理资源和社会资源的脱节。这些中国企业还没有找到自己国际化的功臣和谋士，甚至还没有具备自己国际化过程的领导核心。

很自然地，这些企业也到了实行高管团队“换血”的关口。“换血”不是要屠杀功臣，但却有必要让高管团队从草创时期（或在本国发展时期）以老板和相似背景的亲密伙伴为主要成员的、高度一致性的小圈子团队，转变为一种在知识、经验的层次上高度互补性的开放性的圈子。在这一转变中，应当避免让下述这些“老人”参与到决策环节中来：

——已不能为企业未来发展作出实质贡献的公司元老。他们有的为人恭谦，但知识老化；有的年事已高，且身体欠佳；也有的倚老卖老、言语嚣张，不堪与年轻人合作。

——缺乏知识、没有诚心，也无法为未来发展作出实质贡献的前辈领导的亲属或马仔。这些人往往不学无术，不堪重任，倘若才学过人，也就不会扯下脸皮闹待遇了。

——不懂专业、没有经验，没有独当一面的带队伍、拼市场的业绩，在决策辩论中惯于唱道德高调、挑拨是非的人。这些人往往是前辈领导人的秘书。

——那些20世纪80~90年代曾被派往海外工作但并不具备广泛海外市场经验的人，比如只经处理有限的传统业务或只在华人社区里经营过传统生意的人。

新的团队有新的决策方式。与先前的运作方式相比，“换血”后的高管团队通常已不可能再按照一群兄弟、心照不宣或大哥号令，兄弟效忠的方式采取行动，而不得不主要通过团队内部的辩论进行决策。

而所有的前辈英雄，只要在公司周年庆典时听到一声现任领导人的感谢，再吃一桌酒席，看到自己曾效力的组织历经周折仍在发展，心有快慰也应足矣。

试想，假如当范蠡拉着西施的手看到越国的“国家复兴纪念碑”上刻着自己名字的时候，如果他们的确是对人生经历无怨无悔的人，说不定内心没有酸楚，而是充满豪迈。

当然，“换血”不能仅看年龄。鉴于范蠡多年“海外”经商，在齐国（春秋时代商品经济最发达的国家）建立了广泛商业关系，我们想象中的越国是不是还要把他请回来，做企业走出去战略的顾问？一般人还是倾向于想象范蠡的本事是很大的——这个建议，值得考虑。如果现任领导人诚意聘请，我想他和西施也是不会拒绝的。

但是让我们相信范蠡永远也会做得比别人做得更潇洒。在接受聘任的新闻发布会上，他也会毫不隐瞒地道出他和西施大妈的未来计划——江湖，那是一个我们已然习惯了的世界，干完了这一任，我们还是会回到那里去的……

这时的会场上，渐渐回荡起唐人作词的合唱：

水流花谢两无情，送尽东风过楚城。
胡蝶梦中家万里，子规枝上月三更。
故园书动经年绝，华发春唯满镜生。
自是不归归便得，五湖烟景有谁争？（崔涂《春夕》）

54. 新的愿景，旧的情结

人都是社会的人。在未获得权力之前，他或她的经历，即已在内心留下很多琐碎印迹。随着权力的突然获得，或者权力的不断扩大，这些陈仓烂谷子一样东西倘若不收拾好，或处理掉，也随之膨胀起来，压在一个人的心头，造成纠结，造成负担，让这个人在心理上无法告别昨天，他们在行动上也无法开辟未来。

现代管理学者承认，欧美企业为数众多企业的组织革新计划，除极少数例外，一般都效果不彰，至少不尽理想。[1]中国情况是否如此，每天都有很多机构、很多企业大张旗鼓地发动新的改革计划，发展设想，但效果如何，特别是社会效果如何，在参与者、跟随者、目标受益者当中得到些什么反馈，相信读者心知肚明，并非一律尽遂人意。

如此这般种种方案，从现实的角度来看，经常是说的一套，而在行动上和效果上，却是另外一套——具体行动与长远目标和已经定好了的行动方案背道而驰。以唯道德论者看来，这是必然的——因为领导者背叛了伟大的儒家教义，或他们相信的这个主义、那个主义。

以那些鬼谷子、厚黑学弟子和马基雅维利主义者看来，一切失败都在于手段还是不够狠，谋划还是不够阴，没有做到无所不用其极，似乎再多撒一个谎，再多行一次贿，或者再多杀几个人，什么事都能搞定。

然而平心而论，这些解释，比失败的革新更为胡扯。这也是为什么尽管世界上有那么多的失败，社会还是不能接受让抱有上述看法的人（任意一种）当领导人。因为人们知道，假使他们当领导人，那么人们或将面临更加不堪的失败，也许连日常生活都会不易。

人们还是要领导核心内部去找问题，于是人们看到了一些利益纠缠，以及一些理论分歧。但利益和理论也是要讲理性的，什么问题非要闹到积重难返、管理失败的地步呢？很可能，还有一层“领导心理”（或领导者心态）的问题——某些领导人固执己见，且无意沟通，甚至不愿以理服人，造成核心团队无法运转。

说到领导人的心理类别，人们常用的一个术语，就是自恋。西方通俗心理学文献里，自恋通常是一个贬义词，有作者甚至把金融敲诈和政府无能都归咎于责任人的病态自恋。但在管理研究文献里，自恋的定义却倾向中性。心理学家迈克尔·麦考比（Michael Maccoby）说

1. John Kotter, “Leading Change：Why Transformation Efforts Fail,” in *Harvard Business Review on Change* (Cambridge: Harvard Business School Publishing, 1998), pp1-20.

自恋者勇于创新，是一个强项；但如果不听劝告，又会自我毁灭。

自恋者本来就是情绪和业绩经常出现大幅波动的人。因而管理学者指出，适合做领导人的自恋者必须是专注效益的生产型的自恋者，同时必须是遵守基本规章、接受别人劝告的人。否则他或她内心的阴暗面就会无限膨胀，在企业里毒化关系、毒化团队，甚至把企业带到违法边缘，连累所有同事、所有员工。因而“毒化关系”、“有毒关系”一类的术语，也经常出现近年发表的领导力研究文献中。[1]

在本来就标榜情才并茂的中国，小知识分子出身的管理者（如你我之流）大多更倾向于一遇成就，就神采飞扬，“春风得意马蹄疾，一日看尽长安花”；一遇挫折，就愁眉不展，“不堪身外悲前事，强向杯中觅旧春”。[2] 那些在全体员工大会的动员会上声情并茂；平时爱唱卡拉 OK、爱作诗；说起话来经常夹杂“我就不信”、“我就不服”一类言语的领导人，更往往有这种倾向。

没错，在工作上，这些人物会不甘落后、勇于创新，有时也招人喜爱。但也会出现这样的情况：一个组织在大政方针、发展愿景里说得好听，到了日常运营中，却由于这些领导人的干预出现了某种非理性的偏差。这些偏差，乍一看叫人莫名其妙，就其原因，多半是某些个人为了重塑旧日辉煌，或抹去先前败绩，或超过前任领导，或打败市场宿敌，而不计成本盲目拼杀。这时的领导人越是不能自我控制，企业就越容易呈现思维与行动上的分裂，也越不容易真正把握住市场的机遇。

我的咨询服务生涯中，曾见某位中年领导人，年仅 45 岁开始就担任某全国性涉外服务企业的第一责任人，正值国家政策大力支持“走出去”发展的大好时机。但该领导人却一直对上海、北京的几个地区

1. Alan Goldman, *Transforming Toxic Leaders* (Stanford, CA: Stanford Business Books, 2009)。领导人未加自省的个人情绪，会对整个企业和全体员工产生影响，见 Daniel Goleman, et al: “Primal Leadership,” in *Harvard Business Review on Breakthrough Leadership* (Boston: Harvard Business School Press, 2001)。

2. 以上诗句依次引自：孟郊《登科后》；李益《答许五端公马上口号》。

性竞争对手耿耿于怀，不断耗费精力与之展开近距离拼抢。结果地区市场空间有限，竞争对手也各有后台，连年拼搏，少有斩获，而国际市场又让“走出去”的其他企业占领先机。

作为一位毕生从事国际业务的企业负责人，难道该CEO不明白国家政策的导向以及市场机会的所在吗？为什么几年下来，竟会对大方向、大趋势视而不见，非要在一些可以说与大方向最不相干的业务上来回纠缠呢？

这说明，即令自恋者，也要学会怎样自恋。在自我心态上不能把持得住自己，就无法把自己得天独厚的心理资源用到最出效益的地方。一个人只有在积累了相当经验、资历后才能走上管理者的岗位，其生涯有限，如白驹过隙，怎么好就白白浪费？

说到这里，我们已推开到连接心理学和领导力两座花园的一扇大门：人都是社会的人。在未获得权力之前，他或她的经历，即已在内心留下很多琐碎印迹。随着权力的突然获得，或者权力的不断扩大，这些陈仓烂谷子一样东西倘若不收拾好，或处理掉，也随之膨胀起来，压在一个人的心头，造成纠结，造成负担，让这个人在心理上无法告别昨天，他们在行动上也无法开辟未来。

在这时，一个有功名心的人（或身处领导岗位的自恋者），必须出于战略的高度，毅然决然地“撇账”，把内心的那些干扰事业，压迫心灵的“沉淀成本”及时了断。世界上总是要有人“当官”的。试想，倘若一个人带着一颗没有隐恨、没有暗伤、没有任何负担的心走上管理岗位，除了管理的最大效益之外一切都不去想，那么这个人又该会多么专注，取得多么大的成就？

面对相似的经历，人们的选择却会大相径庭，当有人选择的是“河边不语伤流水，川上含情叹落晖”，另一些人却相互鼓励说：“大抵男儿须振奋，近来时事懒思量。”[1] 想证明自己是强者吗？那么就来实现自

1. 以上诗句依次引自：薛奇童《云中行》；李咸用《送从兄入京》。

已的心灵平衡吧！抹掉记忆中那些浮光掠影似地群众讥笑、领导训斥吧！忘掉那些损兵折将、甘拜下风的经历吧！抛弃那些自儿时以来就压在胸中的嫉妒和羞辱、惭愧和悔恨吧！割掉心底那块多年来都想不通、说不明、却一直在流血的暗伤吧！

这就是禅家所谓的“了断”——好好地、心头没有任何负担地活在当下，活在晴空丽日、清风明月的每一天，不要再让过去那些本来已经过去的事留在心中，成为今天，明天，以及下半辈子高高兴兴工作的无形障碍。（只有你高高兴兴地工作，跟你一起工作的人也才会高高兴兴，不是吗？）

所以古人说：

莫愁已去无穷事，漫苦如今有限身。
二百年来城里宅，一家知换几多人？（元稹《和乐天高相宅》）

禅诗也说：

过去事已过去了，未来不必预思量。
只今只道只今句，梅子熟时栀子香。（释清珙《山居诗之一》）

55. 刘备与诸葛亮的风云际会：独角戏唱不成领导力

在撇去那些表层泡沫之后，现代人也能够察觉到一种深层理性：那就是史上所有领导力的精彩案例，都不是由一个皇帝自编自导的独角戏；那些最值得记载和缅怀的案例，确实是“风云际会”的结果。

杜甫流落四川的时候，既没有工作，又担忧国家，于是常去独自谒拜与诸葛亮有关的那些古迹——每次嘴里都嘟嘟囔囔地吟着一些忧伤的曲调：

丞相祠堂何处寻？锦官城外柏森森。
映阶碧草自春色，隔叶黄鹂空好音。
三顾频烦天下计，两朝开济老臣心。
出师未捷身先死，长使英雄泪满襟。（《蜀相》）

对刘备、诸葛亮的“风云际会”[1]，杜甫总是充满神往，在另一首诸葛亮咏叹调中还有“君臣当共济，贤圣亦同时”云云。但现代人在读到古人关于君臣关系的这种议论时，总觉得是一种迂腐。在我们长大的时代，流行的逻辑，是历史上的统治阶级都是坏人，坏人都是自私自利的，自私自利的人怎么会精诚合作呢？可笑。

然而，当我们积累了些实际工作经验以后，尤其是当我们认识到领导力问题绝非可等同于领导者个人才能、禀赋的问题时，我们大致也会推断出，领导力的课题，既然是一个超个人的课题，那么其中就一定包含有一个配合的问题，也就是核心领导层的每个成员怎样发挥个人作用，怎样做到相互支持的问题。

英雄可以不问出处，但英雄却不可以不与人合作——这也是历史的必然。在管理研究里，这叫做合作型企业或合作型领导力。

在社会大混乱、秩序大重组的历史关头，凡是有心干预天下兴亡的人们，无论是哪个阶级的代表，都会在一种茫茫人海中寻找合作，组建团队。或许一些普通结交，偶然因素有时竟发挥了极大作用（刘

1.“风云际会”源自《周易·乾·文言》：九五曰“飞龙在天，利见大人”何谓也？子曰：“同声相应，同气相求；水流湿，火就燥，云从龙，风从虎。圣人作而万物睹。本乎天者亲上，本乎地者亲下，则各从其类也。”周易分两个部分，《易经》和《易传》。《易传》是解说和发挥《易经》的论文集（作者是孔子还是其后学存争议），《文言》是对《易传》中乾坤二卦的解释。

唐代大儒孔颖达奉唐太宗命主编的《周易正义》中对“云从龙，风从虎”的解释为：龙是水畜，云是水气。故龙吟则景云出，是“云从龙”也。虎是威猛之兽，风是震动之气，此亦是同类相感。故虎啸则谷风生，是“风从虎”也。

邦即是），而从已然崩溃的旧秩序中继承下来的权势伙伴、行政关系，到时却无大用（人们可想到袁世凯）。

在这个时候，有权力资源的人必须要找到有政治头脑、有军事才能和经济才能的人——否则他的权力资源就浪费了。而有政治头脑、自信对天下大势有一个明白思路的人，也必须要找到有权力资源的人——否则他们的智慧也就浪费了。而一个社会要发展下去，一个文化要延续下去，必须为它的成员提供机会，让他们实现“风云际会”。

所以我们才读到齐桓公憋着内火，向自己先前的夺命杀手讨教国策并让他主持政府工作——这场答辩，坐在他对面的，就是管仲；而推荐者，则是齐国谋臣鲍叔牙。

所以我们才读到吴王阖闾挑灯夜读，被本无战绩的一位齐国公子的13篇军事论文所倾倒——这就是伟大的《孙子兵法》；而转呈者，是吴国智囊人物伍子胥。

所以我们才读到作为移民子弟的范蠡，成为把一个战败国家“死马当活马医”，并使它重新崛起，赢得胜利的人——推荐者据说是越国的智慧长老计然。

所以我们才读到诸多的“外地人”在秦国参与改革的事迹（商鞅、张仪、范雎、吕不韦、李斯等），以及在旧贵族人多势众的楚国怎么闹改革也闹不下去的故事。

以及后来一个乡村片警，怎样勾结上一个长相女里女气的贵族小生（其实是个全国通缉的要犯）一起打天下的故事——乡村片警是刘邦，长相女里女气的贵族小生就是张良。

设想一下刘备前半辈子想当英雄却当不成，屡战屡败，上厕所时看着大腿上已渐渐长出的赘肉暗自伤心流泪的样子，我们也能体会到，他对未来的“风云际会”还是真心向往的。

不错，以现代人的眼光来看，这种“风云际会”的社会代价实在太大。几拨人一番混战，百城兵燹，万民刍狗，文明倒退，惨无人道。但一个国家，搞得政治僵化，把有抱负、有才能的人都赶到体制外去想入非非，也是统治阶级要负的主要责任，不是吗？（所以改革才永远是解决问题的一个更好的办法。）

后世文人把“风云际会”当做一种政治楷模提出，一方面寄托着儒家政治学的浪漫主义；另一方面也掺杂着挺低级的食禄私利、琐碎追求。不过，在撇去那些表层泡沫之后，现代人也能够察觉到一种深层理性：那就是史上所有领导力的精彩案例，都不是由一个皇帝自编自导的独角戏；那些最值得记载和缅怀的案例，确实是“风云际会”的结果。

尤其是当我们反思史上那些著名的领导力案例时，也确实能够看到，在它们最成功、创新力最强、效率最高的一段时间里，最高领导层成员之间，确实存在着相当精彩的拍档关系。

从另一方面说，从儒者到马克思主义者都反对“孤家寡人”，既代表着一种道德传统，也反映了一种理性判断：孤家寡人一定失败，史上屡见不鲜，人们也深信不疑。

所以我们才看到清末的统治集团高层竟然因不能协调各个成员对世界的看法，屡屡丧失自新和改革的机会，最终把自己推向彻底失败的深渊。

所以我们才看到辛亥革命中，一个不大的团体，参加者都是各带缺陷的个人，并无大师级人物，竟然顺势崛起，迅速开启了一个划时代的转变。

所以我们才看到一个被派别倾轧压得喘不过气来的党派（以及它的领袖），终因顾不上联合民众以及感召青年，竟然丢掉了业已到手的统治国家的机会。

以及隐藏在太行山一个小村庄里，只有五个书记和少数文职人员的新的势力，一边完成土地改革，一边指挥全国战争，在不到两年时间里，竟打遍中国，坐定江山。[1]

在这个时候，中国人民并未看到过山呼万岁的场面，也未曾听到领袖胜过父母的比喻——那时的领导力不是建筑在个人迷信上的虚幻传说，而是建筑在所有参与者各自奉献的智慧和本领基础上的真实的力量。因而也才有了后来"集体领导"的说法——一个伟大的历史变迁，一定是不但要有领袖，还要有一个互补性的、多层次的领导集团，更能够容得下、带动得了千百万普通人"激情参与"的过程。

当今世界的市场经济，就如同群雄并起的春秋战国。这时的中国企业家、经理人，将如何经营自己组织里的领导力呢？据说他们中间很多人都向往英雄，有些人更言谈举止都止不住地要模仿伟人、模仿帝王。但有些问题大家最好还是先想清楚：

世界上英雄不多，超人更少；你自己是不是？你自己知道。（要不回家问问太太？）

如果你现在管理的企业里没有英雄，比如作为CEO的你就不是英雄，你是否愿意从什么别的地方（先别管从哪里）找个英雄来把自己换掉？

英雄也会犯错误。在他们犯错误的时候，是不是样子比平常人犯错误要更惨？（别的不说，要面对那么多媒体的曝光和质问。）

当然，英雄也不能保证不犯错误。但在他犯了错误之后，由谁来纠正这个错误呢？是不是还要劳您大驾？

当你要来纠正错误时，假如你找来的那个什么英雄，偏巧意气太盛，拒绝你的介入呢？

1.太行山的小村庄为河北省平山县西柏坡村。1947年7月刘少奇、朱德为首的中央工委在此成立。1948年5月毛泽东率领中共中央、中国人民解放军总部迁此，于1948年9月至1949年1月间完成三大战役指挥。1949年3月七届二中全会举行后，中共中央迁至北京。

在问了自己以上问题之后，你是不是会感到，英雄主义，尤其是个人英雄主义，其实是瞎耽误工夫呢？[1]

这时的你，是不是会转而想到，一个更可操作一些也更保险一些的游戏，其实倒是“风云际会”式的“集体领导”呢？或许“风云际会”这个表达太古老、太迂腐；“集体领导”这个术语也显得太空洞、太像宣传。但事实是，有一个拍档总比没有强。英语里有一个说法说的正是这个道理：“与一个人共事，胜过有三个人打工。”[2]

在描画知识经济的特征时，德鲁克也反复强调，投资者与员工的关系将变成某种相互提供资本的关系——投资者提供的金融资本，而员工提供的是智力资本；二者的关系也就必然变成合作伙伴关系。这不是设想。哈佛商学院教授多萝西 · 伦纳德（Dorothy Leonard）和塔夫茨大学心理学教授沃尔特 · 苏尔普（Walter Swap）在他们合作的名著中指出，20 世纪以来的大批重大技术进步，比如半导体的发明，就是在技能互补基础上的合作创新结果。

所以，天下的刘备，要更加忙不迭地去寻找诸葛亮。

天下的诸葛亮，也不能仅仅在家里宅着等人上门求拜。

大街拐角处的咖啡馆就是他们“风云际会”最方便的场所。

餐巾纸上就能勾勒出一家新企业的“隆中对”。

1. 对于英雄式管理，德鲁克向来反对，认为埋头自我的领袖一定会把组织带上邪路。

2. 英文原文为：“It is better to have one person working with you than three working for you.”

56.“夹生饭”领导力：未能做大的蜀国生意

蜀国的领导力因而始终处在这样一种“夹生饭”状态，譬如说一家企业，永远只有 COO 一个人成天忙碌，尚且有时顾此失彼，而董事长和各部门总监却没有一个在关键时刻听劝的，犯尽一切不该犯的低级错误。豪侠意气，匹夫陋习，后来再加上一个缺乏天资的“皇二代”，所有这些问题，别说在 1800 年前，即使在现代中国也不那么好对付。

现在对诸葛亮的评价多元化起来，说明中国人已不再满足于按照过去的简单化正统标准（不管是哪种道德）去回顾历史了。[1]

对诸葛亮在军事指挥和人事管理的一些短处——以及可能还有的心理缺陷，都已有不少的讨论。说来说去，大家觉得他的水平（不光是业绩），与比他远一些的张良或更遥远的范蠡相比，总归还是有明显的差距。

然而，人们很少涉及的一个事实，就是诸葛亮要面对的局面，却比张良和范蠡要面对的有着本质不同。诸葛亮要一边打造一个根据地一边战斗。他要在原本没有什么根基的一个地方建立起来一种进可攻退可守的形势，以期“天下有变”；而他的对手，也不是自己一个劲犯错误、谁劝都没用的吴王夫差和西楚霸王项羽，而是钻研《孙子兵法》的老手曹操。

相比之下，范蠡有越国民众的支持，还有文种主持重建，无须为战略后方而担忧。而对张良来说，以一个“约法三章”与项羽在咸阳掠物焚城的劣迹反衬，就已为汉军换来了关中百姓的拥戴。

而蜀军则不然。它军力不够，人才有限，凭借一块“转让”来的根据地，人生地不熟，刘备等三兄弟在此毫无社会基础，要想扎下根来实属不易。最不幸的是，一旦进入了“根据地时代”，刘备一班兄弟就接连不断自己犯起错误来，荆州失守，联盟崩溃，直至夷陵惨败。

1. 学者也有这一倾向，许倬云先生在 1992 年出版的《从历史看领导》讲演集中都没有批评他，到 2005 年出版的《从历史看人物》里，已明言他的战略不大现实。

几下子就从一个不错的起点倒退回去老远。

其实，诸葛亮的问题是一切心怀大志的小本经营者都会遭遇到的痛苦经历——一边要守住自己的二亩三分地，一边还要瞄准国际企业、行业领袖什么的，把不大的生意还要“整出花儿来”。放弃吗？经营一块汉中，可偏安一隅，但如何感召天下？不放弃吗？又就怎么保证不犯错误，逐步壮大？司马懿分析他“志大而不见机”（没有机会），的确如此。[1]

在不少的事情上（包括做生意），有时无中生有容易，从小到大却难；有时狭缝之中求生存容易，做到外围突起，威胁中心又难。从一块远离中原、资源有限的地区经营起一股新兴势力，然后出击中原，称霸天下，这样案例，古今中外实在不多，真正算得成功的还是1700多年后共产党领导下的，结合了很多现代因素的根据地战争。

以共产党在江西、陕北及太行山区战斗发展的经验，与诸葛亮当年在汉中的赌命经营两相比较，我们看出，一个成功的根据地战争，在谈得上全国性部署之前，都应具备如下特点：

扼守关隘，占据地利，以较少兵力和天然屏障，抵御外敌。这一点人们容易理解。

利用本地关系，扩大民众影响。井冈山根据地的建立，多亏王佐、袁文才的地方势力支持。[2]而陕北根据地的建立，也因长征队伍与刘志丹领导下的本地革命势力的会合。另一方面，为了加强部队的专业化和紧密与民众的关系，加强纪律管束尤为重要，设立各级党组织和建立政治工作的体系，事关存亡，尤为重要。

发展地方经济，实行生产自救，或因地制宜，不断调整根据地内部的部署。陕北根据地最困难的时期，虽有大生产运动，仍将部分力

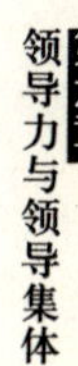

1. 引自冯东礼《何博士备论注译》（北京：解放军出版社，1990），122页。
2. 王佐、袁文才被错杀，后被平反，亲属被邀请出席开国大典。

量分散到太行山区。直到1947年，河北平山西柏坡之所以被选为新的中央所在地，一个重要原因，也是因为被称为“晋察冀的乌克兰”（产粮区）。

不断吸纳新鲜血液。在井冈山根据地，秋收、南昌两起义的参加者所剩不多，第一股较大人力资源，是朱德、陈毅领导的湘南起义参加者，他们中间之所以能涌现出一批中坚分子，又与大革命时湖南南部的学生运动密切相关。没有干部，打不成根据地战争。当然根据地战争是持久战，故还要兴办教育、培养干部，同时扩大政治影响，吸引来自大城市的社会精英的加入。

在战略上，可一边韬光养晦，一边有得力战将带兵，不放弃外围战斗，把战线逼近人口较稠密地区，以期不断补充兵源。面临战略性机遇时，只要力所能及就决不放弃，如抢占东北，进军大别山，等等。

诸葛亮不是没有战略眼光（至少从隆中对的第一阶段企图来看）。对巩固根据地有利的事，他也做了不少。但他最大问题，就是缺少有全局意识、战略才干的人一起合作。刚开始蜀军好像不缺干部，但实际上，他却无法有效影响、约束刘备及其弟兄、下属，也自认影响力不如英年早逝的法正。[1]

刘备一干人马，都是好汉固然不假，但要论坐江山，却总是愿望超乎能力。他们大概并非不把诸葛亮当自己人，也不是出于好胜而故意驳他的面子，而是在见识水平、行为标准上无法带动一个事业的发展，扮演不了一个靠得住的角色。诸葛亮也不可能在他们身边都派上一个政委（当时世界上还没有这个办法），去对他们一一加以劝导和制约。

蜀国的领导力因而始终处在这样一种“夹生饭”状态，譬如说一家企业，永远只有COO一个人成天忙碌，尚且有时顾此失彼，而董事

1. 对诸葛亮战略的评价，见钮先钟《战略家》（桂林：广西师范大学出版社，2003），74-91页；以及对诸葛亮第二阶段战略的批评，见刘文瑞《史海管窥》（北京：中国发展出版社，2009），120-122页。

长和各部门总监却没有一个人是在关键时刻听劝告的，犯尽一切不该犯的低级错误。[1]豪侠意气，匹夫陋习，然后再加上一个缺乏天资的“皇二代”，所有这些问题，别说在1800年前，即使在现代中国也不那么好对付。

所以说，初出茅庐时，刘备、诸葛亮的“风云际会”令人神往，但诸葛亮都不会想到，自己接手的将是一个刚到起点就滑向下坡路的事业；如何扭转这个势头？实在让他心急如焚，也足以把任何天下英雄给折磨至死。这样一份差事，鞠躬尽瘁，便是君子。

这也从另一面说明：所谓领导力，绝对不是一个就能玩得了的游戏，哪怕是具有很不寻常天赋的人，如诸葛亮，也不可能跟戏台上那样，手拿羽毛扇，摇头晃脑几句，就能把大小事务全都搞定。诸葛亮之成或不成，还要取决于他有什么样的拍档和同事。

也正因为如此，在轻松发展的时候，人们往往想不起诸葛亮来。反倒是越深陷危机，接近末世，人们对他却越念念不忘，充满同情。在这种同情里，也或多或少寄托着一种对现实的领导力状态的无奈。晚唐罗隐就有一首这样的“咏叹调”：

抛掷南阳为主忧，北征东讨尽良筹。
时来天地皆同力，运去英雄不自由。
千里山河轻孺子，两朝冠剑恨谯周。
唯余岩下多情水，犹解年年傍驿流。（《筹笔驿》）

筹笔驿在四川广元，是诸葛亮曾经筹划战争的地方；而谯周，就是后来劝说刘禅降魏的儒学师傅。这首诗，据说是毛泽东晚年颇为钟情，还在“时来天地皆同力，运去英雄不自由”两句上画满了圈圈。

1. 诸葛亮的困境首先在于刘备的“一场豪赌”，“关公麦城败亡，刘备不听诸葛亮的劝告，集合全国的力量，连营七八里伐东吴，这个意气用事的豪赌，把本钱折掉了一半。”见许倬云《从历史看组织》（台北：洪建全基金会，1997年），91-95页。

57. 宋神宗和王安石的变法之路为何没走通之一

究其根源，只能说是领导力的缺陷——变法的领导核心，并不具备营造共识、实现互补、瓦解阻力、创造未来的足够能力。在国家进行如此大规模变革之际，它竟没有足够用心、足够策划，让统治集团及社会精英中的多数人站在自己一边。

德鲁克曾说所谓管理，是以正确的方法做事；而所谓领导力，则是做正确的事。

他又说所谓效率，是指以正确方法做事；而所谓实效，则是指做正确的事。[1]

于是美国的管理文献充斥着“正确的事比正确的方法更要紧”一类的说法。

但正确的事与正确的方法是不可对立看待的。这也不是德鲁克的本意；他的本意是既要以正确的方法做事，更要站得高，看得远，选择正确的方向，做正确的事。在管理实践中（以及任何社会关系的管理实践中），以错误的方法不但往往做不成正确的事，甚至还会造成错误的事的反弹，最终丧失做正确的事的一切机会。历史上此类教训很多。

尤其是具有开拓意义的正确的事，难免会遭遇来自组织内外的疑惑和担忧、冷漠和反对。当然人们有权疑惑和担忧、冷漠和反对。但一个完备的领导力，必须能够以正确的方法化解这些情绪，最起码把各方争论引上“怎样改才能改得更好”的轨道，而不是停留在“到底改还是不改”或“是不是要开倒车”的问题上纠缠不休。

从技术层面上讲，重要的是要让变革赢得时间，优化操作，创造

1. 两句英文原文为：“Management is doing things right; leadership is doing the right things.” “Efficiency is doing things right; effectiveness is doing the right things.”

实效，加以推广。实在不行的话，退让一步，妥协一下，只要能朝着正确的方向保留缺口，造成松动，也行。

以错误的方法去做正确的事，最终造成全面失败的一个典型案例，就是宋朝的王安石变法。

所谓王安石变法，并非由王发动；发动者是宋神宗赵顼[1]。故按照年号又称“熙宁变法”。王安石只不过是受宋神宗委托制定政策并督导落实的 COO（首席运营官）一类的人物。

变法从 1069 年开始，直到 1085 年“复祖宗法度”，持续 16 年，最终却归结于失败。失败的一个主要原因，从当时的苏氏兄弟（苏轼、苏辙）到梁启超以及诸多现代学者，都倾向于认为不在于变革的愿望，或法令的制定，而在于执行过程中协调不善、照顾不周——宋神宗太急功近利、急于求成；王安石则太固执己见、一意孤行。[2]

从这一立场出发，人们尤其诟病王安石任人失察，起用奸佞，加之本人性格执拗、“情商太低”，加剧了变法对国家制度和社会生活的冲击。

也有人遗憾，既然宋朝自开国以来，重视文治，教育兴旺，人才济济，甚至还有先前一次流产改革[3]参与者在世，为什么变法就不能把更多人吸收进自己的行列呢？

所有这些问题，究其根源，只能说是领导力的缺陷——变法的领导核心，并不具备营造共识、实现互补、瓦解阻力、创造未来的足够能力。在国家进行如此大规模变革之际，它竟没有足够用心、足够策划，让统治集团及社会精英中的多数人站在自己一边。

1. 赵顼（xū），北宋第六位皇帝。1067 年即位，在位 18 年。赵顼有富国强兵之志，在位期间励精图治，重用王安石进行变法改革。还派大军攻打西夏。但其主持的改革和军事行动都未能成功。赵顼壮志未酬，37 岁（1085 年）就死了。

2. 许倬云表示过类似看法，见许倬云《从历史看组织》（台北：洪建全基金会，1997），197-221 页。但黄仁宇则倾向于认为王安石想入非非，实际上断无成功希望，见黄仁宇《赫逊河畔谈中国历史》（北京：三联书店，1992）155-161 页。

3. 指庆历新政，宋仁宗庆历三年（1043 年），宋朝对夏战争惨败，仁宗责成富弼、范仲淹等人制定改革措施。九月范仲淹等上呈《答手诏条陈十事》，提出十项改革主张。一年四个月后，庆历新政失败，范仲淹被贬。

自上而下的变革与自下而上的变革不同。自下而上的变革，往往目标明确，任务简单，而且一呼百应，群情激越。领导核心只要顺势而行，防止过激即可。而自上而下的变革，则往往迫于形势，全面发动，而后则四面受阻，捉襟见肘，需要领导核心发挥出更强、更全面的协调功能。

这实际上是把变革的执行者逼到了面对整个社会，与至少半个统治集团和半数的社会精英进行说理论战的被动境地。在变法过程中，王安石每每与反对派进行论战，尽管文章写得漂亮，却始终未能说服对手，结果大概也很伤害自己的情绪。

可见作为高度争议性人物的王安石，本人并无法以改革名义与整个士大夫阶层对话，更做不成精英辩论的主持人、协调者和交易撮合者。而宋朝向来的一个毛病，是容忍宰相的“一个人政治”。[1] 如果有人有资格帮助王安石扮演这些角色的话，这个人只能是宋神宗。

当然，宋神宗也不是不曾帮忙，王从他那里得到的支持，与其他时代的改革者相比，已算奢侈。但这种“风云际会”，更多的只是对王的一种庇护，而并非工作上的一种帮助，更不是互补性的拍档关系；而单纯的庇护，恐怕无意中还可能更加助长王的执拗。[2]

由此看来，有一些正确的事，宋神宗并没有做；还有一些正确的方法，他也没有采用：

比如说介入高层团队的调整，设计构架，考量人选，搭建团队，协调配合。这一点，在前朝老臣纷纷拒绝合作的时候尤为重要。

比如说除了人事上的协调，也可有策略上的协调。在宋神宗委托下，所有变法政策都由王主持制定，重点只是增加中央财政收入。如果责成他兼收并蓄其他人的意见（包括庆历新政的某些主张），不会付

1. 关于皇帝只听一个宰相的意见，见许倬云《从历史看组织》，204-205 页。
2. 许倬云说“宋神宗本身也是一个不善于沟通的人”。许倬云《从历史看组织》，215 页。

出更大代价，或许还会扩大联盟。[1]

比如说在新法推行过程中允许地区性的缓行和变通，以及不同地区的不同试点。王虽具基层政治经验，但集中在长江三角洲，对全国情况毕竟缺少了解。实际上，让他在最富庶且又了解的区域内主持几项“试点”，假以七八年时间，国家财政状况必然已能极大改善。这有让人联想到，就连在20世纪80年代，包产到户的改革也不是不顾一切，强行推广的。[2]

比如说考虑到国家幅员广大，情况各异，允许不同改革策略在不同地区的试点，甚至让不同士大夫代表人物主持不同的改革方案，或许还会促成一种健康的竞争局面。

最重要的是应当发挥一切皇权影响，包括实行必要妥协，防止出现士大夫阶层的全面分裂。

只有那种能够把壁上观者、反对势力都“协调”到自己阵营里来的领导力才有希望把一场自上而下的变革推行下去；面对面的或书信往来的辩论在旁观者看来可能有时很过瘾，如果不能起到促进融合、扩大联合的作用，却有何用？既要做正确的事，也要用正确的方法——在做大事时尤其如此，二者皆不可失。

在这方面，即使敢作敢为、口无遮拦的美国人也不是只图目的而不顾方法。《独立宣言》起草者之一，美国第一任国务卿、第二任副总统和第三任总统托马斯·杰斐逊有句名言：“若论风格，或可随波逐流；若论原则，必将坚如磐石。”

被称为“码头工人哲学家”的埃里克·霍弗（Eric Hoffer）也留下格言：“领导者言必高瞻远瞩，行必脚踏实地。”

历代儒者，大都自命以天下为己任（宋神宗更加如此）。但远大理

1. 庆历新政与熙宁变法的对比，见许倬云《从历史看人物》（台北：洪建全基金会，2005）24-31页；缺少配合的讨论，见许倬云《从历史看组织》，206-207页。

2. 笔者“文革”期间“上山下乡”的河北省晋州市，有一个叫周家庄的乡镇时至今日仍保持人民公社制度。

想，怎样落实？一场变革，怎样贯彻？对做事方法的层面，要想协调社会，其实还要从协调自己开始。在熙宁变法过程中，无论是变革的发起者还是执行者，以及反对者，只要少一点意气和独断，多一点理性和配合，大致像苏氏兄弟那样，或许就能让整个国家，也让自己，过得更有信心，也更轻松一点。

宋神宗、王安石的路却越走越提不起信心来。不仅一场改革没有留下任何痕迹，一位励精图治的皇帝的失败和早逝，让他的后人已不敢奢望有更大作为。而一位勇于实践的儒者的失败和受辱，也让其他儒者对干预政治、变革社会产生了恐惧；他们宁肯奢谈心性，而不再有决心在实践上有任何直接的担当。宋朝政坛随后也陷入几乎一连串的派别倾轧和权相专权的激荡之中。

就熙宁变法，清朝光绪皇帝曾写下过这样的读史心得：

神宗本是英明主，安石原非侧媚臣。
可惜有才偏执拗，终教新法病斯民。（《宋神宗》）

他的意思也是新法的推行过程有问题——但却没有意识到，作为身兼董事长、CEO 协调不力的问题，可能并不亚于 COO 一意孤行的问题。因而轮到自己来主持改革，则显得更加手忙脚乱，疏于协调一个已然分裂的统治集团的内部关系，甚至都未能争取到洋务派加盟[1]。于是这首诗也就成了熙宁变法八百多年后又一场重大改革失败的讽刺性的脚注。

1. 许倬云在《万古江河》（香港：中华书局，2006；447-451 页）中说："洋务派，例如张之洞及大多数的督抚，致力购械设厂，希望中国能够有坚船利炮，甚至振兴实业，希望中国能利不外溢，但其理念是'中学为体，西学为用'，并不赞成国家制度也转变为西洋模式……各省省抚在慈禧反扑时大多不声援光绪，当是因为他们大多只是持洋务派的观点，还不能接受维新之论。"

58. 宋神宗和王安石的变法之路为何没走通之二

一个领导力上最突出的问题，就是每每误以为专业知识可代替领导才华，让专家挂帅，而不是让有领导才能的人挂帅；而挂帅的专家，又往往误以为只要能作出实效，就无须与团队成员再费口舌进行交流。要克服这个问题，就必然选用具有人际关系协调才能的人来主持项目，以促进组织内部的交流和协作。

写完上一篇有关王安石、宋神宗的讨论，总觉得意犹未尽。过了一个周末，前思后想，决定从问题的另一个侧面，再来谈谈这位“拗相公”以及他与神宗的关系。

熙宁变法的一个核心成分，就是所谓“青苗法”。即青黄不接时节，由政府放贷，帮助农民维持生产、生计；到收获以后，由农户偿还贷款，以避免期间私人放贷者的高利盘剥以及由于害怕这种盘剥，农民自己对生产规模、生产投入的减少。这是一条颇现代的思路，所以有人评价王安石说：“王安石离现代人近，而反与他同时代人物远。”[1]

在评论变法（尤其是青苗法）的时候，也一直有两种意见在争论。一派说是王安石的思路（这确实是他的专利）非常超前，是试图将小农经济（或农村众多分散的家庭经济体）与国家主导下的金融社会化服务结合起来。这只能说是想象力过于膨胀，超出时代上千年。

另一派说其实也并没有那么邪乎。一方面，政府通过行政手段干预农产品市场，以期保障供给、稳定社会，自战国就已有之，只不过古典方法并未涉及金融。

到宋代，市场发达，商法齐备，政府财政收入已三分之二来自农业以外。变法之前，知识界已出现新经济思想，如李觏[2]“民不益赋而国用饶”的主张，被胡适认为实为后来变法的理论先导。李的弟子，

1. 赵益《王霸义利》（南京：南京大学出版社，2000），160-161 页。

2. 李觏（gòu，1009~1059 年），字泰伯，北宋建昌军南城（今属江西抚州）人，北宋思想家、诗人。曾巩和任过御史要职的邓润甫等，都是他的高徒。王安石与他也有交往，曾采纳过李觏的意见，而邓润甫更是积极参与了王安石变法。见抚州史志网。

也确有在变法中扮演重要角色者。而且在实践上，也有地方行政长官，包括王本人，已试行过类似金融手段，有所收效。要不然他也不会胸有成竹，对此法极力维护。

还有史家提醒人们，王来自较富庶的长江三角洲，因而对他来说切实可行的策略，对来自北方贫困地区的乡绅子弟（如司马光等）来说，恐怕听起来匪夷所思，难以理解。[1]

可以想象：王安石并非一个一般意义上的儒者。在相当程度上，他是宋朝新兴市场经济在儒者中的一个代表，兼有传统儒者和新型财政专家的特点。他的建议发动的改革，也是在很大程度上具有未来指向的一次财政创新，而不仅仅是旨在应付当前的临时措施。

要创新，就必然与现实拉开距离。王安石以“人言不足畏”表达对反对派之不屑也是势在难免，不足为奇——他完全有理由瞧不起那些只会议论问题、但找不到解决方案的人。因为从知识层次上和精神境界上，他的确远远超出了他们的境界。

这又折射出宋神宗的问题——作为变法发动者和王安石事实上的政治搭档，这位1000年前的皇帝却并没有研究过怎样与一位专家类型（尤其是兼有接近现代意义的专业知识和传统士大夫的孤傲禀赋）的人共同工作。

别说是1000年前的皇帝，根据当代管理理论，就是当今世界上（包括发达国家）很多企业的领导人，都不知道怎样任用专家，完成变革。管理学家发现，很多创新项目，都是说得很好，做得一般，收效最差。一个领导力上最突出的问题，就是每每误以为专业知识可代替领导才华，让专家挂帅，而不是让有领导才能的人挂帅；而挂帅的专家，又往往误以为只要能作出实效，就无须与团队成员再费口舌进行交流。要克服这个问题，就必然选用具有人际关系协调才能的人来主

1. 王安石因父亲做官，出生在今江西樟树市，而非故乡抚州临川。未成年时居父任所，曾在扬州、南京读书。见邓广铭《北宋政治改革家王安石》（北京：三联书店，2007），1-6页。与司马光等的对比，见何忠礼《宋代政治史》（杭州：浙江大学出版社，2007），197-198页。

持项目，以促进组织内部的交流和协作。[1]

关系管理是领导力绕不过去的一个课题。既然我们的重点是领导力而不是个别领导人，既然一个组织的领导力的运行不可能仅靠某个人而只能是靠一个集体（至少是一对拍档），既然不是一个人，它就必然会产生交流和辩论，以及各种各样的合作关系。正如组织行为学家玛格丽特·惠特利（Margaret Wheatley）所说：一个组织中真正的权力和能量都是通过关系所产生的。它的关系格局以及形成这种关系格局的能力要远比任务、职能、角色和职务更重要。

专家自然可贵，但在团队之中，业务专家的职能，却主要在于提出想法、提供咨询。叫外行领导内行当然是一个笑话，叫单科内行负责全面也不是一个好办法。为了促成合力、统筹全局起见，同时也是为了保护专家、保护改革，却不一定非要赋予专家那么大的行政权力，尤其是在专家只有一人的情况下，更不宜让他处理大量行政业务。因为一来这些业务本不是他的长项（如人事管理就明显不是王安石的长项），二来让他处理这些琐碎业务也是对他才能的一种浪费。

其实，当时的儒者，除了文人气盛，加上个人名利的考虑之外，之间的分歧，并非阶级斗争或意识形态就能解释。作为宋朝董事长加CEO的宋神宗，以及作为董事会的赵宋皇室（首先他们自己就没有做到齐心），完全应该通过说服、妥协甚至赎买（贿赂士大夫是赵宋的看家本领，曾有先例）让更多的士大夫精英参加到变法过程中来。

与此同时，与其给王安石一个宰相当，还真不如给作为财政专家的他安排一个更合适的工作环境，去埋头落实和完善一两项最重要的新法。假使此人性格太“拗”，做个独立咨询人士专门从事调研也未尝不可。

宋朝实行的事实上一人宰相制本来就不便于决策时集思广益，再

1. Rosabeth Kanter: “Innovation,” *in The Essentials* (Cambridge: Harvard Business School Publishing Corporation, 2011), pp113-136; David Rooke and William Torbert: “Seven Transformations of Leadership,” *in On Leadership* (Cambridge: Harvard Business School Publishing Corporation, 2011), pp144-146.

加上每次换上来一个“拗相公”（司马光也是“拗相公”，高太后也未尝不是“拗太后”），不加协调，不加制衡，实为南宋以后权相一蟹不如一蟹的情况打开了通道。[1]

在一个无人协调、自己也无力协调的政坛上主持工作，王安石从事变法的经历，尽管也包括与宋神宗的“君臣遇合”，对他来说并不愉快——官场倾轧，家庭悲剧，直至人到晚年，身负骂名。不知他是否也预感到，他身后的朝政反复将开启中国历史上的又一先例，那就是让改革和改革者为国家的管理失败承担罪责——似乎假使不改革国家就能过得更好。

因而也不难理解，为什么王安石内心总是向往江南——那是他的家园，也是让他得以提高见识、实现政绩的地方。江南曾让这位青年儒者对国家的未来充满希望，对自己的未来充满信心。多么难忘的江南——

京口瓜洲一水间，钟山只隔数重山。
春风又绿江南岸，明月何时照我还？（《泊船瓜洲》）

1. 钱穆在总结宋朝政治的时候说：“宋代制度之缺点，在散，在弱，不在专与暴”。见钱穆《中国历代政治得失》（台北：东大图书，1993 年），76 页。

第七章

人的管理：青年

前不见古人，后不见来者。
念天地之悠悠，独怆然而涕下。

——陈子昂（唐）《登幽州台歌》
武则天万岁通天二年（公元697年）

59. 企业的春天是怎么失掉的

提出经营春天（造就青年，更新团队）方是管理的正道：比起单纯的管理调整，现代企业从培养青年骨干中赢得的竞争力要更持久、更独特，更具可持续性。“努力春来自种花”——这样的倡议，什么时候提都不能算晚，因为让企业在自己手里红火一时的企业家总是很多，而让企业一茬一茬地红火下去的企业家却总是很少。

小孩子在未谙世事之时，对珍惜生命的道理难免朦朦胧胧。

很多企业也并非一开始就明白，一个组织也是有生命力的。很多人只是到了后来，发现越来越多的相互推诿，团队也越来越不像个团队，才开始怀念创业初期的“刚开始那会儿”是多么美好。

凡事“刚开始那会儿”，人们总是对它欣欣向荣的发展势头当做是常态，并不当做是值得珍惜的机会。这种势头是怎么来的？主要动力在哪里？主要在哪个环节上起到了最关键的作用？也不知道要总结出几条经验来。而至于这种势头怎样才能维持下去？当生意碰到困难时该怎么办？到危机来临时怎么办？公司老总和其他领导核心成员都来不及去想。只是到了时过境迁、好景不再，才在一片懵懵然和怅怅然中去回首追忆。

前些年，我在一家科技公司当副总的时候，在十月的一个周末里，公司在北京香山脚下举行高级会议，其中一个议题，就是怎样恢复公司草创期的发展势头。然而这时全球经济早已告别互联网泡沫时风云激荡、令人亢奋的季节，全球科技公司都步履维艰，处在生意走下坡路的阶段。在这个时候让人们回顾“刚开始那会儿”的经验，且不说那时的“过来人”已有不少人调离，仍留在岗位上的，提起来也是一种恍若隔世的感觉。

整个会议的气氛也挺伤感，正赶上上午寒雨霏霏。到下午，雨停了，出了太阳，坐在会议桌前的我，望着从窗外瑟瑟摇曳的古树间透过的不带丝毫暖意的金色阳光，不禁想起纳兰性德写的一首词：

谁念西风独自凉？萧萧黄叶闭疏窗。沉思往事立残阳。

被酒莫惊春睡重，赌书消得泼茶香。当时只道是寻常。(《浣溪沙》)

说起“赌书”，是引用宋朝女词人李清照早年与丈夫在故乡山东济南读书寻乐的典故：相互考问书上的记载，谁要是记错了，就得认罚喝酒。那日子，既有文化，又不缺财富，正好就悬在大宋朝即将被金国赶到南方去的、北方士大夫的最后一段悠闲日子。不久以后，家国沦亡的她就开始了一叶孤舟“载不动许多愁”的流亡生涯。

好日子都是被当做寻常日子过完后，人们才回过头去说它值得留恋。那种留恋，还有伤心，有时会置人于死地。

明知回顾多无奈，偏向昔时寄伤心，人为什么总是会这样？于是又想到在辛弃疾的一首词里暗含的解释：

昨日春如十三女儿学绣。一枝枝不教花瘦。甚无情便下得雨僝风僽。向园林铺作地衣红绉。

而今春似轻薄浪子难久。记前时送春归后。把春波都酿作一江醇酎。约清愁杨柳岸边相候。(《粉蝶儿》)

在这里，一个“刚开始”的时节被比作少女绣花，虽然手艺不见得纯熟（所以才“一枝枝不教花瘦”），却寄托着至纯至朴的用心。一个组织刚开始的日子，也是一个天真浪漫思无邪的季节。旁人看来，没什么了不起——正如少女手艺，并非杰作。然而，一群青年，合伙奋斗，苦中有乐，困中有成，这样的人生体验，价值几何，却无法用金钱计算。更何况那时都没有什么经验，也不懂管理，经常会犯小错误，但每个人却瞪大了眼睛，提心吊胆不做错每一个细节，同时也愿意为修补一个细节而一再返工，绝对是一种精彩的集体学习的过程。

那是一种不计一时成本，只求以心灵付出换取社会认可的过程。也正是由于这个原因，人们也总是把生涯、爱情的最投入、最充满希望的开始称之为“春天”，而无论这段经历具体发生在5月还是12月。“春天的故事”总是令人终生难忘。

不同的企业有着各自的春天。在那家正在进行高层会议的科技公司，我只是在公司融到相当可观的风险投资时才加入的。平时与一些老员工聊天，听他们说起几年前在中关村创业时多么艰难、多么拼搏的片段，那股劲头，不亚于战斗英雄作报告。每当说起那时就连身怀六甲的董事长夫人周末都来跟员工一道加班加点，都可以看到他们眼睛里隐隐闪烁泪光。

为什么这么感动？而且每次说起来每次都感动？一个原因，就是那种团结拼搏的情形，到此时已化为烟消云散。这时的公司，已从临近大学、场地狭小的中关村旧址搬到了CBD的高档写字楼里。我到公司就职以后，竟与那位被大家亲切称做姐姐的董事长夫人从未谋面，过了一段时候就听说董事长已与她分手了。

整个公司的气氛，如果说当年连董事长夫人的工作态度都像是“十三女儿学绣”，到此时就连普通经理对工作、对客户的架势也有点像“轻薄浪子难久”了。不能按期履行合同，甚至招致客户中止合同的事情都时有发生，业界口碑，每况愈下。难怪一些青年员工已在饮水机边议论：像这个样子，公司还有前途吗？

中国人总是有一种很浪漫的组织文化。在草创阶段，往往就像古代的梁山好汉，大家意气相投，打下一块地盘，于是称兄道弟，喝酒吃肉，不亦乐乎。CEO 就是大哥，CEO 太太就是大家的嫂子。这样的问题在国企、民企都有，但民企的问题似乎更为严重。

然而，轮到业务转入正规，一切运作都要程序化，却往往只剩约束，而没有了激励，尤其是全体员工都分享到的那种乐观向上的感觉。随着层级待遇日益森严，收入差别日趋扩大，一线员工意志消沉，服务质量也逐渐下降，谁也不再担心犯错误，也不再愿意修补细节了。

在提不起精神、感受不到鼓舞的环境下工作，对青年人的心灵，无异于是风雨交加，长夜漫漫。在中国是这样，在全世界皆是如此。英国《卫报》2004 年报道了一个调查，显示员工最渴望从领导人那里得到的就是带动和鼓舞（inspired），但说自己曾真正得到过的，或真正参与过“春天的故事”的，只有区区 10%。

盖洛普公司[1]还有一个持续的员工工作投入程度的调查，发现在世界级企业里，投入型和反向投入型[2]员工的比率，是 9.5 : 1；而在一般企业里，只有 1.8 : 1。这些上班时自己不用心还经常影响别人的人，仅在美国就每年造成总值 3000 亿美元的劳动生产力的损失。

于是公司请来了几个小白脸的知识分子放 PPT：让我们谈一谈企业文化的问题吧！通常员工们听了一会儿，就陆陆续续地从会议室出去“上厕所”了。对不起，我们中国，在根子上仍是一种农民文化。在这样一个社会，怎样叫一个组织一边实现正规化的发展，一边还能叫全体组织成员在日常工作中继续聚集和分享一种共同感情？对这个问题，没有一个很简单的解决方案。

公司人力资源部门能想出的招数，从培训到拓展，从制订员工个人事业发展计划，甚至到自建住房或内部房贷，对“士气”上说，都

1. 盖洛普公司（Gallup）由美国著名的社会科学家乔治·盖洛普博士于 1935 年创立，是全球知名的民意测验和商业调查、咨询公司。

2. 反向投入型指在日常工作中不但自己不投入，还对周围同事以及上下游环节配合产生消极影响者。

不过是一些边缘性措施，只能缓和问题，与企业草创阶段“春天的故事”比起来，完全不算同一回事，只有让大家站在一块绿草如茵的大背景画前头摆 Pose（摆姿势照相的意思）的感觉——那不是真正的春天。工作中感情和文化，只能从人们共同的工作经历中培育。时而模拟一下、彩排一下，可以；但终归代替不了真的。

培育主动负责的精神，在管理研究里，也被当做领导力的一个方面（员工中间和员工自身的领导力）。说白了就是为一代接一代青年骨干能提供在一个集体中一边实践，一边学习；一边创造，一边进取的机会。这是一种将技术知识、流程知识与合作关系（亦称“隐性知识”）相结合的造就和锻炼的过程——不是无的放矢的“学习”，尤其不是与日常工作无关（因而听众也找不到什么感觉）的说教和灌输。它的最可靠途径，就是让他们在某些德高望重的老员工帮助下（但最好不要直接干预），与年龄、资历相仿的同事们一道，相互协作，相互鼓舞，去不断完成新的任务。

这些任务，管理学家杰夫瑞·菲弗（Jeffery Pfeffer）称为企业的人才成长空间。这种人才成长空间，我想，大概也像中国老农民的种子田，是来年赖以经营的资本。更有学者如组织理论研究者摩根·麦考尔（Morgan McCall）建议，培养领导力和领导人的办法无非就是放手让他们出任领导，承担领导责任。“大撒把”式的“放手”，可能中国企业家、经理人接受不了，也难以操作；不过考验，考验，再加放手考验的办法，人们无法拒绝，因为无可替代。

事实上，我们经常可以看到，在企业里，由某些上了年纪、自以为经验丰富者（其实他们的经验很多已过时）把持的业务，经常是最难开展的；有一些业务，需要的人不多，组织形式也较灵活，以老中青混合的组合方式却能让青年人较快脱颖而出（因为还是会有很多工作由他们独立完成的）；还有一些业务，比如互联网和在线营销，公司前辈想把持也把持不了（有时甚至处在无领导状态），反倒叫几个年轻人一路跌跌撞撞地发展了起来；而另外一些所谓骨干，一向是做领导秘书的，从来没有第一线上的经验，结果提拔上来，却不管用。

到底分派给青年人什么样的任务已属枝节问题；只要保持相对灵活的组织结构即可。重要的是，在现代社会，业绩是每一个青年进入社会流动性通道的门票。如果你让一些青年加入你的企业，却又无缘无故不为他们创造建功立业的机会，那么你的企业里自然就会郁积起越来越多的失落感。（老员工对“刚开始那会儿”眼含热泪的追忆难道不也是一种失落感的反映吗？）事业上的失落感与生涯上的失败感几乎是同一回事，距离一种情不自禁的愤怒恐怕也不远了。

人们不免要问：把一个组织经营到如此地步理性何在？我们制定了很多的规章，建立了很复杂的机制，甚至用很大气力去规范人们的行为，矫正他们的思想，所追求的目的，难道就是为了去收获在他们心中不断蔓延的失望和疏远、冷漠与怨恨吗？

“得水最多知地胜，种花无数欲春留”[1] 热爱春天吗？向往“春天的故事”吗？那么就不必像刘备当年那样为自己腿上积肉、壮心未遂而黯然忧伤，不如就来自己经营春天吧！于是想起纳兰性德的另一首词：

小构园林寂不哗，疏篱曲径仿山家。书长吟罢风流子，忽听楸枰响碧纱。

添竹石，伴烟霞。拟凭樽酒慰年华。休嗟髀里今生肉，努力春来自种花。（《鹧鸪天》）

自助者天助，向来如此。我们不妨看看那些一会儿埋怨下属懒惰、一会儿又斥责社会混乱的企业领导人，他们是否抓住了每一次机会来鼓舞和考验青年骨干，为公司蓄积后备领导力呢？文化人惜春、伤春充其量只能算是敏感，提出经营春天（造就青年，更新团队）方是管

1. 艾性夫《次吴寿翁溪园韶寄题》。

理的正道：比起单纯的管理调整，现代企业从培养青年骨干中赢得的竞争力要更持久、更独特，更具可持续性。“努力春来自种花”——这样的倡议，什么时候提都不能算晚，因为让企业在自己手里红火一时的企业家总是很多，而让企业一茬一茬地红火下去的企业家却总是很少。

60. 大唐崛起：在青年一代中重建忠诚

唐初的发展就是得益于在社会上，首先是在精英阶层、青年一代中间重建忠诚。这就像在激烈残酷的市场竞争中，企业的每一次调整，或每一次重挫后的崛起和振兴，都需要向员工主体作一次重新承诺，不仅仅承诺工资、期权，更重要的是要有在整个管理过程中都将一以贯之，绝不退让的基本价值。

每当说起唐诗，后世评论家总要称赞那时的人们洋溢着一种“少年精神”，却总是不好意思说当时社会标榜忠义、崇尚功名，似乎那些都属于落后的东西，现在不宜再提倡了。但假使社会上没有一种鄙视萎缩、崇尚作为的强大风气，作为后人的我们又哪里会读到“秦时明月汉时关，万里长征人未还”的文学？

士大夫从魏晋时代就向往着干大事业，其实从陶渊明的文学里就读得出来。这样的向往，与醉酒行歌、白眼看人的举止一样，也都属于对失败政治的必然反映。于是后人读到三国时代王粲的“身服干戈事，岂得念所私”；曹植的“捐躯赴国难，视死忽如归”；晋代阮籍的“临难不顾生，身死魂飞扬”；以及鲍照的“投躯报明主，身死为国殇”云云。

只不过“明主”没有出现，乱世倒是一朝接着一朝。到隋朝，就连红拂女的传说都表现出民间对没志气、没前途的人的瞧不起——尽管他们在权力圈子里的地位可以相当显赫。英雄情怀在民间蔓延，如山间雨来，正将引发洪水；大河潮平，正将冲开堤坝；社会的期待，蕴藏着巨大的能量，就看有没有一种取而代之的领导力去为它打开闸门。

贞观之治为社会提供了这样一个重建价值的机会：它使得那些抱有大事业向往的人们（其中还有居住在中原的外族人）得到了施展抱负的机会。所以那时的长安城，不仅代表着世界顶级的生产力，而且也聚集着世界上相当多的人才和智慧；也唯有如此，它才有可能成为一个多民族、多宗教的世界帝国的中心。

因而可以说，唐诗中的“少年精神”并不完全是一种自发的社会现象；它也包括领导力上的回应和迎合。倘若没有精神与体制的结合，没有一种政治的渠道，世界历史上又哪里会有大唐帝国？什么“无为在歧路，儿女共沾巾”；什么“但令一顾重，不吝百身轻”；什么“中夜四五叹，常为大国忧”；什么“致君尧舜上，再使风俗淳”——这些后世人连想都想不到的“傻话”、“疯话”，倘若不是因为政治风气使然，又怎么会从平常人口中道出？[1]

唐初的发展就是得益于在社会上，首先是在精英阶层、青年一代中间重建忠诚。这就像在激烈残酷的市场竞争中，企业的每一次调整，或每一次重挫后的崛起和振兴，都需要向员工主体作一次重新承诺，不仅仅承诺工资、期权，更重要的是要有在整个管理过程中都将一以贯之，绝不退让的基本价值。

1998年，作为当时全美第三大雇主的联合包裹服务公司（UPS）在罢工风潮刚刚平息后，公司董事会主席、CEO就立即发布内部讲话，承诺要在公司与员工之间重建“忠诚契约”，其要点就是公司创办人“立功者不下岗”的承诺。

每一场艰苦卓绝的奋斗，每一个旭日东升般的开始，在它的背后，都有着一个鼓励青年、崇尚实干、奖励忠诚、标榜英雄的管理故事。

1. 以上诗句依次引自：王勃《杜少府之任蜀州》；卢照邻《刘生》；李白《经乱离后天恩流夜郎忆旧游书怀赠江夏韦太守良宰》；杜甫《奉赠韦左丞丈二十二韵》。

人类组织起来创造历史的每一次努力，其实都是一个打造青年英雄团队的过程。

初唐的中国就是这样一个故事：它的建立和兴起，不管后世史家说是靠着这个集团或者那个集团，不管是哪个集团，他们不能仅仅是一个血缘和地域的贵族阶层；他们的代表是，一定是一群上马能征战、下马能歌饮，每一天都洋溢着灿烂笑容的青年武士。

后人都为唐诗里被称为“边塞诗”的马背诗歌或武士文学所感染。有学者计算过，《全唐诗》中边塞诗就占去两千首以上，而军事、军旅题材的更难以计数。[1]有的写军营生活，如“葡萄美酒夜光杯，欲饮琵琶马上催”；有的写惨烈牺牲，如“可怜无定河边骨，犹是春闺梦里人”；有的写军人斗志，如“男儿须展平生志，为国输忠合天地”；有的还包含政策建议，如杜甫的“西蜀地形天下险，安危须仗出群材”；薛涛的“诸将莫贪羌族马，最高层处见边头”，等等。

大文豪张说五十多岁上还受中央政府派遣处理边务。第一年解决与契丹的纠纷；第二年率20从骑，出使西域各部，平息事端；第三年讨伐反叛，招抚党项；第四年再讨叛军余孽；数年后，以时无强敌为由奏请裁军20万，达统管军力的三分之一。如此业绩，后世官场上的那些酥骨头又怎能相比？他的一首名作就是记录的这段生活：

去年六月西河西，今年六月北河北。
沙场碛路何为尔，重气轻生知许国。
人生在世能几时？壮年征战发入丝。
会待安边报明主，作颂封山也未迟。（张说《巡边在河北作》）

一些文化人为了证明自己的忠诚，竟狂热到希望参军作战，甚至不惜牺牲生命。是否有点帝国主义的味道？是否有点冒傻气？这个问

1. 据屈小强《侠心剑胆：唐代诗人的文化精神与人生意趣》（济南：济南出版社，2002），82页。

题，现代人、未来人尽可争论下去。（一些左派青年还会愤愤然地说："他们有谁代表人民啊！"一些自由派人士也会不屑地说："真是连一点儿自我意识也没有啊！"）但作为一个组织，如果缺少了忠诚，必然就无法有效运转。就像一部机器，不论如何的精致或如何强大，缺少了动力，剩下的就只能是惯性。

当不少美国人仍期待为一家大企业长期供职，直至退休的时候，德鲁克却预言，未来的企业组织不再会是这样，它将分化为一部分中坚分子和数量众多、可随时调整的一般员工。

时至今日，从美国到中国，企业都为了控制成本，已让临时工占到员工结构的很大比例。如何调动企业中坚分子的积极性和"少年精神"，将成为后现代组织管理的一个重大考验。德鲁克说："组织不是一种工具，它可以是价值观的体现，或者是经营风格的标志"；"组织最主要的是社会性的、人文的，因此，其目的必须是让人们扬长避短，发挥优势"。[1] 这些话，似乎也暗示着企业部分员工团队的精英化。

从事组织和领导力研究的美国心理学家米哈雷·齐克岑米哈伊（Mihaly Scikszentmihalyi）在他的著作里曾满怀景仰引用洛克希德·马丁公司前 CEO 诺曼·奥古斯丁（Norman Augustine）的一段话：

我永远都要争取成功。我对成功的定义就是把一种对世界的贡献……以及从事这种工作的一种幸福感结合起来。你必须从自己正在从事的工作里获得愉快。如果不能，你的感觉就不会好。第二呢，你还得有一种贡献感，那就是自己从事的工作也是一种贡献，一种值得付出努力的东西……如果没有幸福感也没有贡献感，那很可能你的工作就没什么意义了。[2]

1. Jack Beaty, *The World According to Peter Drucker* (NY: Broadway Books, 1999), p89；F. 赫塞尔本等著，胡苏云、储开方译《未来的组织》（成都：四川人民出版社，2000），10-11 页。

2. Mihaly Scikszentmihalyi, *Good Business* (London：Hodder & Stoughton，2003), p29.

但请别忘记，洛克希德·马丁公司是干什么的？它是全球首屈一指的军火公司，为美国的每一场战争提供最精密的伤人武器。奥古斯丁本人则仕而优则商，之前出任过美国陆军部的副部长。这样的CEO也可以说是现代版的美国勇士。读到此，谁又能说中国、中国企业就可以不再培养自己的少年精神？

开创一个成功的事业，必须要有一个成功的组织。而经营一个成功的组织，就必须首先为它注入一种伟大的精神。这种精神，是人力资源管理的精髓。

61. 当人才成为大唐帝国的累赘：陈子昂为何盛世不遇

一个实际上并不鼓励创新、没有能力创新或用不着创新的组织，即使一时为自己选拔了不少的优秀青年，也不可能发挥他们的作用，或在现代市场经济的环境下，只能是为竞争对手充当人才培训班而已。

一个社会，怎么会把自己的精英当做累赘？

事实上，尽管尊重人才、爱惜人才这样的口号已喊了不知多少年，这样的事却经常发生。比如当唐人陈子昂[1]独自迎着华北平原上的呼啸长风吟出他那首千古绝唱的时候，这位青年士大夫正处在人生、事业“全线崩溃”的关头：

前不见古人，后不见来者。

念天地之悠悠，独怆然而涕下。(《登幽州台歌》)

1. 陈子昂（661~702年），唐朝梓州射洪（今四川射洪）人。因曾任右拾遗，后世称为陈拾遗。《登幽州台歌》作于武则天万岁通天二年（697年）。696年，陈子昂从武攸宜（武则天侄子）征讨契丹，为掌书记（机要秘书）。武为人轻率，少谋略，次年兵败。陈子昂请求遣万人作前驱以击敌，武不允。陈子昂后又向武进言，武恼羞成怒把他降职。陈子昂悲愤中登上幽州蓟北楼，写下了《登幽州台歌》、《蓟丘览古赠卢居士藏用七首》等诗篇。

什么事叫他说“前不见古人，后不见来者”？就是战国时燕昭王听从谋士郭隗的建议，高台置金，招募人才的事迹。或者说，陈子昂是哀叹，天下虽从来也没缺少过人才，像燕昭王那样舍得千金买士的君主，却再也见不到了：

逢时独为贵，历代非无才。
隗君亦何幸，遂起黄金台。
（《蓟丘览古赠卢居士藏用七首，郭隗》）

不过重视延揽人才的，历史上并非燕昭王一人。唐朝之初，就使国家高级公务员考试的制度更加完备，即后人所称的科举。中央政府还时而以更加“不拘一格”的方式直接介入人才选拔。有些个人，如李泌、刘宴、王忠嗣的经历，说起来还相当富有戏剧性。在那个教育并不普及的时代，睿智过人、学有专长的青少年被挑选到中央工作的机会并非不可想象。

但问题是，人才选拔出来后又有什么用？武则天的目的，首先是要他们当政治打手。陈子昂就是在她治下崭露头角的，但因“站错了队”，给提不得意见的领导提意见，横遭打击，而后又冤狱致死。[1]

后来的唐玄宗也曾喜欢过聪明过人的晚辈，但一旦权臣作梗（比如在李泌的案例上[2]），也就对自己选拔出来的人撒手不管了。

1. 公元683年，唐高宗驾崩于东都洛阳，武则天有意让高宗的灵驾西归长安。此时陈子昂刚考中进士而尚未任官，以草莽身份冒死写下《谏灵驾入京书》，提出“天子以四海为家”等观点，认为安葬洛阳可以节省百姓财力，又能安定国家。他的建议武则天虽然没有采纳，但认为他“地籍英灵，文称伟晔”，因而提拔他做官。陈子昂屡次上书进谏，还一度因“逆党”反对武则天的株连而下狱。后来，陈子昂辞官回家，权臣武三思指使射洪县令段简罗织罪名，诬陷入狱致死（据中唐沈亚之《上九江郑使君书》）。

2. 李泌（722~789年），唐陕西京兆（今陕西西安市）人。历仕玄宗、肃宗、代宗、德宗四朝，德宗时，官至宰相，封邺县侯。玄宗天宝年间，当时隐居嵩山的李泌上书议论时政，受玄宗重视，“令待诏翰林，仍东宫供奉”。然而却遭到杨国忠嫉恨，说李泌曾写《感遇诗》讽刺朝政，结果李泌未被重用，干脆辞官退隐。

所以说，一个大一统的官僚帝国已经建立，它之体积庞大，它之结构沉重，让人很难设想有任何势力可与之竞争。这样一个看来只需维持而无须崩溃的体制，除了连绵不断的边疆战争之外，的确没有什么工作需要青年一代为之克己奋斗的。陈子昂之盛世不遇，以及从初唐到盛唐不少杰出青年的命运，包括杜甫和李白，都说明了，虽然说统治者并不是不懂人才的重要性，中央政府也建立了世界上最先进的人才选拔的制度，但一部沉重而保守的官僚机器却用不了，也用不着那么多的人才。

所以，陈子昂给武则天亲信提了几句意见，就被一撸到底了。

骆宾王也由于让他说起来就咬牙切齿的缘故，遭诬陷下狱。

杜甫被诓去参加一次无一人中榜的全国统考，考试仅被帝国内阁用以证明“野无遗贤”。

李白被聘为中央“首席娱乐官”，不干，结果就被给了些钱打发走人。

连郭子仪也因小小的过错差点被推出去斩首。

对于大唐帝国来说，这些人都是累赘。没错，帝国很大，但没有他们合适的地方。最可悲的是，由于当时内部没有市场经济，外部也没有竞争发展，当时社会所培育出来的最杰出的文明传人，走遍天涯海角也找不到可以实现他们的抱负的机会。

所以说，一个组织所给予它的人才的施展空间，与这个组织的社会定位是相匹配的。

一个实际上并不鼓励创新、没有能力创新或用不着创新的组织，即使一时为自己选拔了不少的优秀青年，也不可能发挥他们的作用，或在现代市场经济的环境下，只能是为竞争对手充当人才培训班而已。

那些实际上并不鼓励创新、没有能力创新或用不着创新的所有大企业、大组织，其实都是扼杀青年一代的创新精神的刽子手。这不是某些青年人的个人不幸。那些大企业、大组织其实是在挤占整个社会的人才资源。但它们又从来不能，或不被允许，以致力创新和承担风险为工作逻辑，于是也就无法为它们所招募的人才提供尽情发挥的空间，让这些人从年轻时就开始放弃自我、背叛理想、埋头追逐一些非常物质又非常空虚的人生目标，比如稳定职务、优厚待遇，甚至京沪户口、体制分房，等等。在那里，将一出又一出地上演怀才不遇的悲剧。

而那些坚守着创新冲动的人们，也一定会暗中矢志不渝地寻找着实现自我的出路——在古代是将满腔悲愤，寄予文字，而在现代，或是仰天一笑，诀别体制，去开拓个人创业的生涯。

62. 燕昭王千金买士的遗患

这样的人才计划，并没有体现一种自我发展的战略，也没有制度上的配合。即使他对乐毅大胆放权，用人不疑；即使乐毅碰巧也为人忠诚，办事精明，但燕国贵族对革新早有非议。于是昭王一死，乐毅随即失权，其他业务也都中止、夭折。

燕昭王千金买士，历代传颂，但却代表着一条注定失败的人才策略。

昭王即位在燕国战败、国君被杀的危难关头，在“国际竞争”压力下，发誓“诚得贤士以共国，以雪先王之耻”。于是听从郭隗劝告，张榜天下，重金招才，遂聚集起以乐毅为首的一班人马重建国家，终于得以发动复仇战争，把对手齐国打得一时满地找牙。

然而，当陈子昂前来游历诞生过这个故事的燕赵大地时，尽管内心激动，一路所见，却是早已一片苍凉。后来胡曾写的咏史诗就像是替他写下的一篇游记：

北乘羸马到燕然，此地何人复礼贤？

若问昭王无处所，黄金台上草连天。（黄金台）

为什么当年燕昭王治下的国家复兴大业就连遗迹都荡然无存？不是说他重金聘到乐毅等人后，燕国在二十多年里迅猛发展，国力膨胀到了它有史以来的顶点吗？

事实上，且不说燕昭王在黄金台上是否真的摆了金子，即便把整个国库都摆上了，他的人才策略也是有很大欠缺的。他对人才并没有一个长远的筹划；他的目标充其量就是复仇；国家的长治久安并不在他的眼界之内。

这样的人才计划，并没有体现一种自我发展的战略，也没有制度上的配合。即使他对乐毅大胆放权，用人不疑；即使乐毅碰巧也为人忠诚，办事精明，但燕国贵族（这属于国家制度的问题）对革新早有非议。于是昭王一死，乐毅随即失权，其他业务也都中止、夭折。

没错，“千金何足惜，一士固难求”，用人不可惜财。但单纯用钱买来的人才却很难干成大事。斯坦福大学商学院教授杰弗瑞·菲佛指出，花钱买人才，一方面会促使受聘者越发追求短期效应，越发忽视团队建设；另一方面也会使整个企业越发倚仗某些个人关系。所说的问题，在燕昭王身上皆有体现。

昭王所依赖的，仅仅是与手下几个人才的个人关系，以为这样就可以绕过成事不足败事有余的燕国的贵族。但政治体制的改革，尤其是利益集团的调整，是管理国家绕不过去、也不可久拖的大事。须知正是燕国贵族，在昭王主政之前和之后，都曾使国家深陷政治危机。相比之下，高薪聘请个把专家，上马一批外围项目，并非千秋大计。

再者，不改体制，只聘专家，所能够完成的项目，实在也不可能很大。没有整个管理体制上的保障，什么人才，单凭个人才艺，就能包打天下，扭转全局？

这也是为什么燕国一再痴迷“重赏之下必有勇夫”的把戏，但玩来玩去，最终却玩不出什么花样——乐毅伐齐，半途而废；荆轲刺秦，全盘落空。

遗憾的是，一些现代企业的领导人，不学历史，不吸取历史教训，仍以为只要舍得花钱，什么人都能请到，把吸收人才跟雇用打手和贿赂官员当做大致是一回事。

这种说法还有通俗经济学上的支持，比如“自由球员”(Free Agent)理论和相关的交易成本理论。它们相信人的理性只有一条标准，那就是自身物质利益的最大化。所谓“自由球员”本来是职业棒球联盟中有条件和任何球队签约的球员，哪支球队出钱最多，他们就与它签约。

然而并非世界上所有人都是追求同样物质利益的人。越是人才的人，往往还越看淡物质。昭王死后，乐毅出走，表明他也不是唯利是图之辈。

与此同时，也并非所有以高薪聘来的人都是同样的人才。有时，越不是人才的人，却越吵着闹着要求提高待遇。

这一点，跟体育比赛不一样。比赛里，每个运动员众目睽睽下拼搏，谁有多大本事大家都知道；他们要求的待遇可能很高，但或许不会有太离谱的欺诈。但企业业务千差万别，前来应聘的人或许来自大牌公司，但作为个人，他们到底有什么本事却很少有人清楚；在流行造假的时代，一两封推荐信也不值得相信。

像这样的历史教训，中国也有：两汉之间，王莽当局幻想用奇人奇技来对抗匈奴，结果金钱耗尽，招来的却只是一群骗子，有的说自己可一夜之间，掘井穿石，还有的说自己可双手振翼，长空翱翔……后来苏东坡读到这段历史，几乎喷饭：

汉家殊未识经纶，入手功名事事新。

百尺穿成连夜井，千金购得解飞人。(苏轼《王莽》)

对金钱的迷信，也会叫一个大国政府采取如此荒诞举措。这可以说也是当年燕昭王金台招士的遗患。

63. 黄金也买不来的无形资产

在很多的组织里，青年人的朝气仍显得像一种稀缺资源。这不是因为青年人没理想，不好管，而通常是因为企业管理上的“热效率”太低，真正能调动出来、加以利用的青年员工的热情实在有限

说到人才，想到王国维写过的别具一格的一首词：

草偃云低渐合围，雕弓声急马如飞。笑呼从骑载禽归。
万事不如身手好，一生须惜少年时。那能白首下书帷。（《浣溪沙》）

怎么会在晚清人的文学里突然迸发出这样一种难以想见的青春气息？那种恍若梦境的奔放让人们联想到李白对“生年不读一字书，但将游猎夸轻趫”的“边城儿”的讴歌：“弓弯满月不虚发，双鸧迸落连飞髇”；以及对才气凋零的老书生的奚落：“儒生不及游侠人，白首下帷复何益”。[1]

华夏文明向来赞颂青春。古人说“人间只道黄金贵，不问天公买少年”，就是说青年人的真实淳朴、积极热忱用金子也买不到，连老天爷也得珍惜。可惜在王国维身处的年月里，老大帝国正如江河日下，社会上的确是太缺少唐诗里的那种“少年中国”的朝气和激情了。

从那时，到现在，百年过去。但在很多的组织里，青年人的朝气仍显得像一种稀缺资源。这不是因为青年人没理想，不好管，而通常

1. 李白《行行且游猎篇》。趫（qiáo），敏捷；鸧，鸧鸹（cāng guā），即灰鹤；髇（xiāo），骨制的响箭。

是因为企业管理上的“热效率”太低，真正能调动出来、加以利用的青年员工的热情实在有限。

事无巨细、按部就班的管理会让青年员工感到乏味。加上老员工有意无意的压制，城市生活的方方面面的烦扰，会使他们体会不出“万事不如身手好，一生须惜少年时”到底是什么意思。所以管理学家说，为了凝聚X代和Z代人的心智，企业必须建立一种不仅仅是局限于竞争的崭新关系，“要有目的地引起人们的共鸣并达到超凡脱俗的经营水平”。

从另一方面看，对青年一代百般限制、不给机会的组织制度，也是不会有利于公司稳步发展的。有时，企业还有必要“故意设置”一些临时任务、特殊使命，去为青年员工（特别是有潜力进入管理层的）提供承担责任和大干一场的机会。

在驰骋田猎的想象中，王国维寄托的是什么？不得而知。他也说过“四时可爱唯春日，一事能狂便少年”，具体指的是什么“事”，也未明说。然而同时代的另一位学者，却面对外敌入侵的战火，直言不讳地表达出了他的渴望。他就是梁启超：

拍碎双玉斗，慷慨一何多。满腔都是血泪，无处着悲歌。三百年来王气，满目山河依旧，人事竟如何？百年尚牛酒，四塞已干戈。千金剑，万言策，两蹉跎。醉中呵壁自语，醒后一滂沱。不恨年华去也，只恐少年心事，强半为销磨。愿替众生病，稽首礼维摩。（《水调歌头》）[1]

正是这位来自国家开放前沿的青年，以“少年智则国智，少年富则国富，少年强则国强，少年独立则国独立，少年自由则国自由，少年进步则国进步，少年胜于欧洲则国胜于欧洲，少年雄于地球则国雄

1. 此词作于1894年，当时正值甲午战争，见田遨《清词精选评注》（青岛：青岛出版社，1994），246-247页。

于地球”的呐喊，在中国历史上留下了长久激荡人心的回音。[1]

好不容易，国家吸收了一些青年参与国家事务，进而有了一场变法。梁启超也是参与这场变法的积极分子。

但很快，这些青年又被无情地赶出了体制的大门。有人竟被当街斩首。于是，一个把连黄金都买不来、老天爷都要珍惜的精神资源消磨殆尽的统治集团，除了把自己推出历史的大门之外，又还能有什么选择？

64. 大器晚成是一种激励

> 一个普通人组成的团队，既不可能指望它瞬间自我拔高，变成一支市场劲旅；也不可以要求它完全自我放弃，变得在精神状态上与劳改队无异。企业家、经理人只能以普通人的语言（包括普通人的愿望）与他们对话，邀请他们与公司一道拼搏，一道成长，一道实现自我。

未绽的花苞、初三的月亮，到底是一种怎样的美？

挫折后爬起，磨难中前行，一程接一程漂泊，到底是一种怎样的青春？

凡是从社会的颠沛流离中走过，从市场的曲折起伏中终于胜出的人们，一定都会说，他们的人生智慧、处世妙方，全是从早年的那些不大完美、甚至掺杂着很多尴尬的岁月里积累起来的。清人洪亮吉的一首词写的就是这个意思：

人人爱说芳菲节，更爱团栾月。个侬心事独娇憨，却喜花看春半月初三。

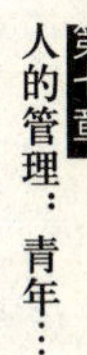

1. 梁启超《少年中国说》，作于1900年。戊戌变法失败后，梁流亡日本，创办《清议报》。《少年中国说》就是发表在上面的一篇著名文章。

长安道上金貂集，青紫客人拾。到来生怕说头衔，只恋年时憔悴旧青衫。(《虞美人》)

这是诗人对自己"早年憔悴"的不无自豪的回忆——在都市社会里磕磕碰碰、跌跌撞撞的平民子弟，论处境，论机遇，就像未绽的花苞、初三的月亮，在不完美中蕴涵着勃勃生机。

在那个时代，到城市来寻找出路的还大多是士人子弟，衡量他们成功与否的标准最终只有官场头衔。到了现代，经济愈加发展，进入城市开创事业的青年也愈加多了起来。他们以最底层的奋斗为社会垒起最高层的辉煌；所有享受着完美的人们，都应该感谢那些为社会贡献着各自绚烂光华的"不完美"的青年。

有时并不是闯荡两下子就必有斩获的，甚至还会几番周折，一无所获，就像民国时期的血性诗人吴芳吉[1]那样。但无须害怕、无须计较，因为你有青春、你有本钱：

万树梅花月正圆，蓑衣滩畔系归船。
行囊羞涩都无恨，难得夫妻是少年。(《将自求宁归家先寄内》)

每当看到公司里的青年员工（尤其是那些家在外地、连户口都上不上的）加班到深夜，饿了就吃几口方便面的，有时还有他们的女友或男友陪伴身边，很容易就想起这最后两句。

但是，公司尚在草创时期，或者业务尚未走出危机，有什么办法可以用来奖励这些激情奉献中的青年呢？最合理的一条逻辑，就是去提倡他们想象大器晚成、追求大器晚成、实现大器晚成。

1. 吴芳吉（1896~1932 年），重庆人，二十世纪二三十年代著名诗人。"九·一八事变"后，吴芳吉创作了颂扬 19 路军的抗日诗歌《巴人歌》，传诵一时。1932 年 5 月初吴芳吉到重庆江津参加集会并朗诵《巴人歌》，慷慨激昂、声泪俱下，晕倒在讲台上，因医治无效终告不治，时年 36 岁。

大器晚成是一个很有用的观念。在暂时什么大成就都难以实现的时候，它或许是对团队中的青年人最实用，也最可靠的激励。因为除了大传媒、大娱乐（NBA 什么的）非得靠明星来拼市场打天下之外，大多数企业一开始都是由普通人组成，论才干、论长相都是如此。

一个普通人组成的团队，既不可能指望它瞬间自我拔高，变成一支市场劲旅；也不可以要求它完全自我放弃，变得在精神状态上与劳改队无异。企业家、经理人只能以普通人的语言（包括普通人的愿望）与他们对话，邀请他们与公司一道拼搏，一道成长，一道实现自我。正像唐人杜荀鹤说的：

如我如君者，不妨身晚成。
但从时辈笑，自得古人情。
共莫更初志，俱期立后名。
男儿且如此，何用叹平生。（《寄李溥》）

今年春天的花或许还没来得及盛开就在风雨中凋谢了，但来年春天的花一定开得更美丽——因为花在成长着。

人也在成长着，甚至还会从很恶劣的环境下脱颖而出成长为坚强的松柏：

虽小天然别，难将众木同。
侵僧半窗月，向客满襟风。
枝拂行苔鹤，声分叫砌虫。
如今未堪看，须是雪霜中。（《题唐兴寺小松》）

想想看，一株成年的松树，到底在什么时候是最好看的？难道不正是当它身披重雪而青翠挺立的时刻吗？而此时向它压来的一切艰难困苦、危机险情，难道不是反倒成就了它的震撼人心的完美吗？

老树的繁花，雪山的青松，那又是一种什么样的美？

经历了很多挫折，穿过了很多磨难，一程接一程的进取，那又是一种什么样的人生？

65. 选雇主也是选命运：荀子四个弟子的人生歧路

一个组织，如果本身存在邪恶，那么愿意向它靠拢过来的人，一定都是图谋私利；如果本质就是保守，那么在它周围聚集起来的人，也一定都是反对革新。

战国时期的知识分子都是到处跑着去求职的。为了各自的未来发展，每个人也都尽量多学两招。

战国后期，一个叫李斯的，眼看秦国业已成为超级大国，就想到秦国去应聘。李斯的老师是荀子，有名的儒者，当时的职务大概相当于齐国的社科院院长。对这个学生的选择，荀子却不以为然。“秦国倒是个强国，”他摇着头说，“可惜一点也不文化。”[1]

不过李斯还是去秦国了，或许心想：“秦国缺少文化正好是我的机会。”凭他的一笔好字就能在那儿吃香的、喝辣的。

李斯有个同学，从小是个结巴，但文采极佳。他叫韩非，写了一部书叫《韩非子》，被秦始皇看上了。没想到刚到秦国不久就被李斯害死了。

荀子另有一个学生叫张苍，还是一个数学家和科学家。此人也为秦朝服务过，当过御史，但混了一阵就逃跑了。后来参与了汉朝的体

1. 荀子，名况，生卒年不详，赵国人。荀子是战国末叶著名的思想家、文学家，也是先秦儒家思想的集大成者，提倡性恶论，与孟子的性善论相对应。因为他的两名弟子韩非、李斯都是法家代表人物，荀子受到后来的许多儒家学者的抨击。荀子曾入秦，称秦国“治之至也”，然而“殆无儒”，是“秦之所短”。

制创立和文化复兴，还当过汉朝的丞相。[1]

荀子的学生很多，还有一位一直跟着他研习儒家经典的，叫浮丘伯，也称鲍丘或包丘子。浮丘伯跟着荀子从齐国退休后迁往楚国兰陵，而后就留在鲁南一带，“饭麻蓬藜，修道白屋之下，乐其志，安之于广厦刍豢，无赫赫之势，亦无戚戚之忧”。[2]

以上几个人，都知道秦国战胜六国，已是大势所趋。但荀子不愿跟那种没有文化的强大和效率发生任何瓜葛；他宁愿退守寂寞，为后人著书立说。

张苍年轻，又是科学家，倘若不做高级公务员，恐怕一点儿也实现不了自我。当秦国是唯一选择时，他只好就去了秦国，不过从他私藏《春秋左氏传》一事来看，大概对秦政难久有所预见，暗自在为取而代之做准备了——而且好像也并没有人通知他这样做。

而浮丘伯的生涯选择最为简单，仅收徒传经而已。一旦全国起义，秦法不行，浮丘伯随即继续教书生涯，据说当刘邦垓下取胜后举兵围鲁（即曲阜）时，浮丘伯等鲁中诸儒已在城中讲习礼乐，弦歌之声不绝，以致刘邦感叹不已，遂对鲁采取了招降政策。汉朝建立后，浮丘伯一直在长安讲学。汉儒中的“鲁学”，就是由他开创的。

荀子的弟子中，除了倒霉的韩非之外，只有李斯从不怀疑秦国的强大，一门心思靠为它服务换取功名利禄。相比之下，浮丘伯和张苍这两个人，貌似“患得患失”，论个人修养、社会责任，却要高尚得多。秦国没有能够博得他们的认同，偏偏叫李斯赖着不走，结果成为宫廷政治的牺牲品，先于那两位同学而惨死，并不足为怪。

现代社会的人才，当然比起战国来有广阔得多的选择。但基本规

1. 张苍，阳武（今河南原阳县）人，战国至秦汉时期著名的学者、政治家、科学家。张苍秦时为御史，汉高祖时被封为北平侯，汉文帝时为丞相，任职十余年，主持改定历法，校正了中国最早的数学专著《九章算术》。据说张苍活了一百多岁。贾谊即张苍门下弟子。

2. 语出《盐铁论》（毁学篇）。饭麻，以粥为食；蓬藜，野草；刍豢（chú huàn），指牛、羊、猪、狗等牲畜。这句话是说浮丘伯穷困潦倒，每天喝粥、住茅草房，却“乐其志”，虽然没有显赫的地位（如李斯），却不会担忧性命不保。

律不会改变：一个组织，如果本身存在邪恶，那么愿意向它靠拢过来的人，一定都是图谋私利；如果本质就是保守，那么在它周围聚集起来的人，也一定都是反对革新。

像这样的组织，在它土崩瓦解之前，也只能靠笼络像赵高、李斯那样一批道德低下的马仔来运行。即便有人天真烂漫，被它优厚的招聘条件所诱惑，用不了多久，肯定会吃尽苦头，理想破灭，要么像乐毅一样被挤走，要么像韩非一样被陷害。

同样道理，坚持“清白”、“节义”标准，志向高远的人，在求职应聘的时候，也会反过来考察招聘者自己修的是什么礼，行的是什么道。这就像经典兵法《黄石公三略》讲的：“清白之士，不可以爵禄得；节义之士，不可以威刑胁。故明君求贤，必观其所以而致焉。致清白之士，修其礼；致节义之士，修其道。而后士可致，而名可保。”

所以，别说后来没有人会像燕昭王那样千金买士了，即使有，真正杰出的人才更未必用黄金即可招来。这一点，后世的士大夫算是相信了：

昭王当日有高台，陛级原因郭隗开。
千载黄金留士价，多年骏骨不重来。（邱禾实《黄金台》）

66. 出身论与反出身论：赵括和刘铭传的成长路径

由于受儒家传统影响，中国人一向重视教育。在一个重视教育的社会，势必不会那么严格的阶级分野和门阀观念。与之相应地，它的文化，也一向对平民人才多有赞誉。

纸上谈兵的故事，中国人都知道：战国后期，赵国派遣从无实战经验却热衷于侃兵法、侃战略的将门子弟赵括顶替著名的廉颇将军指挥军队阻挡秦国的进攻。

结果就发生了注定降临在每一个不曾为死亡担忧的贵族集团头上的厄运：平日侃来侃去的所有兵法、战略都没有派上用场——一次无望的角逐，以及40万士兵投降后被敌军活埋的国耻级的失败。

凭什么要委任一个毛孩子去指挥那么重要的一场战争呢？后人一直愤愤不平，金人周昂就有一首诗是这样写的：

婴儿偃蹇正堪孩，换得山西老将回。
往者不追来不戒，莫将家世论人才。（周昂《过省冤谷》）[1]

这是一个很现代化的倡议，虽然仅仅28个字无法展开深入分析。在读到这首诗的时候，人们不难想到历史上那些华而不实，甚至腐朽败落的血统贵族，还有那些秀外慧中、颇有精神贵族风貌的杰出平民。其实，整个战国时代，以及中国后来的大部分历史，都是一个“莫将家世论人才”的过程。

由于受儒家传统影响，中国人一向重视教育。在一个重视教育的社会，势必不会那么严格的阶级分野和门阀观念。与之相应地，它的文化，也一向对平民人才多有赞誉。比如唐人崔膺说的：“古来忠烈士，多出贫贱门”；元人王说的：“古来王佐才，多在耕钓间”；清初屈大均说的：“从来天下士，都在布衣中”……[2]

这些说法，包含有两个命题。一个是出身命题。这个看得很明显：养尊处优之人命中注定就是废物，几乎没有什么可说的。但另一个命题也不可忽视：并不是说所有沉沦底层、只身闯荡的人，就一定会有大出息的；出身贫贱、历经挫折之人，还要以“天下士”的标准来要求自己，完成一番惠及天下的事业。

1. 省冤谷，即谷口村，相传是白起坑杀赵军的地方。位于今山西省高平市，村子里有白起台、骷髅山等古迹。偃蹇（yǎn jiǎn），骄傲、傲慢；山西老将，指廉颇。
2. 以上诗句依次引自：崔膺《感兴》；王冕《寓意十首次敬助韵·其七》；屈大均《鲁连台》。

只有出身贫贱、历经挫折，而没有跻身“天下士”的追求和境界，如此人生，也算是浪费了相当重要的资源。在市场经济波澜起伏、浑水摸鱼并非太难的大国（比如中国和美国），这样的案例，时有发生。

既要尽量靠自己的力量在社会上奔波、闯荡，更要在奔波、闯荡中坚持做人的原则——甚至越奔波、闯荡越树立其自己的原则——这是达到“天下士”境界的必由之路。就像出任过台湾巡抚的刘铭传（也受到过曾国藩的提携）曾经说过的：

自从家破苦奔波，懒向人前唤奈何。
名士无妨茅屋小，英雄总是布衣多。
为嫌仕宦无肝胆，不惯逢迎受折磨。
饥有糗粮寒有帛，草庐安卧且高歌。[1]（刘铭传《大潜山房诗》）

刘出身平凡安徽农家，18 岁当民团领袖，26 岁进淮军领兵打仗。后在台湾主政七年，为建立现代经济、行政作出重大贡献，被誉为台湾“现代化之父”。“名士无妨茅屋小，英雄总是布衣多”——作者以自己的业绩为他的诗做了最好的脚注。

67. 足以当大企业 HR 主管的红拂女

从李靖的经历里我们可以想见，没有他的参与，大唐帝国应该仍可建立；但华夏民族却再也不会有《李卫公问对》这一份遗产了。于是不但李靖，而且后世所有的人都要感谢红拂姑娘——她不仅会发现人才，而且还知道把这个人才安插到哪里会发挥出连他自己都未曾想到过的作用。

过去的社会有着很多的不平等。比如当一个男人发现了英雄，或

1. 糗（qiǔ）粮，干粮。

为某青年后生指明了进取的方向，会被称做伯乐；而一个女人做出了类似的事情，像著名的漂母以几个馒头启发韩信的故事，充其量只被称做善心。

其实女人忠告也是忠告。男人没有听女人忠告而进退失据、受人诟病的案例，如侯方域之于李香君，钱谦益之于柳如是，历史上比比皆是；听了女人忠告而建功立业的男人，也有。

可以想到的一个案例，就是红拂女的故事（不是王小波的现代版本）：她本是隋朝大臣杨素的家奴（据说本姓张），见前来发表时局见解却遭到冷遇的李靖气概不凡，当晚以男装入李靖居所，告诉他隋朝已不可指望，随即结成夫妻去投靠后来建立唐朝的李氏父子。

如此“私奔”叫做指点迷津也未尝不可。为了突出红拂女，故事里李靖的形象一直黯淡，尽管在现实中他很会打仗，后来还成为兵法名著《李卫公问对》的作者。

明朝大画家唐寅画过红拂女题材的画，然后又为自己的画题诗：

杨家红拂识英雄，着帽宵奔李卫公。
莫道英雄今没有，谁人看在眼睛中。（《题自画红拂妓卷》）

同时代另一大文人（也是大画家、书法家）文征明也曾为唐寅的红拂画卷题诗：

六如居士春风笔，写得娥眉妙有神。
展卷不禁双泪落，断肠原不为佳人。（《题唐六如画红拂妓二首》）

其实，红拂女和李靖的故事，关键还并非在于谁发现了谁（当然是红拂发现了李靖）。在现代社会中，经常也听到有关某某“确实有才”的说法，说明人们并不是不能发现人才。问题是发现了人才之后又会如何？是不疼不痒地对他们说“还是安心本职工作吧”？还是出于对人的关怀，也是出于对单位、对社会的责任，替他们想一想到哪里去能发挥得更好？

从李靖的经历里我们可以想见，没有他的参与，大唐帝国应该仍可建立；但华夏民族却再也不会有《李卫公问对》这一份遗产了。于是不但李靖，而且后世所有的人都要感谢红拂姑娘——她不仅会发现人才，而且还知道把这个人才安插到哪里会发挥出连他自己都未曾想到过的作用。

以红拂的眼光，足以当一家大企业主管HR（人力资源）的VP（副总经理）。

在清朝所谓的康乾盛世，红拂女的故事偏偏走红，似乎并非孤立现象。大概那时社会的敏感人士（叫才子佳人也罢）已开始觉出制度的沉闷就像天边的乌云，在生活的地平线上渐渐堆积起来。他们在一个古代的私奔的故事里，也寄托着自己的精神的私奔。

一些识文断字，却扮演不了任何社会角色的女子也愈发起劲地往红拂的故事里寄托自己的精神。满族女词人顾春写道：

世事多奇遇。快人心，天人合发，英雄侠女。阅世竟无如公者，决定终身出处。特特问，君家寓所。逆旅相依堪寄托，好夫妻，端合黄金铸。女萝草，附松树。

尸居余气何须惧？问隋家，驱鱼祭獭，为谁辛苦？况是荒荒天下乱，仙李盘根结固。更无奈，杨花自舞。悔不当初从嫁与，岂流连，一妓凭君取。达人也，越公素。（《金缕曲·红拂》）

曹雪芹也托林妹妹之口赞叹红拂是充满自由精神的女中大丈夫，连“权重京师”的杨素也瞧不上；而瞧上的，不过是仍在体制外飘荡的“穷措大”李靖：

长揖雄谈态自殊，美人巨眼识穷途。

尸居余气扬公幕，岂得羁縻女丈夫？（曹雪芹《红拂》）

两位女子（权当曹雪芹作林妹妹）都提到了“尸居余气”四个字，意思是灵魂早已死去，只不过还没咽下最后一口气。这是唐人话本里红拂亲口对李靖道出的她对当时政治的评价。平日对宫廷政治有细致体察的她，告诉想要对天下有所作为的李靖，隋朝已是一个行将灭亡的体制——看起来很大，却早已没有了活力。

这样的感觉，现代人也似曾相识：人才流失是一个企业、一个产业走向衰败的最初征候。德鲁克说过，美国铁路产业从“一战”后便不再对青年工程师具有吸引力了，尽管当时从经营上还看不出什么问题。但到 20 年后“二战”结束，当其他产业开始迅猛发展，铁路产业的“尸居余气”却成定局，衰败已不可挽回了。

现在看看我们的周围，是否也有类似的迹象？如果一个地方、一个产业（或一个行业）、一种类型的组织，吸引不了社会上最有才华、最具创造力的人（不管他们是“土鳖”还是“海龟”），甚至以种种借口把他们拒之门外，对他们的建议也嗤之以鼻，从这样的组织文化里就难免闻得到一股“尸居余气”的味道。

那么你是不是要换到那样一种组织里去工作呢？问问办公室邻桌的 MM，说不定她会给你决定一生的忠告。

68. 给员工营造一片孕育生机的林子

员工心情好坏、热忱与否，对企业竞争力的发挥可谓关系重大。是让员工心情压抑地坐班？还是心情舒畅地参与？在订立管理程序时，企业领导人都照顾到这样一个问题。沿着欧阳修的逻辑，那就是要问，是要把企业编织成一个笼子？还是营造成一片林子？

闲来读诗，也是享受。但恐怕除非专业人士，以及时间充裕得就像开金矿（一寸光阴一寸金）的人，大多数人不会去读像杜甫的《北征》或李商隐《行次西郊作一百韵》一类的鸿篇巨制了，尽管它们无疑永远都是经典。有意无意之中，更多的人总会去找，甚至去背诵一些机制灵巧的小品。原因不言自明，你我都是凡人。我们喜爱读诗带来的美学感受，却难以忍受不断参阅注解、查找《辞海》的折磨。

这样人们又能重新发掘、重新赏识一些以前没有注意到但写得也很好的小品。尽管它们很简短，有的作者也不大出名，只要轻松和自然，人们读过一遍后也不会轻易忘掉。比如江西派鼻祖黄庭坚的外甥徐俯，虽然诗名远远比不上身为文坛巨擘的舅舅，到今天连诗集都不复刊行，但在一些宋诗选本里，却留着他饶有情趣的四句小诗：

双飞燕子几时回？夹岸桃花蘸水开。
春雨断桥人不度，小舟撑出柳荫来。（《春游湖》）

下雨冲坏了桥，自然就有人来做摆渡的生意。美丽的自然春色之中也有着近乎自然的市场经济，不是挺好的？据说诗写出来后，便一时传诵。

宋人张耒，据说他作诗容易写着写着就泄气了，把握不好篇幅较长的制作。但正因为如此，有的短诗才越发显出他的才思本色：

年来鞍马困尘埃，赖有青山豁我怀。

日暮北风吹雨去，数峰清瘦出云来。（《初见嵩山》）

宋人的文学，向来遭人诟病，经常理学的气味太重。但就连平日给人印象都不苟言笑的江西派诗人，比如说陈与义，只要心情放松，也总能写出很自然的效果：

杨柳招人不待媒，蜻蜓近马忽相猜。
如何得与凉风约，不共尘沙一并来。（《中牟道中》）

以上三首绝句皆以“来”字为尾韵，皆选自钱钟书先生的《宋诗选注》。猛一看没有什么大意思，仅轻松一下而已。但谁说儒者无须轻松（当然不能是唐玄宗那种生出大乱子来的无休止“放松”）？每天在不见天日的写字楼里埋头工作的现代人，浮生偷来一刻闲已是享受。

美国工商协进会（Conference Board）不断进行人们的工作满意度调查。在1987年，将近70%的美国工人声称对自己的工作感兴趣，到2008年危机之后，对工作感到满意者已下降到45%，而25岁以下的工人，对自己工作感到不开心的，已占64%。他们不满意的一个原因，大概总免不了通常所说的压力。联想到我经过的那段时间里网络公司彻夜长明的办公室，这种不满意应不难理解。

从那时（互联网热的那时），到此时，已过去了十多年。有的企业，却仍然加班不断。

那些相信体制一改，万事皆灵的领导人，在订立管理程序的时候，也总有一味追求“鸿篇巨制”的习惯。他们制定的运营手册、工作流程，大多都可媲美交响乐，而鲜有像短诗或爵士乐一样的小品。而且往往去欧美大企业考察一番，回来就把一般规模的交响乐改成马勒交响乐，好像管理的真谛就在于一厚本赛一厚本的条条框框。看着就叫人心情沉重。

其实，凡属限制员工行为的管理程序，仅仅做到保证日常运转也就够了。超出这个界限，就会起反作用。尤其在后现代的，用不着进行大生产线、大批量生产的企业，要想争取可持续发展，更主要是要靠团队成员在心智上的投入与参与。也正因为如此，一些大企业都把“刻意开放许多自由空间，使个人不至于被制度所限”当做一条经营高智力团队、创造思考型企业的一条基本法则。其运行管理上的灵活性，已具很多特色。[1]

中国什么时候能有普遍的改善，人们尚不得而知。但有一点毋庸置疑。按照制造业的管理模式来套服务业企业的管理，肯定会出问题。

而且，如果单说是制造业的管理模式可能还太轻描淡写。重叠、复杂、苛刻、沉闷的行政模式也算一个中国特色，从宋朝开始就大体形成。没事待着可以，想要有作为就难。欧阳修因为想追求点变化遭到贬谪，期间曾牢骚满腹地嘟囔：

百啭千声随意移，山花红紫树高低。

始知锁向金笼听，不及林间自在啼。（《画眉鸟》）

连小鸟关在笼子里头都心情不好，更何况受制于人的人呢？

宋代社会，商业文明已然发达，海上丝绸之路蓬勃发展，无论是金额还是货物量都远远超过已被阻隔的、原先骆驼背上的陆上丝绸之路。但从国家管理或上层建筑的层面，却很少反映出相应的大气和潇洒。因为在制度建设上的重点，不是适应新的经济基础；可能在熙宁变法中王安石曾经有这么点意思，却又未能留下什么政治痕迹。当局的政治目标只有一个，那就是防止重演五代十国的情形，为统治而统治而已。

很多年过去，但是那种管理体制，以及它的“无目标维持”的管理原则，真的已经成为历史了吗？

1. 罗伯特·海勒《领导趋势》（哈尔滨：哈尔滨出版社，2003），245-247页。

当今世界上，人力成本经常已占到企业运营费用50%以上（很多中国公司也达到这个水准了），在新兴服务产业（如咨询业）竟然高达70%或更多，员工心情好坏、热忱与否，对企业竞争力的发挥可谓关系重大。是让员工心情压抑地坐班？还是心情舒畅地参与？在订立管理程序时，企业领导人都照顾到这样一个问题。沿着欧阳修的逻辑，那就是要问，是要把企业编织成一个笼子？还是营造成一片林子？

林子是自然。

古人论艺术，又“生气远出，不著死灰；妙造自然，伊谁与裁”一说。[1]“自然”这种东西是难以故意剪裁出来的。

但在现代社会，连大自然也只有极少的地方，比如国家森林，还保持着原始风貌，寻找“自然”又岂能容易？大概唯一的办法，就像是营造森林公园那样，故意留出一个空间、一块天地，让它形成“自然”的状态。英国《金融时报》曾提到，人们通常最有创造力的时候，其实是洗澡、独处和旅行，而全球只有1%的商业创意真的是在办公室里产生的。这也就说明叫人有事没事都坐在办公室里，或者明知一时解决不了眼前的问题还要坐在那里没完没了地纠缠，是对企业人力资本的极大浪费。

不信你在下班的人流中做一个随机调查，或者仅仅站在本单位门口看看那些陆续走出来的人们——今天到底完成了哪些具体工作？

或者更严谨一些，对同样的人群做一个跟踪调查，看他们在一年、两年甚至五年、十年中都在自己的工作岗位上提出了哪些创意？实施了哪些变革？

现代社会的人难有归属，精神失落，本来已够可怜。他们的工作场所的管理者们不应该无端为他们增添更多的压力——因为这样做不但违背人性，也不会有任何好回报。

所以无论东方、西方，有经验的管理者有时甚至会故意回避或减

1. 司空图《诗品二十四则》。

少一些无关宏旨的、僵硬的管理章程，也会尽量避免因与外界竞争造成的企业内部关系紧张。一种自然的人与人的关系，应该让人们能够暂时忘记各自的职务高低、待遇差异，只有这样才能增添情商和想象力。

曾经在报纸上读到位于某开发区的一家公司把自己写字楼的一层物业的一部分免费租给星巴克和一家本地蛋糕房，以换取它们为公司雇员提供打折服务。但无意之中却为员工提供了一个在休息时间聊聊天，甚至相互庆贺生日的地方。不久，CEO 发现就连办公室里的团队气氛也随之改善，这才省悟到自己那个“决策小品”里的伟大意义：他让公司里朝九晚五的人们发现了一点点近在咫尺的“自然”。

谁能小瞧“自然”？没有自然，又哪有生机？

于是耳边又响起李白的歌唱：

……

草不谢荣春风；木不怨落于秋天。

谁挥鞭策驱四方？万物兴歇皆自然。

……（《日出行》）

第八章

人的管理：忠诚

试玉要烧三日满，辨材须待七年期。
周公恐惧流言日，王莽谦恭未篡时。
向使当初身便死，一生真伪复谁知？

——白居易（唐，江州司马）《放言五首之三》
元和十年（公元815年）

69. 从金陵怀古说起：大唐冰海沉船上的呼唤

分清忠奸，是一个组织得以平稳运行，持续发展，甚至大难不死，战胜危机的必要条件。历代统治者分不清这个，所以中国历史上才有了那么多的“历代”——也就是一个接一个相继倾覆的朝代。

玉树歌终王气收，雁行高送石城秋。
江山不管兴亡事，一任斜阳伴客愁。(《再过金陵》)

这是一位叫包佶的唐人，当时颇有政绩的财经官员，重过六朝古都金陵时写的吊古之作。为什么是“再过金陵”时才有这种“江山不管兴亡事”的惆怅？或许这时的诗人，已亲历了那场叫太平盛世瞬间崩溃的安史之乱。

人们通常是世道几经扭转之后，才逐渐对历史感兴趣起来。所以读唐诗时，读着读着，会感到那种翻滚着边塞烽烟的勇士诗渐渐少了下去，而那种恁吊古迹的咏史诗渐渐多了起来。据现代学者统计，有唐一代怀古咏史诗一共 1424 首，其中晚唐 1014 首，占 70% 以上。[1] 而所有写怀古诗的人，几乎都忘不了金陵，都要感叹六朝兴亡。

为什么？有人说是因为此时已经过了安史之乱。这场内乱，瘫痪了中国北方，让中央政府在经济上愈加依靠长江三角洲，也为更多的官员和诗人到这片地方来亲身游历六朝古都提供了机会。不过，这并不是怀古诗大量产生的必然条件。一个例子，就是刘禹锡的一组称做

1. 转引自田耕宇《唐音余韵》(成都：巴蜀书社，2001)，144 页。

“金陵五题”的怀古诗。唐诗选本经常收录的是前三首：

山围故国周遭在，潮打空城寂寞回。
淮水东边旧时月，夜深还过女墙来。(《石头城》)

朱雀桥边野草花，乌衣巷口夕阳斜。
旧时王谢堂前燕，飞入寻常百姓家。(《乌衣巷》)

台城六代竞豪华，结绮临春事最奢。
万户千门成野草，只缘一曲后庭花。(《台城》)

第一首全是意象，“周遭”就是周围，“女墙”则是屋脊上或城头上的短墙。第二首说的“乌衣巷”，就是晋代“王谢”（王衍、谢安两族）等姓权贵世族盘踞的高尚住宅区，因有黑衣保安把守而得名。第三首说陈后主的奢侈荒淫，整天沉醉女色，自然守不住江山。这三首诗都含有对短命的南朝政治的讽喻。

有趣的是，据说在刘禹锡写这些诗歌的时候，本人还从未到过金陵。也就是说，诗里的这些意境全都是他的想象。虽然刘禹锡是参与变革受到打击的人，一个“下放干部”，但唐朝人并没有认为他胡编乱造、借古讽今而对他提出全民公诉，反倒给予相当的喝彩。那不是因为诗中有哪些细节碰巧就像真的，而是因为其中的没落的气氛，以及不事经营、就要亡国的主旨，为社会普遍接受。

对历史的感怀，都是由现实引起的。将现实教训以历史教训来说出，不是为了掩饰现实教训的严峻，而是为了文化的警示更具锋芒。一次重大危机过去之后，统治集团已不再是帝国初创时的豪强之辈，加上体制上又没有任何设计有效防范当权者像六朝君主一样滑向昏庸误国的轨道。于是，那些不甘心看着一个成功事业日渐没落的人们，必定要站出来一次又一次呼喊“历史教训”。

唐朝咏史诗的崛起，与文学中的现实主义，学术上的儒学复兴，政治上的士大夫对变革的要求，都是在同一段时间里发生的事情。就是因为当时的人们看到了他们自己的帝国重蹈南朝覆辙的危险。他们未能挽回局势，但他们却留下一份重要的文化遗产，告诉后人：正如把统治者包围起来，协助他只管醉生梦死的人必定都是奸臣那样，凡是那些在满场欢宴上揭露腐败，在生平歌舞时指出危机，在万众痴狂中惊呼小心，在车轮滚滚旁高举红灯的人，他们的心中，一定都有着一种严峻的忠诚。

分清忠奸，是一个组织得以平稳运行，持续发展，甚至大难不死，战胜危机的必要条件。历代统治者分不清这个，所以中国历史上才有了那么多的“历代”——也就是一个接一个相继倾覆的朝代。今天，很多追求基业长青的人都在重读历史，但他们最应记取的，就是读懂历史上所有那些“不要忘记历史”的呼喊。

经历了安史之乱的唐人，就像冰海沉船上的乘客，眼睁睁看着自己栖身的庞大帝国在挣扎中没落。于是世间一切没落迹象，废宅、废园、废宫、废都城，都能被他们拿来“说事”，作为警示社会和批评政治的教训。

白居易看到长安道上“尘上长路晚，风烟废宫秋”……

张祜看到前朝瓦砾堆上“往事余山色，流年是水声”……

张籍看到了古宅前的杏花“独开新堑底，半露旧烧枝”……

马戴看到在野兽出没的原野上“古来争雄图，到此多不返”……[1]

吴融有一首诗，被后世评论家称赞为“晚唐绝唱”，其中暗示似乎有一种超自然的力量，为往日门前车马喧哗、煊赫一时的豪宅、官府，

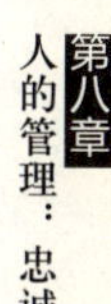

1. 以上诗句依次出自：白居易《新丰路逢故人》；张祜《隋宫怀古》；张籍《古苑杏花》；马戴《经咸阳北原》。

在不知不觉中掩上了高窗，锁上了大门：

风飘碧瓦雨摧垣，却有邻人为锁门。
几树好花闲白昼，满庭芳草易黄昏。
放鱼池涸蛙争聚，栖梁燕空雀自喧。
何独凄凉眼前事，咸阳久已变寒原。（废宅）

那位掌握着废宅钥匙的隐身“邻人”，扮演着一个如同亚当·斯密所说的“看不见的手”的角色。只不过他并非只管经济；个人荣辱，家庭存亡，地方盛衰、国家兴衰，都在他的掌控之中。

凡是那些躺在祖上的积累或前辈领导人建立的政策红利上，不思进取、不事经营的人以及他们手上的家业，都会被这位不知名的邻人紧紧盯上。

每到深夜时分，沿着旧宫曲径，穿过废园草树，阵阵轻风中都会听到他徘徊的脚步。

这位神秘邻人的身影也会在北京的CBD和上海的陆家嘴徘徊不止，帮助所有那些只相信自己、不相信历史的人悄悄熄灭他们总裁办公室的灯火。

70. 唐玄宗身边的“奸臣”是怎样造就的?

一千二百多年过去了，权力对人的异化却丝毫没有改变。它一方面让权力的占有者迷信自己曾经获得的成功，自己成为自己的“粉丝”；另一方面，又在权力周围几乎“自然而然”地聚集起一群像非洲草原上的食腐动物那样的专门靠服侍权威吃饭的人。这些人大多并无理论纲领和政治野心，正像鬣狗，只不过是实现各自的生存逻辑而已。

中国人议论功过，常有“忠臣”、“奸臣”之分。

但是，再仔细一想，“忠臣”、“奸臣”并不完全是相对应的一组关系，不完全是一个矛盾的两个对立面。

忠臣之忠，多半是体现在自己的道德信念和高尚行为上的，是人性的体现，甚至自我牺牲的结果。而奸臣，其中大量纯属鄙俗无能之辈，即便在很普通的岗位上也不见得能靠个人业绩得到提升。因而奸臣之奸，大多是由“英明君主”一手提拔的结果。从这一点上说，历朝统治者都不可埋怨别人动了他们的“奶酪”。他们本已坐定江山；是自己瞪着眼睛把江山托付给了不该托付的人。

如此教训，历史上最为奇彩炫目、声光震撼的一幕，莫过于“大起大落”的唐玄宗时代。从他身上人们看到作为一个早年大有作为，开创了堪称华夏文明巅峰盛世的领导者，到晚年与几个龌龊小人一道(不过不应包括杨贵妃)，竟把祖传事业、自家帝国给卷入了“一曲霓裳四海兵”的空前内乱。

事情的起因，说来并无悬念，无非是李隆基事业有成，却年事渐高，加之宠妃(武惠妃)早死，情绪低落。[1] 因此他就想要放松放松(据说是听了某些道教保健专家的劝告)。然而经过李林甫、高力士，后来再加上杨国忠等人的不断“运作”，宫廷里的放松游戏就像花儿朵朵，竞相开放。其规模之奢华，见诸于文人骚客笔下，有“万国笙歌醉太平，倚天楼殿月分明”，“玉树长飘云外曲，霓裳闲舞月中歌”，“缓歌慢舞凝丝竹，尽日君王看不足”，“当时国色并春色，尽在君王顾盼中”，等等，不一而足。[2]

不过最不留情的形容，大概还要数李清照的“姓名谁复知安史？健儿猛将安眠死”——满朝文武都被迷魂汤给灌醉了。整个国家，除

1. 武惠妃之死使玄宗十分悲痛，他追封她为皇后。唐玄宗自登基以来，武惠妃在宫中陪侍了他二十多年，几乎经历了整个“开元盛世”。武惠妃死后，52 岁的玄宗精神委靡，似乎一下子老了许多。他退朝以后，经常一个人站在武惠妃生前居住过的寝宫，郁郁寡欢，寝食不安，显然内心感到十分孤独。据吴蔚《755 年中国盛衰之交 》(海口：海南出版社，2006)。

2. 以上诗句依次引自：杜牧《过华清宫绝句三首》；张继《华清宫》；张俞《游骊山》；白居易《长恨歌》。

了“放松”竟什么也不做，久而久之也不会做了。

那几个放松游戏的“运作”高手，其实并没有什么政治企图（论见识，他们还达不到这个水平），也不是“帝修反”派遣的特务、内奸，其目的（或习惯性的无目的）不过就是“体量领导”和“不给添乱”，别无他求。领导懒于政事，他们就不汇报工作；领导不愿烦恼，他们就声称现在连蝗虫都不伤害庄稼；领导厌倦批评，他们就驱赶忠臣；领导热衷娱乐，他们就安排酒宴。以他们的道德教养、是非判断，根本不懂自己的行为属于“曲道事君”[1]，是蒙蔽和腐蚀帝国的领导力，所造成的结果，与颠覆国家无异。

曾在《财富》杂志读到一篇专栏文章，形容将自己在几乎无限溺爱之中的CEO，几乎从成人变为了幼儿。文章还列举了这些企业领导人与受溺爱幼儿的各项共性：

比如他们都被尊为宇宙中心，什么小皇帝、小太阳的；

比如他们说起话来语无伦次，而溺爱者听不听得懂，却毫不介意；

比如他们兴趣变幻无常，而溺爱者则只管一个劲地为他们更换玩具；

比如不管他们情绪怎样波动，溺爱者也都会小心侍奉，哄着，迁就着；

比如别人的一切日程（或公司的一切议程）都必须按照他们的饮食起居来安排，而且他们的灵机一动还要经常把别人本来已经做过调整的日程再打乱。[2]

唐玄宗晚年就是在自己贴身团队的导演之下，由一位临危崛起的盛世君主，在心理上变成就像襁褓中的婴儿——想一想面对下属（一

1. 儒家政治学推崇的是“以道事君，不可则止”。见杨伯峻（译注）《论语译注》（香港：中华书局，1990），117-118页。后来又演变出各种各样的“以……事君”。

2. Stanley Bing：“You're a CEO, baby!”《财富》（*Fortune*）杂志，2005年2月28日，80页。

说是由高力士直接导演）逼迫处死爱妃杨玉环时满脸鼻涕眼泪但又不得不服从的样子，相比他早年“性英武、善骑射”的英姿，以及后来任用贤臣，整顿朝纲，使“贞观之风，一朝复振”的政绩，旁观者是不是颇有时光倒流、人越发展越往回缩的感觉？

唐玄宗的问题不是英雄气短。[1] 他的问题就是英雄萎缩症，是从晚年精神上、心理上，到眼界上和作为上的大幅倒退。

然而一千二百多年过去了，权力对人的异化却丝毫没有改变。它一方面让权力的占有者迷信自己曾经获得的成功，自己成为自己的“粉丝”；另一方面，又在权力周围几乎“自然而然”地聚集起一群像非洲草原上的食腐动物那样的专门靠服侍权威吃饭的人。这些人大多并无理论纲领和政治野心，正像鬣狗，只不过是实现各自的生存逻辑而已。

他们每天满脸堆笑地簇拥在权力拥有者周围，变着法地增添他的体验，挤占他接触他人、了解社会的机会，生怕他哪天醒悟过来，决定重新做一个有正常能力的人。古人说唐玄宗的那班近臣，所作所为，全是“以百口百心之谗谄，蔽两目两耳之聪明”。然而让他们得以如此游戏的人，不正是把他们从市井小人“提拔”成祸国权臣的皇帝本人？

现实世界上，每一位事业有成者，随着他们事业的成功，都会不知不觉之中步入一个“权力生态圈”。他们所支配的资源越多，身边凑过来的各种“放松”服务也就越多，实在有必要重温唐玄宗的教训。如果把开元年间的唐朝比作一个业绩骄人的企业，安史之乱的爆发，不仅如史家早已指出，是一场空前盛世的逆转，而且也反映了玄宗治下空前的管理失败。

虽然在现代企业，董事会和管理层之间存在一定的相互制约，但市场竞争却决定了它的很多决策过程都只能极为迅速、极为决断，难免操控在少数人的手中。在管理制度并不那么完备的环境下，一些企业的决策过程，与古代相比，并无本质差异。

1. 唐玄宗李隆基生于 685 年，卒于 762 年，712~756 年在位，共 44 年。

现代人仍要考虑：如何让带领过企业过五关、斩六将的领导者避免在“放松”一下之间造成管理的全面失控？如何让创造过精彩业绩的高管层在员工中持续发挥表率作用？如何让正在高速扩张的业务避免日常失误的不断押后，导致灾难性的全面危机？如何让董事会（大唐帝国没有这个）有效监督高管团队？同时如何让社会有效监督企业家、经理人阶层？

解答所有这些的“如何”，也有一个看似寻常的起点，那就是把坚决不能给现任领导人任何的“放松”机会。想放松可以，但要先完成权力交接，再请自便。[1]

权力加“放松”，再加上一个以协助老板“放松”为生存逻辑的“权力生态圈”，无论多么成功的事业都会被折腾个底儿掉——唐朝就是铁证。所以，要想防止奸臣，必须从约束老板开始。

不给现任领导人“放松”机会，也是出于对他们个人的最大关心。唐玄宗身边几个近臣，平日与老板滚在一起同吃同喝、同玩乐花样多多，但谁也不管他的将来——因为他们谁也不曾接受道德教育。到了危难关头，还有人转过头来逼迫 70 岁的他杀掉自己的爱妃。[2]

难怪李商隐一声长叹：如此折腾，真是何苦？当了四十多年的皇帝，结果还不如百姓夫妻能够白头偕老、相爱终生——

海外徒闻更九州，他生未卜此生休。
空闻虎旅传宵柝，无复鸡人报晓筹。
此日六军同驻马，当时七夕笑牵牛。
如何四纪为天子，不及卢家有莫愁？（李商隐《马嵬二首》）

1. 甚至有人提出 CEO 只做一任的建议，理由是在一家企业里主政时间过长不利于组织发展，同时也不利于 CEO 本人经验多元化。见 You Nuo and Yang Ning: “Right leader must be open to challenges,” http://www.chinadaily.com.cn/usa/2010-08/04/content_11096959. htm。

2. 学者黄永年认为，入蜀时路经马嵬驿发生一场兵变，是大宦官高力士和宰相杨国忠矛盾深化，高力士指使禁军大将陈玄礼把杨国忠剪除，并逼死杨贵妃。据黄永年《唐史十二讲》（北京：中华书局，2007）。

71. 彼得原理与马仔政治：唐玄宗重用俗吏的代价

> 因厌倦不同意见而把几个无德无才、只会叫“大哥”的马仔提拔起来“看家”。这样做，虽然一时看起来简便，但却是一个腐蚀整个领导力的危险游戏。

做管理的人，都要小心“官僚主义”，无论是组织里的还是自己身上的（很多时候两者并不可分）。

官僚主义的一个普遍现象，是组织学上一个经典悖论，西方人称为“彼得原理”（Peter Principle）。即每一个行政体制都是依照人们的日常业绩表现来实施奖惩、决定升迁的。但遵循这个逻辑，就一定会把在一个层次上表现最优者提升到这个人未必胜任，甚至性质根本不同且远远超出其知识、能力水平的一个更高层次的岗位上。依次类推，所有岗位上的表现最优者都会被提升到他们不可能做出最有表现，甚至不胜任的更高层次上，最终败坏整个组织的效率。[1]

在中国的帝国官僚制中，这一讽刺剧经常还要再增添一层黑色幽默：有领导人，明知一些下属能力低下、热衷钻营，却偏偏要将他们的“积极性”优先发挥出来，去监督、报告身边同事的情况；甚至明知这些人事到临头靠不住，却因为他们表面“听话”、“好使”，从来不发表（也无能力发表）挑战性的不同意见，偏偏叫他们去打理日常事务，结果一段时间后，把原本好端端的一个业务搞得积重难返、危机四伏。这种人（尤其是没什么真才实学，专靠为领导提供机密服务的那种）在公司里被称为“马仔”。

1. “In a hierarchy every employee tends to rise to his level of incompetence.” 最初由两位加拿大作者Laurence J. Peter和Raymond Hull在1969年合著出版的*The Peter Principle*一书中提出。

“马仔政治”的一个典型案例，就是唐皇李隆基和宰相李林甫的灾难拍档。俗吏出身的李林甫 734 年出任唐朝宰相，到安史之乱前 752 年死去，几乎独自一人主持了大唐帝国由盛世向衰败的转折，不仅如此，还留下了大堆的政策后遗症。后世士大夫提起他来咬牙切齿，有宋儒甚至质问为何不把他的遗体从坟墓里拽出来暴打：

六军刚要罪杨妃，空使君王血泪垂。
何事国忠诛死后，不将林甫更鞭尸？（李觏《马嵬驿》）

但李林甫纵未被鞭尸，死后处境也够寒碜。继任者杨国忠（更是无德无才）很快就将其爵位剥夺，财产充公，家属流配，其实连墓也掘了。于是人们不免要问，李林甫那么坏到底是要图什么？难道一生工于计算的他，就不顾忌自己和家人的下场？既然到头来名利皆空，还要遭后世唾骂，他又何必当初？

其实李某并非全然无才。这位据说“无师自通”的“法家传人”，正是因为行政上和立法上有一套才被唐玄宗提拔上来的。他也绝非全然无德，至少没有里通外国或策划谋反的证据。但与其他未经儒家道德教育的俗吏一样，他有个致命缺陷，那就是基本素质太差，只会权术，不知大局，也不懂为社稷苍生而担忧。把这种官场混子带到战略决策圈里主持日常工作，的确是彼得原理的创造性应用，也非得是“皇权无忌”的结果。而这时的他，再精明也没有别的办法生存，只有靠变本加厉地胡混，甚至连混出个什么结局都来不及考虑。

古人说“察于刀笔之迹者，即不知理乱之本”[1]，意思是有些行政人员，虽然某些细小事务处理起来看似精致、严谨，但由于根本不懂“理乱之本”，他们制定的公文、法令一旦推行下去，反倒会动摇社稷。在改革开放过程中，大量腐败案件涉及曾出任过领导秘书或办公厅主任

1. 语出文子（老子的弟子），本来作为对儒家的批评。解说见南怀瑾《历史的经验》（上海：复旦大学出版社，2002），20-21 页。

的人，想必也是彼得原理加马仔政治的结果。

对这一教训，有人看得很清楚。他们评论说，倘若出入朝廷决策圈的人，仍是像姚崇、宋璟一类主持开元盛世的老宰相，无论皇帝个人怎样不理朝政，怎样贪图享乐，国家大局应该不至于被折腾到崩溃的边缘。说不定，唐玄宗还真的可以与自己钟情的杨贵妃白头偕老呢：

当时不是不穷奢，民乐升平少叹嗟。
姚宋未亡妃子在，尘埃那得到中华？（张齐贤《华清宫》）

不须铃曲怨秋声，何必仙山海上行？
只要姚崇还作相，君王妃子共长生。（袁枚《再题马嵬驿》）

虽然历史不容假设，但这样的说法有一定道理。姚、宋等人，毕竟是在武则天时代经历过政局动荡、国运艰难的士大夫，有丰富的基层历练，论人品、论个性，也各有佳话传世。像这样的人，对国家大局应是有所预见、能够驾驭的。在他们辅佐下，大唐帝国能营造出开元盛世的局面也绝非偶然。

中国历来有官、吏之分。对负有决策责任的当官的，通常要求很高，认为他们应是儒者，首先要通过相当的道德文化考核，而后方有资格承担这一份工作。而对只负有执行责任的做吏的，对他们的要求，只是听从调遣即可。虽然儒者并非完美人选，比如未经过基层管理摸爬滚打者往往是“理论脱离实际”的清议者，必须通过外派基层增添经验，但单凭基层业绩获得提拔的吏者，履历再丰富，却补不上历史眼界和道德责任这一课。

对于主持决策程序的人来说，绝对不可因儒者清议，或他们时常按捺不住滔滔不绝提出的那些可行的和不可行的批评建议，而把他们推到一边，由一批看起来“会办事”却并不具备战略能力的吏者来取而代之。这两种人是不可相互替代的。

更不可以因厌倦不同意见而把几个无德无才、只会叫“大哥”的马仔提拔起来“看家”。这样做，虽然一时看起来简便，但却是一个腐蚀整个领导力的危险游戏。

唐玄宗，唐玄宗，的确玩得太玄。

作为后人的你我之辈，不妨再想一想，仅一个马仔（当然首先是皇帝的过错）就足以把当时世界上最强大的帝国差点颠覆了，靠几个不识大体、不顾大局的马仔来玩残、搞垮一家企业还不是手到事成？即使“彼得原理”绕不过去（平心而论，也不完全如此），“马仔政治”的自杀游戏却千万不可再玩了。[1]

72. 唐玄宗的高管团队第二梯队建设出了什么问题

这也是在任何进入稳步发展期的体制都会面临的一个高层管理人才的困境：淳儒缺乏社会经验，处理起日常事务来未免缺少让领导放得下心的那种果决和效率。而俗吏缺乏道德教养，一旦大权在握，难免是非不分，公私并举，甚至断送一个组织长期发展的机会。

从安史之乱前夜唐玄宗对张九龄、李林甫的态度转变中，还能看出有关领导班子建设的另一个教训。

我们已经讨论过，玩“马仔政治”一定是具有很大风险性的；玩得时间越长，领导力的基础越容易受到败坏、腐蚀。

但导致“马仔政治”的一个客观原因，是在一时一事上，淳儒往往显得迂阔，老是提一些不具操作性的建议；而俗吏却显得特别“好

1. 玄宗晚年曾与给事中裴士淹论诸大臣，说李林甫“妒贤疾能，举无比者”。裴反问：“陛下诚知之，何任之久邪？”玄宗的反应，却是“默然不应”。见刘肃《大唐新语》。

使”，揣摩上意，打点四周，不用说，都办了。此间，俗吏之俗，显而易见，但淳儒的脱离实际，仍有必要加以警示。

德国学者马克斯·韦伯（Max Weber）研究中国的时候，觉得有件事很荒诞，那就是国家公务员考试为什么不考直接用来解决问题的知识，却要考作诗？而科举考作诗，正是唐朝的习惯。

营造开元盛世的那批政府要员中，作诗作得精彩的有不少，张九龄可算最后一位。张是岭南人，却是官宦世家，诗作得好，文章也写得好，甚至说话、走路都风度翩翩。他最有名的作品就是《唐诗三百首》选入的那首，大概可算做1300年前的“月亮代表我的心”：

海上生明月，天涯共此时。
情人怨遥夜，竟夕起相思。
灭烛怜光满，披衣觉露滋。
不堪盈手赠，还寝梦佳期。（张九龄《望月怀远》）

张有文采、有风度，人也正直。最重要的是，这个老宰相一开始就瞧着安禄山不顺眼，在安史之乱发生15年前就建议中央政府借故除掉这一隐患，但唐玄宗却置若罔闻。

然而大国的管理，光靠一位淳儒的道德与诗歌经常是显得不够用的。当玄宗做皇帝做累了（他曾是一位颇有水平的君王），他就越发需要一个有管理才干的人替他来看家护院。但没想到随着李林甫登上宰相宝座，张九龄被排斥到决策圈外，这样一来就打开了“马仔政治”的阴暗通道，使一个强大帝国开始了长达十几年的钳制舆论，埋没人才，姑息养奸，自我消耗的阶段，以致最终酿成大乱。

当然，作为“第一责任人”的皇帝对安史之乱要负最大责任。但李隆基责任再大，也并非活腻了，存心自毁家业。而久居高位的李林甫，如果史书记载大致属实的话，也不能说仅仅是个替罪羊而已。这两个人，一个是忘乎所以加用人失当的皇帝，另一个是眼界有限加“曲道事君”的宰相，再加上杨国忠、安禄山、史思明、高力士这几个人，完全凑够了一个管理失败的“梦幻组合”。

然而为什么明明有像张九龄那样的淳儒，唐玄宗就是不愿加以倚重？为什么在他想放松放松的时候，就偏偏要挑中一个李林甫那样的俗吏？

从这里，人们似乎已能看出盛唐时期（实际上科举制度建立并不算太久）在人才培养与实际需要之间的不协调了——或许这也是在任何进入稳步发展期的体制都会面临的一个高层管理人才的困境：淳儒缺乏社会经验，处理起日常事务来未免缺少让领导放得下心的那种果决和效率。而俗吏缺乏道德教养，一旦大权在握，难免是非不分，公私并举，甚至断送一个组织长期发展的机会。

这样的困境一直延续到现代——诚然，现代商学院里考试不再考作诗了，但不论考什么，难免都是知识分子那一套，与实践有一定的差距。而社会上对管理者的选拔和考核，往往却只看重一时一事的表现。即使德才兼顾，社会上那些“会办事”的人也有足够办法、足够资源打通二者界限，比如购买文凭，抄袭论文，顶替考试，行贿加分，等等。全世界都没有一套简单易行的办法，来考核评价管理者的道德境界、战略视野；更不消说来给董事长、CEO 打分。

于是企业高层团队成员，经常不是社会油子（如李林甫）就是白面书生（如张九龄），或在同一团队里，两种人都有。但每当危机临头，机遇出现，这两种人却都有缺陷，都靠不住（当然社会油子永远是最大的潜在危险）。德鲁克说得好，有什么样人才，就有什么样的公司业绩；人事决策是决定企业效益的基本决策。

再回到唐朝的案例：在唐玄宗的早期，之所以出现开元盛世，正是得益于他和身边的一批朝廷要员一方面经历过武则天治下的政治危机；另一方面又继承着并不遥远的贞观锐气。曾几何时，大唐帝国的高管团队堪称阵容庞大、各个精英——宰相姚崇、宋璟、燕国公张说、许国公苏颋等，都是文武皆长、王霸兼擅之才。有人这样记载：

能使时平四十春，开元圣主得贤臣。
当时姚宋并燕许，尽是骊山从驾人。（李涉《题温泉》）

然而，轮到和平环境里成长的第二梯队登台，就远没有那么多“霸王道杂之”的人物了。当唐玄宗年事渐高，他身边一度仅剩张九龄和李林甫。虽然在提拔李的时候，皇帝也未必想要把张一把推开，但无奈诗歌与权术如冰炭不可同器，两人无法合作。这时老板，像市面上很多的老板那样，为了维持体制的日常运转（同时也为了自己的“轻松生活”），很自然地舍弃了看似只会写文章的淳儒，选择了看似“会办事”的俗吏。

无奈诗歌与权术都不能代表一个管理者在道德和战略层面的全面能力。这种能力，通过任何考试程序都无法检测，只有经过大风大浪才可鉴别。

正如李林甫若不拜相，或许也背不上奸臣的骂名；而张九龄要不是不及早发出安禄山是贼的警告，恐怕只能以“海上生明月，天涯共此时”的诗句传世。

安史之乱时，张九龄已去世，他有多大能力主持平叛，人们无法推测。但相比之下，接替杨国忠的书生宰相房琯[1]的处境就显得更为可怜，因为这下子他要真刀真枪地干了。

史载，战前，房无端轻敌，屡对安史手下契丹族“曳落河”勇

1. 房琯（guǎn）（696~763 年），字次律，河南人。房琯少好学，性好隐遁，隐居陆浑伊阳山读书十余年。后玄宗将封岱岳，房琯献《封禅书》，中书令张说奇其才，奏授秘书省校书郎。之后房琯又历任卢氏县令、监察御史、宪部侍郎等职。安史之乱后追随玄宗奔蜀，玄宗任其为宰相，后受玄宗之命到灵武册立肃宗。肃宗以琯素有重名，也任其为宰相。

士公然表示不屑[1]；战时，“未曾军旅”的他与谋士刘秩竟用春秋战法迎战叛军，结果陈涛一役，横尸遍野，丧师辱国。对此清人有诗评论道：

房琯空悲将略多，陈涛一战恨如何？

早知幕府唯刘秩，应悔心轻曳落河。（陆嵩《读房琯传有感》）

面对如此惨景，联想到唐初的英雄团队和《李卫公问对》里的精彩兵法，更说明了诗歌与权术，或淳儒与俗吏在管理实践中皆难以倚仗，更反映了身经百战的创业前辈与和平时代继往开来者之间的巨大落差。

处在一个平稳发展中的组织，既要避免唐玄宗加李林甫式的领导力失败，更要培养出经得起大风大浪考验，并能够在大风大浪中驾驭局势的第二梯队来——这正是企业发展上的终极考验。

73. 第二种奸臣：《峄山碑》和李斯

这种专门为统治者承办会议庆典，而不做实质贡献，甚至也不顾社会影响的仪式干部，虽不属于最坏，也是祸国殃民的一种。

第一种奸臣，是政治流氓。

另外一些人，为他们吹喇叭、抬轿子，营造一些虚假祥和的气氛。这些人自以为贡献很大，实际上只不过是权力的可有可无花边。有时阴差阳错，他们被弃之如敝屣也，也会显得好可怜。但他们也应为国

1. 曳落河，突厥语壮士的意思，是安禄山手下最精锐的亲兵，史称“八千曳落河”。新唐书记载，琯每诧曰：“彼曳落河虽多，能当我刘秩乎？”他说的刘秩是儒生，未曾有军旅经验。

家管理的失败承担责任。

书法爱好者大都知道《峄山碑》[1]。那是小篆的经典，为秦朝丞相李斯（当然也算是文化人了——文章、书法都有两下子）所书，一笔一画，堪称工艺。

秦始皇一辈子的功业，除了扫平六国，统一中国之外，大概就算在文化上、标准上实行统一的几大国策了。其中一项就是“书同文字”，在书体上，就是从大篆到小篆的改革。在贯彻这一国策的过程中，一个贡献最大的人就是李斯。他写的《峄山碑》是当时刻石中的杰作——尽管原刻石被毁。今人所见的《峄山碑》只是宋代摹刻碑版，存于西安碑林。

小篆是秦王朝实行文化统一的“官方正体”，更何况《峄山碑》的内容也是秦王朝将华夏大地作为嬴家天下的政治宣言，其意义（或统治者寄托其中的意义）不亚于现代的国旗、国歌，不可小觑。

更何况，秦朝留下来的东西，表面上看有不少，有长城，有秦陵。但论文字，除了近年出土的简牍之外，实际上不多。而在众所周知数量有限的文献中，作为一篇由丞相亲自一笔一画写出来的文字，《峄山碑》尤为特别。

就其书写风格而论，其郑重，其精致，整体看来，俨然兵马俑的阵势。后世鉴赏家评论推断，当时李斯书写时的心态，也必定是由于深明其意义重大，而下笔用腕，尽量小心，因而整篇文字，“矩度不苟”，“莫不中律”。现代人还评论道：“这样的书写必定意在笔先，严谨筹划，而非任意所为，任笔成形。由于理性，一切尽在安排规定中进行，没有舛误，笔笔完整。当然也没有神来之笔、奇崛之调。”[2]

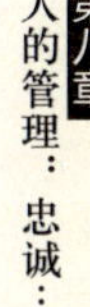

1. 峄山碑即峄山刻石。《史记》（“秦始皇本纪”）载：“始皇二十八年东行郡县，上邹绎山，与鲁诸儒生议刻石、颂秦德、议封禅，望祭山川之事”，到了秦二世时，丞相李斯等提请后方刻于石碑上。

2.“矩度不苟”，“莫不中律”是明朝人赵宧光的评价。现代人的评价引自朱以撒《理性的〈峄山碑〉》。

一边临摹着那些官样的字，2200 年后练习书法的人们，完全也可一边想象，当时满朝文武，满脸肃穆，分列在皇帝两旁，聆听阴森大殿上回响着丞相一字一顿的宣告："乃今皇帝，一家天下，兵不复起。灾害灭除，黔首康定，利泽长久……"不过问题是：这么一个把大半个国家的劳力都征用去修建长城、建筑皇陵的政权，这么一个以半军事化的苛法严刑治理社会，动辄以镇压和死亡威胁民众的体制，怎么好意思向公众许诺什么和平发展、安居乐业？

事实上，峄山碑，作为中央政府花了那么大精力完成的一个国家级项目，以那么精美绝伦的工艺、手段来制作这么一件内容拙劣的文献，足以反映出秦朝政治的一个特点。那是一个文化的特点，或更确切地说，是一个关于文化的特点：在武力征服天下之后，当局满心都是得胜后的自我崇拜，于是无论怎样雷人的大话都敢说，好像根本无须担心欺骗社会要付出的代价。当时的流行政治文化，就是自欺欺人的瞎吹。

他们难道不知道自己正在忽悠自己吗？他们难道不知道"兵不复起"、"利泽长久"这些全是骗人的鬼话吗？他们难道不知道把这些字工工整整地刻到一块大石头上并不能保佑自己吗？他们难道真的就那么傻吗？

花了那么大精力制作的一件宣传品，为后世留下一些连统治者自己都不知道怎么能够实现的宏伟目标，难道这个国家就没有更有意义的工作可做了吗？可见政治的异化（国家管理的异化）必然造成传播的异化——所有的语言，都不是为交流思想而使用的。当时中央文件里常见"臣昧死请"等字句——现代人看来的丑陋，正是当时人的仪式。

仪式的受惠者，当然不可能是真实的政治，也不可能是嬴政的"一家天下"，甚至都不包括秦始皇本人，只有可能是操纵仪式的势利小人。

这种专门为统治者承办会议庆典，而不做实质贡献，甚至也不顾社会影响（比如老百姓听到他们吹嘘后的反感心理）的仪式干部，虽不属于最坏，也是祸国殃民的一种。

战国时代是一个文化人自己找饭吃的时代。有前思后想终于摒弃专制而自甘寂寞的知识分子，比如李斯的老师荀子；也有下定决心吃强国饭的文化人，如李斯。李斯不是完全没本事。但尽管他写得一笔好字，还跟着荀子学习了一段时间，他却始终改不掉眼界低下的毛病——对天下大势，总是看不出什么头绪；对自己的物质利益，倒是十二分地在意。

这是因为李斯从小就立下一个志向，那就是长大了一定要做仓库里的老鼠——而不是做茅厕里的老鼠，吃得不好，还要挨打。他常想，假如做人能做到跻身仓库的老鼠那样，没人打，只管吃，那该是多么惬意的一个境界！于是练得一笔好字的他，在发现秦国势力已压倒六国，势必统一天下的时候，就决定到那里去，把这个正在崛起的大国的政治当做自己一辈子可以饱食至死的官家粮仓。

可惜官场，并非福地。李斯所参与的那个政权，尽管物质强大，无与伦比，却没有超物质的能力来驾驭自己获得的物质上胜利——就凭一块峄山碑也能看得出它在文化上有多深的底蕴、多大凝聚力。

李斯的政治生涯，正是在作为官场斗争的参与者和牺牲品起伏跌宕的过程中度过的。秦始皇死后，他先是参与了赵高伪造圣旨，改立太子的阴谋，而后遭到赵高的无情陷害。在被押解刑场之际，他向一同赴死的儿子感叹："还记得你小时候，我带你在老家上蔡东门外牵着黄狗追捕野兔吗？可惜这样的时光再也不属于你我了！"

就此，有清人讥笑李斯，说他当年死乞白赖待在秦国，还不如早点被炒鱿鱼回家：

李斯残刻佐秦王，六籍灰飞国亦亡。

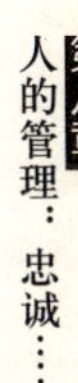

若使当年为逐客，不悲黄犬向咸阳。（汪端《咏史杂诗》）

也有人评价峄山碑，说字写得倒是不错，但论内容，却是反面教材：

六国平来四海家，相君当代擅才华。
谁知颂德山头石，却与他人戒后车。（张继《读峄山碑》）

更有人记录了秦地百姓对李斯参与阴谋、颠覆国家的仇视：

举国贤良尽泪垂，扶苏屈死树边时。
至今谷口泉呜咽，犹似秦人恨李斯。（胡曾《杀子谷》）[1]

李斯是自恃有才而投奔权力。谁知依照秦政的标准，最高的“才华”就是流氓，是践踏一切文化定义的凶悍，是指鹿为马，无所顾忌，连皇帝也敢骗，连太子、功臣（太子扶苏和大将蒙恬）也敢谋杀。作为好歹受过一些教育的人，到那种圈子里去谋求功名食禄，未免过于天真，即便出于纯属自私的考虑，也占有不了什么优势。

所以说，找工作固然不易，但读书人，最好不要仅仅是出于物质利益，去加入一些做事不规范，甚至弄虚作假，欺骗社会的集团。上贼船容易下贼船难。在那里知识是不会真正得到尊重的。做一天两天的官仓鼠没问题，但被别人当老鼠一样宰掉也很容易。

就李斯而言，生命的毁灭固然可悲。但要论同情，人们倒是不禁想起那条主人离去后、在上蔡东门外独自流浪的黄狗。

1.“杀子谷”在陕西绥德，相传是赵高、李斯假传圣旨赐死太子扶苏的地方。

74. 第二种忠臣之苏轼：让你的行动作你的政治

在一个组织的平日运行里，总有一些宁肯自己受气却诚心诚意帮助大家、维护大局的人。他们的理想和能力，不仅仅只配做一个老好人；假如跟着某一派势力卷到一起他们一早会出人头地，甚至仅凭个人名望和才干，还是各派势力的争夺对象。但他们总是站出来提一些各派势力都无暇理会的、其实挺有用的建议。

说起忠臣，一般人都想起屈原，想起安史之乱中为抵抗叛军牺牲的颜杲卿、颜真卿兄弟[1]和张巡[2]，想起文天祥，想起袁崇焕，其实这些人作为个人，都是道德高尚、恪尽职守的人，但却又都是在领导力走下坡路的时候挺身而出却未能挽回局面的人。他们的出现，是古代政治叫人想起来就内心悲凉的一个现象。

我记得儿时在北京十三陵寻访思陵的情形：那是在李自成农民起义大军攻入紫禁城时上吊自杀的崇祯皇帝被下葬的地方，原是他所宠爱的田贵妃的墓，因而距离其他正式皇陵都较远。也不是什么正经的陵墓。尤其我去那时，一片萧条，仅有几棵松树和两块石碑而已。其中一块铭刻着紫禁城里唯一一个与皇帝一起赴死的人，“烈士”太监王承恩的事迹。

看着碑上的“烈士”字眼儿，未免觉得一阵恶心。倒不是出于对王太监之死的鄙夷，而是想到那么多的明朝人，为了主持公道，创造文化，批评弊政，保卫国家而被杀被砍，直到朝代的终结而不能得到当权者起码的尊重和承认。他们又何尝不是忠臣？他们在治国安邦上

1. 颜杲（gǎo）卿（692~756 年），颜真卿（709~785 年）。颜氏兄弟为唐朝京兆万年（今陕西西安）人。安史之乱时，颜杲卿守常山（河北正定县西南），任太守，而颜真卿守平原（山东陵县），亦是太守。颜氏兄弟擎起讨伐叛军大旗，十七郡响应，使安禄山不敢攻潼关。天宝十五年（756 年），安禄山叛军围攻常山，抓到颜杲卿之子颜季明，逼颜杲卿投降，他不肯屈服，季明被杀。不久城破，颜杲卿亦被杀。

颜真卿后来的命运也同样悲壮，德宗兴元元年（784 年），淮西节度使李希烈叛乱，奸相卢杞欲借李希烈之手加害颜真卿，派其前往招抚，后被李希烈缢死。颜真卿还是书法家，与欧阳询、柳公权、赵孟頫并称“楷书四大家”。

2. 张巡（709~757 年），蒲州河东（今山西永济）人，唐朝安史之乱期间著名将领。安史之乱中，张巡以区区两县几千兵力，苦守雍丘、睢阳两座孤城近两年，城破被俘，英勇就义。

可发挥的作用，又何尝比不过一个太监？

人们对一个组织的忠诚为什么一定非要等到与它一道结束生命而达到自我实现的最完美境界？人的生命固然可惜；他们的自我选择固然也值得尊重。但假如一个社会的忠诚观仅是如此，甚至把众多人平日里的贡献都横加排斥，拒不承认，那么明朝的终结就是很好的一个例子，偌大的中央政府，情愿为最高领导人殉死者竟然仅有一人。

于是又想到，在一个组织的平日运行里，总有一些宁肯自己受气却诚心诚意帮助大家、维护大局的人。他们的理想和能力，不仅仅只配做一个老好人；假如跟着某一派势力卷到一起他们一早会出人头地，甚至仅凭个人名望和才干，还是各派势力的争夺对象。但他们总是站出来提一些各派势力都无暇理会的、其实挺有用的建议。

四川人苏轼自嘲"平生文字为吾累"，却每次都选择了"最累"的方式，去按照自己认定的公道去做官。他32岁上因主张政策变革不要太猛而遭到排斥，后因文字狱（或许宋朝仅有的一个文字狱案件）蹲过大牢。48岁因旧党上台而升官回朝，但又因提出政策回归不宜太猛，在52岁上再当"下放干部"，快60岁时还被流放到海南山区，死前一年才得赦免。

现代人或许闹不明白，这么一个怀有"持节云中，何日遣冯唐"的功名心的人，怎么会自甘一辈子连着两次故意"站错队"把自己的政治生命全都耽误了？有人说文人就是这样。那么王安石、司马光又岂非文人？别忘了，彼时士大夫人生价值的定义并非做一文人而已。苏东坡从小由母亲教《汉书》，20岁出头举进士，就被欧阳修断定是国家未来的宰相。在他有限的行政生涯中，凡是得到略施拳脚的机会，不论是在徐州还是杭州，他都创造了传为佳话的业绩。

又有人说是意气使然。但意气也有不同。朱熹、陆九渊的意气之争争在学术，王安石、司马光的意气之争争在国策。苏东坡要的是什么？他明显争的不是学术，而是政治上的东西，但不是王安石、司马光所代表的那种过火政治。他感激别人怜爱他“一肚子不合时宜”，也完全知道为什么自己不合时宜。那是因为无论新党、旧党，谁当政，谁就把他斥责为不可救药的自由化分子加以排斥、打击。在前途黯淡、事业低迷的日子里，他也不是没有动过“乘风归去”的念头，但“江山如此不归山”，他毕竟又不忍罢手——还是要坚持他“不合时宜”的政治主张，坚持公开批评那种使士大夫阶层陷入分裂和内斗，使宋朝政治丧尽元气的一边倒政治——其实两种一边倒都是道德高调掩盖下的相当卑劣的“极左”。

没错，若论事迹，与那些推翻一系列政策、颁布一系列政策（而后又被后来者推翻）的政坛人士相比，苏东坡不算是政治家，因为他被剥夺了机会。但是，鉴于北宋中期开始在绵延不已的党争中不断改革，不断失败，直至不敢改革，彻底失败的政治轨迹，它的领导核心其实最需要的一个角色，难道不正是能出以公心，超越朋党，兼顾各方意见和利益的大调和者和大整合者吗？启用像苏东坡这样的有才干但不以圈子归属论是非的人难道不是对政治发展上最健康的一招吗？

苏东坡死时，吴越民众“相与哭于市”。这样的历史记载，让人想起现代人推崇的面对公司政治的一种态度，那就是“让你的行动作你的政治”（Let your action be your politics）。[1] 苏东坡难道仅仅是个文人艺术家吗？他的一生难道不是一种行为政治吗？他难道不是宋朝的忠臣吗？

现代企业里也充满了朋党之争，学名公司政治，中国员工也称“路线斗争”。

有人为这种争斗正名，说它就像民主政治；而民主政治要遵循的就是一帮上台，另一帮下台的游戏规则——天经地义，没什么好看不惯的。有人甚至给自己插上“海龟”或“土鳖”的标签，以充当派别打手为乐。还有些企业领导人，也情不自禁乐于居高临下地看着公司

1. Jefferey J. Fox, *How to Become CEO* (New York: Hyperion, 1998), p118.

里几股势力争来斗去，以为它们的相互对骂、相互削弱中可以帮助他巩固地位，维持平衡。倘若苏东坡再世为企业提供咨询服务的话，他一定会说这是一股亡国之风，因为作为北宋的“过来人”，老先生在心灵和皮肉上的感受都曾苦不堪言。

当时苏东坡最瞧不上的，就是那批在熙宁变法中跻身政坛的“新进勇锐之人”。无论古今中外，小知识分子中那种喋喋不休且自说自话的争吵，既不能为社会提供新知识，开启新的思路，甚至也不具最基本的交流道德，根本不是正常定义的辩论。正如北宋历史证明，这种争吵的结局，只不过是帮助一批欺世盗名者实现对公共论坛的垄断，以及在这种舆论垄断的支持下实现对行政权力的挟持和利用。回顾这一过程，言论偏颇之人或不足以定为奸臣，但主张公道之人被称为“忠规谠论，挺挺大节”[1]应不是过誉。

苏东坡没有活到北宋的溃败，但人们或可感觉到他对自己身处的政治将给历史留下怎样的伤痕早有预料。他是一个聪明人，骨子里又很自信，从自己蒙受的挫折和屈辱中，不可能对其未来无所想见。类似“百年兴废更堪哀，悬知草莽化池台”；“纷纷争夺醉梦里，岂信荆棘埋铜驼”的诗句，让人越读越像是在暗示一个帮派打手横行于世的朝代的必然结局。[2]

至少，像“蜗牛角上争何事，石火光中寄此生”[3]那样的无休止的争斗只会把一个组织的器量越斗越小。宋朝疆域本来狭窄，政坛人士的心胸却更狭窄，结果心胸越狭窄，疆域也就越狭窄。对这一点，南宋的辛弃疾与北宋的苏东坡可谓心有灵犀：

雪堂迁客，不得文章力。赋写曹刘兴废，千古事，泯陈迹。

望中矶岸赤，直下江涛白。半夜一声长啸，悲天地，为予窄。

（《霜天晓角·赤壁》）

1.《宋史》的评论。谠（dǎng）论，意为正直之言。

2. 苏轼《法惠寺横翠阁》；《百步洪二首》。

3. 白居易，《对酒五首》。此首后两句是“随富随贫且欢乐，不开口笑是痴人”。

此处的“雪堂迁客”，说的正是苏东坡。

苏东坡与辛弃疾是两宋批判文学的旗帜。

他们也都是大忠臣。

75. 第二种忠臣之辛弃疾：老战士永不倒下

世界上有不少企业，不少个人，本来不是占据太差的条件，甚至已渡过了最艰难的草创阶段，却在本应继往开来的时候偏偏陷入了迷惘和徘徊。该鼓足勇气的时候没有勇气；该有所作为的时候没有作为。这就叫那些参与过早期发展的老战士们不免伤心，即使退休后在菜园种菜、在果园摘果心里也不会感到完全的释然。

说起辛弃疾，竟想起英语里和汉语里的两条成语。英语里的一条是“Old soldiers never die”，有人译作“老战士永不倒下”，也可译作“老战士永不言败”[1]。汉语里的一条是“老骥伏枥，志在千里”[2]。这里有一个不同：英语里的“老战士”没说在什么地方，而汉语里的“老骥”却肯定是被拴在马棚里了。

一家企业，开办的时间长了，都会有一些“老战士”，或元老级人物。有些老战士要求干一份收入不错但又不怎么忙碌的工作养老，自愿住进“马棚”，在亚洲社会，凡是公司能满足其要求的，大约就会满足其要求。

1. 英语里那条成语有时是两句“Old soldiers never die, they just fade away ”，有人译为“老兵不死，只是凋谢”。这句话因麦克阿瑟在告别演说中引用而被广为流传。1951 年 4 月 19 日，时年 71 岁的麦克阿瑟在被杜鲁门解除职务后，在国会大厦发表了题为“老兵不死”的著名演讲。麦克阿瑟说这句话来自他年轻时代最流行的一首军歌。

2. 骥（jì），良马；伏枥（lì），马伏在槽上。这句话的意思是说，良马老了，被拴在了马棚里，伏在槽上吃食，却想着到外面奔腾千里。比喻年纪已老，但壮志犹在。出自曹操的诗“龟虽寿”。建安十二年（207 年），曹操击败袁尚、乌桓联军，消灭了袁氏集团，基本上完成北方统一，曹操在班师途中写下了这首诗，时年 53 岁。

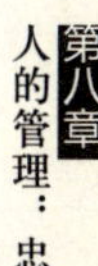

但还有一些老战士，会经常来 CEO 办公室发发牢骚，让有的人心烦。

辛弃疾不是一般的老战士，是中国古代少有当过游击队长的读书人。但因为提出了一些当权者不喜欢听的政治主张，只能被委派去干一些闲差事，于是这位老战士就时不时地发起“牢骚”来。辛弃疾的门人范开说他的牢骚，是“以气节自负、功业自许”。但这没说到点子上。

如果老战士看到晚辈承前启后、继往开来，想必也没那么多的牢骚可发。唐诗里有很多歌咏老将的诗，充其量就是诉说自己还想上战场什么的。

但是如果晚辈们无所作为，甚至自甘没落，老战士的“牢骚”就另当别论了。辛弃疾最精彩的“牢骚”，并不只是要求改善待遇、提高官阶，而是对官场的讽刺，对政治的抱怨。这种抱怨，依照某些标准，叫做批判也不为过；有时其中锋芒，以纯文学为职业的评论家或许都没有胆量说出口。

很多人都读过他的这首作品：

何处望神州？满眼风光北固楼。千古兴亡多少事，悠悠。不尽长江滚滚流。

年少万兜鍪，坐断东南战未休。天下英雄谁敌手？曹刘。生子当如孙仲谋。（《南乡子·登京口北固亭有怀》）[1]

这是说三国时孙权年纪轻轻就统帅千军万马，以东南为基地而不断发动战争、扩大霸业。凡是有点感觉的人都读得出，津津乐道彼时的“坐断东南战未休”，所衬托的，正是此时已将统治基地迁往东南的南宋朝廷。那么南宋的作为又是什么样的呢？辛没有直说，不过显而易见，大约总是属于“非英雄”的类型了。

“非英雄”是什么？是客气话。《三国志》里曹操赞叹“生子当如孙仲谋”后，接下来就说的是“刘景升（刘表）儿子若豚犬耳”！这

1. 本词是辛弃疾担任镇江知府时所作，北固楼就坐落于镇江北固山。仲谋是孙权的字。

就说明，南宋中央政府里那些放弃斗争、苟且偷安的官僚在辛弃疾眼里都是些什么货色：他们都属于刘表儿子的同类。这样的笔法，在当时士大夫看来，就算不带脏字的骂人。

同样笔法，也出现在另一首人们熟知的作品里：

壮岁旌旗拥万夫，锦襜突骑渡江初。燕兵夜娖银胡簶，汉箭朝飞金仆姑。

追往事，叹今吾；春风不染白髭鬚。却将万字平戎策，换得东家种树书。(《鹧鸪天·有客慨然谈功名，因追念少年时事，戏作》)[1]

词的开始，是一种跨上奔马突击作战的感觉。只有在战场上出生入死过的勇士才能写得如此引人入胜。不仅创意高超，而且文字美丽——飞舞的战旗、马背上的锦鞍、金银光闪烁的兵器，以及漆黑的夜晚与清亮的早晨。这是每个语文老师都会告诉学生的话，全都没错。

但人们经常忽略它的最后两句。倘若我们知道"种树书"特指的，就是秦始皇在焚书坑儒时特许保留的工具书的话，就会理解，他这是在批评朝廷对不同意见的钳制，尤其是的对收复故土、恢复国土的建议的政治压力，本质上跟焚书坑儒的秦政没有两样——压制建议就是专制、就是无道。后人伤吊辛弃疾时说，"英雄已尽中原泪，臣主元无北伐心"[2]，这样的话，想必辛弃疾生前也在心里暗自嘀咕过。

南宋之软弱、之熊包，已是太明显的事实。但可惜的是，世界上有不少企业、不少个人，本来不是占据太差的条件，甚至已渡过了最艰难的草创阶段，却在本应继往开来的时候偏偏陷入了迷惘和徘徊。该鼓足勇气的时候没有勇气；该有所作为的时候没有作为。这就叫那些参与过早期发展的老战士们不免伤心，即使退休后在菜园种菜、在

1. 锦襜（chān），华美的马鞍；燕兵，金兵；娖（chuò），整理；银胡簶（lù），指金兵的银色箭筒；金仆姑，指良箭。

2. 张以宁《过辛稼轩神道》。

果园摘果心里也不会感到完全的释然。

辛弃疾太伤心了，所以他止不住地要责骂那些败坏了他所钟爱的事业的人。

他的词集里，充满了那些让专爱打小报告的宋朝官僚可挑毛病的自由化言语：

比如说登临就登临呗，还要以一副众人皆醉我独醒的架势来说话，什么“把吴钩看了，栏杆拍遍，无人会，登临意”。其实他那时还不过33岁嘛！

比如说喝酒就喝酒呗，他还要捎带着对世态炎凉作一番评价：“掩鼻人间腐臭场，古来唯有酒偏香”。各位同事只不过胸无大志而已，怎么就能说他们全都臭不可闻呢？

比如说面对政坛上的滚滚诸公，他竟然诘问：你们打过仗吗？懂得怎样治理国家吗？“算平戎万里，功名本是，真儒事，君知否？”连人家儒者的资格都否定了，口气不得了哟！

又比如说面对办公室里那些琐碎言谈、猥琐行径，你走开就得了，干吗还高声宣布：“说得口干罪过你。且不罪，俺略起，去洗耳”？太傲慢不羁了吧？[1]

现在不是有人抱怨物色不到领袖人物、培养不出精兵强将吗？根据斯坦福商学院理查德·帕斯卡尔（Richard Pascale）和哈佛商学院杰瑞·史坦宁（Jerry Sternin）两位教授的调查，在企业内部的有意愿、有见地、有能力发动变革的人是它持续创新的重要条件。但这些人上哪儿找呢？两位管理学者发现，他们经常就是企业里那些不随大流、独处边缘的个人，而变革的领导人首先要做的事情，就是认真倾听他们的意见，向他们学习。

1. 以上词句依次引自：辛弃疾《水龙吟·登建康赏心亭》；《鹧鸪天·寻菊花无有，戏作》；《水龙吟·甲辰岁，寿韩南涧尚书》；《夜游宫·苦俗客》。

事实上，宋朝政府，只要还想北伐，就得要用辛弃疾。虽权相韩侂胄请辛弃疾出山，不过是想利用他的名望。[1] 倘若主政者不是韩侂胄，而是真心图变的人，多半更要任用辛弃疾。

这说明辛弃疾通过对胸无大志、苟且偷安、压制批评、精神腐朽的批判，已然把自己树立成为了一面旗帜。那就是华夏民族的永不言败、永不倒下的旗帜——只不过赵宋王朝始终也没打动这面旗帜。

76. 杜牧的两张面孔：行为不羁者有何用？

管理者不应该是迎合市井心理或上方旨意，或为了工作方便，就把他们一律加以排斥。负责任的态度，是鉴别、发掘他们中间的可尚之德、可用之才，这也才是一个社会实现和谐发展的正道。

中国历史上，能一边对酒当歌一边读《孙子兵法》的人，只有两个。一个是曹操。另一个是杜牧。[2]

杜牧没有像曹操那样真正带兵打仗的经验，但他涉猎社会科学的各个领域，对“治乱兴亡之迹，财赋兵甲之事，地形之险易远近，古人之长短得失”，一概作过考察。论才气，丝毫不差。这不难理解：杜牧是京兆（首都）出生的世家子弟，祖父杜佑历任三朝宰相，还是《左

1. 韩侂胄（tuō zhòu）（1152~1207年），南宋相州安阳（今河南安阳）人，执政十三年，权势显赫。韩侂胄当权的后期，响应朝野呼声，开始作伐金准备，追封岳飞，并削去秦桧的王爵，启用辛弃疾作为号召北伐的旗帜。宋宁宗嘉泰四年（1204 年）任辛弃疾为抗金前沿镇江知府。辛弃疾提出了很多建议，但韩侂胄想独擅其功，并不想重用主战派元老。辛弃疾也因此写下了那首《永遇乐·京口北固亭怀古》，其中最后几句为：“凭谁问，廉颇老矣，尚能饭否？”
开禧元年（1205 年）辛弃疾被调离镇江，不许他参加北伐大计。开禧二年（1206 年），宋下诏伐金。宋军小胜之后节节败退，金兵南下，情况危急，韩侂胄想与金人和谈，但金人要求将侂胄缚送金营惩治。最后宋宁宗为求和，只好由礼部侍郎史弥远私下杀死韩侂胄，将人头送至金朝以完成和议。
2. 曹操和杜牧都给《孙子兵法》作过注。

传集解》的编纂者。[1] 大唐帝国虽说不是他家的，起码也有他家好几代的心血。

世家子弟通常有两种，一种人爱享乐，把国家整个当做自己的床垫；另一种人富才气，把政治当做自己的爱情。杜公子应该说是第二种。他在 23 岁上写的《阿房宫赋》（当然阿房宫的考古线索人们自可争论），仅最后几句就足以反映出现在 23 岁的大学生都很少有的见识：

灭六国者，六国也，非秦也。族（大致意思是消灭种族）秦者，秦也，非天下也。嗟乎！使六国各爱其人，则足以拒秦。使秦复爱六国之人，则递三世可至万世而为君，谁得而族灭也？秦人不暇自哀，而后人哀之；后人哀之而不鉴之，亦使后人而复哀后人也。[2]

可以想见，能写出如此文字的人，绝不是从“二十四桥明月夜，玉人何处教吹箫”一类的短歌里寻找自慰，甘心自我边缘化的小文人。正像李白“云想衣裳花想容，春风拂槛露华浓”一类的篇章，别人感到艳色欲滴，香气酥骨，上不过是挥手而就，并非大体。[3]

杜牧身处的晚唐，是一个“河湟非内地，安史有遗尘”[4] 的局面；祖辈创立的大唐帝国正深陷外族侵扰和藩镇反叛的困扰。所以他的“正业”就是时政评论。只不过那时没有大众传媒，人们往往是把自己的看法写成诗歌通过社会传诵的形式发表的。至于那些被社会广为传诵的篇章，是不是真的能得到相关者的重视，大概也跟现在在传媒上发表评论一样，基本上没有机会，虽然并非完全没有机会。

杜牧有这样一篇时政评论，是后世评家称赞为“直造老杜（杜甫）

1. 杜牧（803~852 年）官至中书舍人（中书省掌制诰，负责起草诏书）。他对自己的家世很自豪，曾经在诗中说“我家公相家，剑佩尝丁当”。

2. 欧阳灼（校注）《杜牧集》（长沙：岳麓书社，2001），1 – 2 页。

3. 以上诗句依次引自：杜牧《寄扬州韩绰判官》；李白《清平调》。

4. 杜牧《史将军二首》。

门墙”的名作，字面上也不难懂，也像同时代的李商隐以及很多其他士大夫知识分子一样，寄托着范蠡的缅怀：

六朝文物草连空，天淡云闲今古同。
鸟去鸟来山色里，人歌人哭水声中。
深秋帘幕千家雨，落日楼台一笛风。
惆怅无因见范蠡，参差烟树五湖东。
（《题宣州开元寺水阁，阁下宛溪，夹溪居人》）

可是为什么当时在宣州（今南京）的杜牧偏偏要想起时代久远而且距离也不近的越国（首都为今绍兴）的范蠡呢？诗的一开头不是明明在说六朝，好像与春秋战国并无关系吗？难道仅仅是因为杜牧望见了水乡景色就想起了范蠡吗？应该不是。范蠡是历史上少有的一位政治谋臣，能够帮助一个国家扭转败局，再造国家；卷土重来，重振霸业。

杜牧又何尝不是在哀叹六朝历史上都缺少范蠡式的人物呢？

他何尝不是在哀叹那些短命王朝的统治者都没有人明白卧薪尝胆的道理呢？（而范蠡正是这一策略的监督实施者。）

他又何尝不是在提醒读者大唐帝国也到了需要有自己的范蠡的时候呢？

他更何尝不是在哀叹像自己这种范蠡式的人才竟得不到施展身手的机会呢？

杜牧崇拜的另一个人是谢安。谢安曾当过东晋宰相，是著名的淝水之战的总策划师。当杜牧的弟弟得到名相李德裕的提名加入其润州（今镇江）镇海军节度使幕府时，杜牧正在扬州任上。弟弟路过扬州，兄弟欢会数日后，杜牧他曾写一首有大见识的作品为弟弟送行：

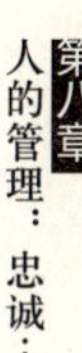

少年才俊赴知音，丞相门栏不觉深。
直道事人男子业，异乡加饭弟兄心。
还须整理韦弦佩，莫独矜夸玳瑁簪。
若去上元怀古去，谢安坟下与沉吟。（《送杜顗赴润州幕》）

刚开始是祝贺——当然祝贺中也包含着艳羡，因为弟弟的“知音丞相”，当哥哥的向来都没机会靠近过，更谈不上跨过他的门槛，受到提携了。这也是世家子弟的一个“毛病”，不爱为五斗米折腰。当时左右政坛的是牛李二党，杜牧与之都有交情，却因无心攀龙附凤，大半生都“沉埋下僚”。[1]

接下来，是劝弟弟秉公办事，以高尚道德回报自己得到的信任。最后是嘱托弟弟在游览古迹时，一定要替自己去凭吊谢安的墓地。南京一带，六朝陈迹比比皆是，为什么杜牧偏偏惦记着谢安？因为谢安帮助东晋化解了一次国家倾覆的危机，并为它赢得了一次几乎可统一天下的机会，尽管这一机会东晋并未抓住。

东晋的谢安，与春秋的范蠡一样，用现代管理术语说都属于起死回生经理人。那是作为个人可获得的管理实践的最高境界。在国力大不如前的晚唐，从青年时就钻研兵法的杜牧，又何尝不是期望着历史也给予他一次做起死回生经理人的机会。因而从兄弟二人的悄悄话里，人们根本看不到诗人平时风花雪月的影子。

兄弟之间是这样。朋友之间也是这样：

将军独乘铁骢马，榆溪战中金仆姑。
死绥却是古来有，骁将自惊今日无。
青史文章争点笔，朱门歌舞笑捐躯。
谁知我亦轻生者，不得君王丈二殳。

1. 周锡韨（选注）《杜牧诗选》（香港：三联书店，1998），5-6页。

（《闻庆州赵纵使君与党项战中箭身死长句》）

这是为悼念一位阵亡将军而作的，其中“金仆姑”指箭；“死绥”指贪生怕死者；“青史”、“争点笔”是赞颂死者以英勇战死名垂青史；而“朱门”、“笑捐躯”则是谴责那些在国家危难时刻只顾寻欢作乐，甚至讪笑牺牲者的人们。诗的最后两句说自己也是性情中人，是为了正义不惜牺牲生命的人，恨只恨没有手持武器上前线的机会，此处的殳（音“书”）就是做兵器的长杖。

文人对武士的讴歌，对英烈的赞颂，历史上不是没有，但自宋以降，却绝少有人把自己也写到诗里去的，大多都是“你永远活在我们心中”一类稍加纹饰的套话而已，很少有什么“谁知我也不怕死，只恨没握杀人刀”一类血性燃烧的誓言。华夏民族自唐朝以后就告别文武并举的风格想来也是必然。

杜牧的纵情诗酒之潦倒大约也就像李白之狂放一样，都是他们郁积心中却无法实现的抱负的寄托。“忽发狂言惊满座，两行红粉一时回”——他们的一声高喊，纵然可以使得“高层派对”上的列队歌女惊得全都回过头来，但无论再怎么呼喊，也唤不醒那个沉醉的权力。[1]

在一个社会，总有放浪形骸、醉生梦死之人，有些人并非无德，亦非无才，更有的，其德也厚，其才也异。之所以如此，自有个人原因和社会原因，不必深究。何况现代社会，各色人等，生性禀赋上的差别越来越明显。管理者不应该是迎合市井心理或上方旨意，或为了工作方便，就把他们一律加以排斥。负责任的态度，是鉴别、发掘他们中间的可尚之德、可用之才，这也才是一个社会实现和谐发展的正道。

在杜牧的案例上，只是到了 19 世纪，才被桐城派泰斗姚鼐的侄孙，曾与龚自珍、魏源有过交往的姚莹给了一个公允的评价：

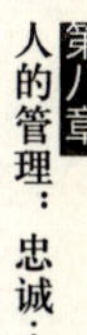

1. 杜牧《兵部尚书席上作》。

十里扬州落魄时，春风豆蔻写相思。

谁从绛蜡银筝底，别识谈兵杜牧之？[1]（《论诗绝句六十首》）

那碰巧又是一个老大帝国江河日下，难以自救，四下都在抱怨国中无人的时代。

可是为什么总是要等到这样的时候，人们才会理解往日的行为不羁者呢？

77. 失去内部认同的组织：当郭子仪旧居成为寺庙

假如为了标榜现任领导人的正确，把一切前人功德都要抹杀、掩盖，那就一定建立不起来有一种内部认同的团队。因为一个组织对人的价值不予重视，对建功立业者故意回避，不啻是它的自我侮辱，还有谁会再把它当一回事？

大山有阴面也有阳面。长城也有两面：对内，它通常叫人心里不怎么舒服，因为你会想起历代为筑城而惨死的，没留下姓名的民工；而对外，它是一个坚强的文明的象征，又叫人想起华夏民族历史上一次次的抵抗外侮的战争。

站在北方的大山上望着落日下年久失修的长城——它投下的长长的黑影，以及黑影中那些散落的砖瓦、石块，或从砖瓦、石块的缝隙里长出的无语摇曳的秋草，让人感到内心阴气聚集的是，那些民族的英雄，以及他们壮烈的业绩，却总是被和平年代的盛世歌舞所淹没。

杜牧说“商女不知亡国恨”，只道出了晚唐的没落风气的一半。而

1. 绛蜡，红色的蜡；银筝，用银装饰的筝。

另一半，则可说是举世皆忘英烈名。与杜同时代者路过安史之乱时平乱功臣郭子仪的旧居时，竟发现不是改辟宗教场所，就是只剩空宅败院。联想到一蹶不振，大不如前的国家命运，他们伤叹：

汾阳旧宅今为寺，犹有当时歌舞楼。
四十年来车马散，古槐深巷暮蝉愁。（张籍《法雄寺东楼》）

门前不改旧山河，破虏曾轻马伏波。
今日独经歌舞地，古槐疏冷夕阳多。（赵嘏《经汾阳旧宅》）

前辈评论家俞陛云在读诗笔记《诗境浅说》中写道："以带励铭功之地，为香灯禅诵之场。有唐君相，不知追念荩臣，保其世业，剩有词客重过，对槐荫而咏叹耳。"作诗人、读诗人的不满情绪可谓古今同慨。

联想到眼下的社会，身为中华人民共和国公民的不少人，包括某些干部，对自己民族经历的艰苦卓绝的斗争往往不甚了了，有时还一副冷嘲热讽嘴脸，实在叫人觉得既可鄙又可悲。在一些城市，时而还传来将烈士陵园改辟为商业地产的报道。

有些权威部门和国有企业的网站，只有现任官员西装领带的大头照高悬首页，对历任前辈，包括那些曾参加两万五千里长征的革命英雄，连名字都不再提及。其间流露出来的冷漠，让人感到并不亚于旧时官宦。

"文化大革命"期间，极左势力四处破坏革命烈士和历史名人的遗址、陵墓，其狂热，甚至胜过塔利班炸毁巴米扬大佛——毕竟大佛是古代中亚佛教时代的遗迹。然而，在一个文明延续，其韧性胜过世界上所有其他国家的中国，却涌现出一代青年蔑视一切先驱、践踏一切传统。当人们听到岳飞、海瑞墓一一被毁之时，只能暗自赋诗寄托不满“不许人间留正气，古今中外是奇闻”云云。[1]

假如为了标榜现任领导人的正确，把一切前人功德都要抹杀、掩盖，那就一定建立不起来有一种内部认同的团队。因为一个组织对人的价值不予重视，对建功立业者故意回避，不啻是它的自我侮辱，还有谁会再把它当一回事？

海外很多机构，尤其历史长久者，把历任高管和有功者（在欧洲还包括“二战”中牺牲的抵抗运动战士）的肖像挂在走廊里，不管时事变迁，从未有所中断。

然而在清明时节扫墓者人山人海的中国（有的人与其说是上坟还不如说是斗富），反倒很少有机关企业、社会团体、街道乡镇纪念自己的杰出人物，显得就越发冷漠，越发缺乏人文精神。

黄昏时分，站在长城投下的巨大的阴影里，现代人抚今追昔，应能想到，两千多年大一统的官僚帝国留在我们的社会肌体里的，的确有着太多的阴暗，太少的阳光。那种对前辈英雄和牺牲者的不敬和不屑，以及相伴随的，对现任当权者的逢迎和谄媚，仍在伤害着现代中国的大大小小的组织，腐蚀着整个的社会。

1. 熊鉴《闻岳飞海瑞墓遭毁》，钱理群、袁本良（注评）《二十事迹诗词注评》（桂林：广西师范大学出版社，2005），352页。

第九章

学习与思辨

击石乃有火，不击元无烟。
人学始知道，不学非自然。

——孟郊（唐，溧阳尉）《劝学》

78. 发生在我们脚下的沧海桑田

所有中国企业都在经历巨变，从财大气粗的国有垄断集团到小本经营的街头店铺，从主要依靠农村青年的劳动密集型企业到智力密集型企业，从20世纪50~60年代出生的人为主体的团队到70后、80后的青年为主体的团队，一不小心，“奶酪”就被别人拿走了；环顾四周，只见巨变。

沧海桑田正在发生——你看见了吗？

真正的沧海桑田（史家称为“大变局”，哲学家称为“范式转移”[1]的东西）以常人之心是看不见的。

但常人之心这不是华夏经典中的眼光。从思想境界上说，中国人的眼界，向来远大。读古人书时，今人经常难以想象，在没有飞行器，没有长距离交通工具的时代，有些意象到底是怎样描述出来的，是取自实景还是出于想象？比如，现实世界里有谁看见过这样的景象：

一泊沙来一泊去，一重浪灭一重生。
相搅相淘无歇日，会交山海一时平。
（白居易《浪淘沙词六首其一》）

还有谁经历过这样的场面：

1.“范式转移”理论是美国著名科学哲学家库恩的理论在管理学领域的应用。该理论认为，到了一定阶段，企业原来范式就必须转换，但这种转换很难，特别是对于那些在原来范式上取得较大成功的企业。这方面的案例比如柯达在数码影像时代的艰难转型，还有像在苹果和安卓手机的巨大冲击下举步维艰的诺基亚。

白浪茫茫与海连，平沙浩浩四无边。
暮去朝来淘不住，遂令东海变桑田。
（白居易《浪淘沙词六首其二》）

浪漫主义不是天上掉下来的。如果说存在决定意识的话，人们只能说，只有在四时循环、世道兴衰、朝代更迭、突发灾变早已成为人们生活一部分的时候，才会出现那种常人看来不可思议之巨变的想象。

比如说“沧海桑田”。这个说法是道教的专利，由晋代道师葛洪首先记载。[1] 在经历了从西周到春秋，再从战国到秦汉，已具有老子、庄子等大气势的思想家在先的中国社会，东海三变桑田之说只能算是顺势而生，不算特例。

到唐诗中，沧海桑田已有口头禅的倾向。除了上面的例子，还有“已见松柏摧为薪，更闻桑田变成海”；“曾经沧海难为水，除却巫山不是云”；“少年安得长少年，海波尚变为桑田”云云，都是感慨人生的名句。[2]

过去一个多世纪里，无数中国家庭都经历类似“古今尘世知多少，沧海桑田几变迁”的大起大伏、大悲大喜。体验一次沧海桑田或许只需几年。改革开放的时代，更像一场活报剧[3]版沧海桑田。有些朋友，分别数月，一日重逢，竟感到恍若隔世。有些书籍，过目已久，一夕重读，却仿佛世上千年。中国人每一天的生活都是沧海桑田。“每逢到处花开谢，转觉人生万事非”[4]，难怪在市民文化里，从“我的沧海桑田”

1. 葛洪写到，麻姑与王远两仙人相约到蔡某家饮酒，此时两人已五百多年未曾相见。但席间话题，却无关两人交情，竟都是全球大事。麻姑说：自己得道以来，已眼见东海三变桑田；来此前刚到蓬莱巡视，又见海水比以前浅了一半。王远说：其他仙人也议论纷纷，预言大海即将变成陆地，不久将飞扬尘埃。

2. 以上诗句依次引自：刘希夷《代悲白头翁》；元稹《离思五首》；李贺《嘲少年》。

3. 活报剧是一种用速写手法反映时事的戏剧形式，就像活的报纸，也叫街头剧。在中国，从20世纪20年代开始出现活报剧演出，在战争时期颇为流行。

4. 苏洞《有感》。

到“陪我沧海桑田”，从个人网页到流行歌曲，不一而足。

沧海桑田的比喻，用在形而上的或精神的领域，或许比自然的和物质的领域更贴切。它暗示着刚开始时的难以想见：你身临沧海，你不会料到它几年后就会变为桑田。反之亦然。

所有中国企业都在经历巨变，从财大气粗的国有垄断集团到小本经营的街头店铺，从主要依靠农村青年的劳动密集型企业到智力密集型企业，从 20 世纪 50~60 年代出生的人为主体的团队到 70 后、80 后的青年为主体的团队，一不小心，“奶酪”就被别人拿走了；环顾四周，只见巨变。

中国人，以及很多发展中国家的人们，再也无法享有发达国家那样的奢侈，能够得以在较长时间内都维持着几乎与世隔绝的不变的、可确定的生活方式和经营方式。2008 年金融海啸后，既是金融家又是哲学家的乔治 · 索罗斯（George Soros）指出，根据他对卡尔 · 波普 (Karl Popper)[1] 哲学的理解，确定性的假定在哲学上从一开始就是荒谬的。

面对沧海桑田般的思想潮流、文化运动、社会变革，人们的作为，不能仅仅是感叹。随波逐流是一种充满失败感的经历。唯一可行的进取，就是学习。

麻省理工学院的《MIT 斯隆管理评论》曾断言：“学习的进度已成为一个组织保持竞争优势的唯一可持续源泉。”这也就是说，企业一切可以设想的优势都是转瞬即逝的，唯一可以永远为它提供竞争力的源泉，就在于它自己的学习能力——当然学了要用，还在实践中坚持不懈地提高自己、校正自己。

德鲁克更明确指出，由于资金日益充裕，技术日益廉价，已没有

1. 卡尔 · 波普（1902~1994 年），英国哲学家，原为奥地利籍犹太人。主要著作有《科学研究的逻辑》（1934）和《开放社会及其敌人》（1945）。

任何国家、任何产业或任何企业，能够长期拥有不变的竞争优势。

一个国家想要在未来经济中保持领先地位，唯一途径就在于通过知识员工持续和全面提高知识生产力。但知识与其他所有资源有一极大不同，在于它的不断推陈出新。“今天的新知或许就是明天的愚昧。”[1]这样的生存状况，自然也就要求不断学习，而不是一劳永逸的学习；要求不断创新，同时也不断对自己进行脱胎换骨式的改造。

79. 在商学院里偷窥和在实践中学习

在商学院、管理学院里稍微学了一些基本知识的青年，最应该做的事情，应该是不失时机地投入到企业运营的实践中去，去加强属于自己的理论与实践相结合的能力，而不是去谋求一个看似稳定实际上也不可能长期稳定的差事。

加拿大麦吉尔大学的亨利 · 明茨伯格教授是批判现行 MBA（工商管理硕士）教育的领军人物。他对 MBA 们曾经说：“在教室里你们尽可以欣赏艺术，就像你们在教室里研读管理的经典案例一样。但偷窥不是管理，也不会让人焕发创造力。”[2]

在英语里，“偷窥”（voyeurism）是一个很刺激的字眼儿，专指从阴暗角落里偷看别人云欢雨爱的兴趣。

这当然是施激将法，是教授想激励 MBA 们自己到管理的第一线上去自己摸索经验，自己创造成功。

他大概不知道在中国大学里，以及在这个社会不少的知识分子中间，还有一种以“偷窥”为荣耀的陋习。你知道谁是杰克 · 韦尔奇吗？你学过戴尔案例吗？你知道什么是波特竞争五力模型吗？商学院内的

1. Peter Drucker, *On the Profession of Management*（Boston: Harvard Business Review Publishing, 1998）,（preface）x-xi; p116.

2. Henry Mintzberg: “The MBA Menace” *Fast Company*, June 2004, pp21-22.

人经常向商学院外的人翘着鼻子问道。

这就好像中文系的学生向社会上其他人发问：你看过《红楼梦》吗？你说得出来其中如何如何一个情节或背得出来其中怎么怎么一段文字吗？所有这些问题，与提问人自己的见识、能力有何相干？按照明茨伯格的逻辑，这就好像是一个人喋喋不休向社会炫耀自己的偷窥记录一样。

这样的“学习”，金人元好问有比较委婉的说法，是“临摹”。但任何带创造性的东西当然不是临摹出来的，而是“眼处心生”的：

> 眼处心生句自神，暗中摸索总非真。
> 画图临出秦川景，亲到长安有几人？（《论诗绝句》）

清人袁枚还说，或者这也可以叫“抄书”——总之是傻呵呵的一种表现：

> 天涯有客号哈痴，误把抄书当作诗。
> 抄到钟嵘诗品日，该他知道性灵时。（《仿元山论诗》）

现在21世纪都已开始了十多年，在社会各界对教育改革日复一日的呼吁声中，难道这种“偷窥”还没个够吗？“临摹”还没个够吗？“抄书”还没个够吗？尤其那些将来在全球第一大经济体中从事管理艺术的青年，难道能够仅仅满足于“偷窥”、“临摹”或“抄书”吗？

人们学习管理，学的一种社会能力。社会能力与修理机器的技术能力不同，是有一定的道德含义的。

在学习社会能力的过程中，青年人最终要学到的，是如何在社会中摆正个人的位置。而关起门，通过“偷窥”、“临摹”或“抄书”来学习，其实总是与人的心灵体验相脱节。这也难怪哈佛商学院教授拉凯什·库拉纳（Rakesh Khurana）批判说现在的商学院任务不明、标准缺失，培养出来的很多都是不知向谁负责、也不知怎样负责的人，完全与管理者应有的职业精神背道而驰——既丧失了学术价值，也失去了社会意义。[1]

在这个当口，偏偏又发生了全球衰退（想来其实也势在难免）。全世界的商学院、管理学院教育都在经历大幅度的调整。沃顿商学院金融危机讲座的主持人马洛·吉兰（Mauro Guillen）教授曾对我说，危机以后，金融服务业的监管加强和业态转变恐怕也会造成它所提供的高薪就业机会的大幅减少。更多的 MBA 毕业生还是要去“亲手做管理工作”，比如去当企业的经理，而不是坐在办公室里从事纯金融、纯数学的游戏。

说到这里，人们也不免担心，那些从偏重理论、轻视实践的教育体系毕业的青年，现在又在依然远离实践的大机关、大企业总部找到工作，他们的未来发展前景又将如何？大机关、大企业的运行有着自己的逻辑。因为它们扮演的社会角色，基本上属于一种稳定机制，容不得多变，凡事都要依照条条框框，也容不下那么多的想象力和独创性。尽管那里的待遇比起其他工作岗位或许优厚一些，但正如世界上没有免费午餐，这样的待遇，也都可以被视为对一个人从青年时代就开始的沉闷生活的回报。

久而久之，“人事因循过，时光荏苒销”[2]。一些年后，随着知识更新、产业升级以及管理思想和管理手段的不断演进，这些今天的青年，是否会觉得全世界的“奶酪”都抛弃了自己，生活也了无情趣呢？

不少人都有预料，在未来世界里，为事业中期人士开设的、以精神调剂和事业提升为目的的管理教育会越来越多；而为没有工作经验

1. Rakesh Khurana, *From Higher Aims to Hired Hands: The Social Transformation of American Business Schools and the Unfulfilled Promise of Management as a Profession*（Princeton, NJ: Princeton, 2007）.

2. 杜牧《龙翔寺寄李频》。

的青年男女所授予的管理教育学位应该是越来越不值钱了。

因此，在商学院、管理学院里稍微学了一些基本知识的青年，最应该做的事情，应该是不失时机地投入到企业运营的实践中去，去加强属于自己的理论与实践相结合的能力，而不是去谋求一个看似稳定实际上也不可能长期稳定的差事。

在写给美国2004届MBA毕业生的寄语里，明茨伯格教授写道：

“我希望你们学习。今天的世界的确太需要尽心尽力的领袖了——我们要的，不是那种火暴蹿升的独行侠，而是那种跟人们打成一片的真诚心。或许你们仍可成为我们的未来领袖——只要你们能超越各自的MBA。”

需要指出的是，明茨伯格所说的学习，不是英语里的“study”，或选科目、修学分那种学术上的学习，而是“learning”，也就是开眼界、长见识那种更具社会性的学习。而作为“learning”的学习，只能是在人们通常称之为实践的过程中才能得到的。所以说，实践真是一种“好东西”。它不但是一种“learning”，而且还能帮助“study”更好地实现它的效益。

于是想到古人说过的，知识虽然是同样的知识，但别人的成就并非我的成就，想要真正“得道”，还要趁早开始自己的实践：

击石乃有火，不击元无烟。
人学始知道，不学非自然。
万事须己运，他得非我贤。
青春须早为，岂能长少年？（孟郊《劝学》）

80. 行走，并学习着

只有在一时解脱了琐碎事务羁绊，与高山大河做伴的时候，人的思想和精神才会获得重归自然的潇洒。古人不是说写诗的功夫在诗外吗？对现代人来说，读书的功夫有些也在书外。

宋人有两句诗写得有味：“宿处好看剑，客中宜读书。”[1]中国文化人的一个境界，就是读万卷书、行万里路。好学者壮游天下，或公干他乡，或贬谪边地，但不论身在何处，读书的本分总是丢不掉的。

读书人在旅途中，“半肩行李半肩书”[2]。当然，现代人带一本平板电脑就能比“半肩行李半肩书”要轻松不少。但在数字化还没有方便到胜过买书的时候，人们还是免不了买书；世界主要城市的空港书刊市场也总是有生意。

旅行是休息脑子也是动脑子的好时候。静静望着窗外急速变换的流云、海潮和似乎千古不变的空阔，人的思绪也会开始起伏波动。这时手头再有一本略有启发的书，有时读上几行字就能触发很多平日不会得到的联想。

中国经典文学里就有很多作品是形容边看山水边读书的乐趣。我们这个民族没有在修道院里做学问的传统；闷头读书解意往往安不下心，没有长性，即使这样做也往往做不成体系。看看市场上出售的不少博士论文或由论文改写成的几百页的书，大多三两句话就能概括，而且晃一眼正文后的参考书目，还能发现明显的缺憾。当然，人们也会说自建体系的西方人倒是不少，但留下影响的却也不多。

中国不擅长体系，倒是更喜欢在某种环境下突发奇想——这种奇想，单从审美体验上说，就是一种人性的升华，论思想价值，质量不差。因而中国人在做思想的时候，或许需要与实践和自然保持更近的距离，有时甚至还要借助自然景象的奇伟来实现自我的升华。

1. 戴复古《又送行》。
2. 张问陶《庚戌九月三日移居松筠》。

有人在远方的悠扬笛声中读书，连寒夜都变成一座仙乐缥缈的殿堂：

雪飞数片又成晴，透瓦清霜伴月明。
一曲忽闻高士笛，临窗和以读书声。（陆游《闻笛》）

有人在长青的参天大树下朗读，连白云都在倾听：

日高裹饭看何山，山缺东南水绕关。
松桧不摇风自度，读书声在白云间。（洪咨夔《何山书堂》）

有人乘舟出行，自嘲把读王安石（半山）的绝句当做早饭：

船中活计只诗篇，读了唐诗读半山。
不是老夫朝不食，半山绝句当朝餐。（杨万里《读诗》）

有人在滚滚黄河的渡船上读书，自我感觉也很悠然：

久抛青简束行縢，白鸟苍蝇甚可憎。
身是蠹鱼酬夙债，黄河浪里读书灯。[1]（宋琬《舟中读书》）

在官场上混，或在小书屋里关着的读书人是见不到这些境界的。

每天朝九晚五把自己夹在北京地铁 1 号线拥挤人流里的职员也是很难体验到这样的境界的。

随着现代化、全球化的蔓延，这种“没有感觉”的体验也在蔓延。英国《金融时报》曾刊文说经心理学家测验，人们的创造力、想象力最旺盛的时候，不是读文件，不是听报告，也不是聚在一堆瞎侃，而

1. 行縢（téng），行囊；蠹（dù）鱼，现代人所说的书虫的意思。

是独自在旅途上的时候。如此看来，旅途读书的经历真是一种精神生活的奢侈。

只有在一时解脱了琐碎事务羁绊，与高山大河做伴的时候，人的思想和精神才会获得重归自然的潇洒。古人不是说写诗的功夫在诗外吗？对现代人来说，读书的功夫有些也在书外。所以，工作之余，给自己安排一点独处静思的时间；假日，只要有条件就带着书做旅行；或者出差前早点做好准备，也要在旅途中尽量保持安静独处的状态——这些应该是一个现代人实现自己智慧人生的一些窍门。

81. 顶峰体验

集大成的学问，对做学问的人和读书的人来说，的确都有一种顶峰体验——是一种属于自我的超脱感，也就是一种能超越自己往昔见识的豁然开朗、天高地远似的境界，是智力上和精神上的提升。

读书的人们（包括我自己在内）时而有些自卑感，觉得中国作者的水平还是不行：老一代学者因10年动乱间断学问，一辈子一般就几本书，甚至一两本课堂讲稿，到后来年事一高，捧场的一多，往往发表出来的东西就是三言两语了。

至于伴随改革开放走上前台的一代，包括77级、78级（没有瞧不起的意思；本人也包括在其中），且不说很多人外语有困难，其眼界和腔调有时也摆脱不了儿时经历的局限，甚至还流露出一点派性。拿这些人的成就与海外华人学者的最高水平相比，总觉得还不够。

只有20世纪90年代以后成长起来的一代人才既有时间（都年轻），也有条件（外语一般也不错）大量涉猎全球学术文献，从中汲取的深层元素（而非只言片语）带回来与我们的国故加以创造性整合。当然，至于他们是否耐得住性子做学问又是另一回事了。

为什么学问一定要做出集大成的视野来？因为没有一个相应的高度，就无法对一个范围内的情况做一个令人信服的概括和总结。不是说大国崛起吗？环顾大国书店里出售的当代理论著作，人们未免有所寒心。再看一眼互联网上的电子阅读材料，心情从寒心又上升到恶心。老是这样，崛起不了。

幸好近来读到有些青年学者写的管理书，感到至少在这个领域里，中国毕竟也露出了“竞争力”的端倪。改革开放三十多年的积累，虽然敌不过几百年的保守，但近百年的战乱，好歹也算是一种新的积累。有的书已能看出集大成的架势，相比过去时代流行的那种把翻译材料七拼八凑起来的毫无自我见解的“理论书”，水平已高出一截。至少，无论一位作者的出发点是什么，做一点认真的学问，都必然要有一个起点，那就是对前人成果做一番较全面的“一览众山小”式的批判性总结。[1]

其实过去中国人著书立说并不那么潦草，否则也不会有“集大成”这么个术语。虽然那时并没有一个严谨的论文注释体例，但不少著作，都读得出是在大量阅读、借鉴前人的基础上才能够完成的。春秋战国的子书不论，一部《六祖坛经》，即便文字通俗，说法的师傅又自称文盲（其实我有怀疑），也对先前流行的佛经有所兼收并蓄。

集大成的学问，对做学问的人和读书的人来说，的确都有一种顶峰体验——是一种属于自我的超脱感，也就是一种能超越自己往昔见识的豁然开朗、天高地远似的境界，是智力上和精神上的提升。中国古人有很多写这种顶峰体验的诗句，比如说有大家熟知的王之涣的“欲穷千里目，更上一层楼”；以及戴叔伦的“谁能凌绝顶，看取日升东”；范成大的“莫辞登绝顶，南望即天台”；黄公度的“空山对摇落，怀哉千古心”，等等。[2]

1. 杜甫《望岳》。

2. 以上诗句依次引自：王之涣《登鹳雀楼》；戴叔伦《题天柱山图》；范成大《留题云门山雍熙院》；黄公度《陪实之登姜峰绝顶镌石》。

晚唐人方干有一首“顶峰”诗，读起来颇有哲学的味道：

绝顶无烦暑，登临三伏中。
深萝难透日，乔木更含风。
山叠云霞际，川倾世界东。
那知兹夕兴，不与古人同。(《夏日登灵隐寺后峰》)

登高望远，如面会古人。现代的中国管理学者和管理实践者，倘若今天登上泰山之顶，又将怎样回答孔子和老子的提问？怎样与熊彼特和德鲁克交谈？

82. 杜甫的“转益多师”之一

见贤思齐还要转益多师，对别人的经验，本来应该看见什么可用，就把什么用起来，并整合到自己的系统中来。这是一种很自然的态度。但现实生活中，却很少见到这样的坦坦荡荡的器量。然而不在学问上跳出这样那样的自我束缚，伟大文明又如何创造？民族崛起又从何谈起？

无数专家学者都在谆谆教导企业要博采众长——无论订立管理制度也好，还是进行产品设计也好。

但不知人们是否想到，博采众长的要害并不是忙不迭地抄袭款式，模仿花样，跟随思路，复制模式。当然，作为市场上的后来者，在不违法的情况下模仿一下也无可厚非，但博采众长最重要的是一个治学的境界。

要想博采众长就得转益多师，说到转益多师人们又可想到杜甫的诗：

不薄今人爱古人，清词丽句必为邻。
窃攀屈宋宜方驾，恐与齐梁作后尘。
未及前贤更勿疑，递相祖述复先谁。
别裁伪体亲风雅，转益多师是汝师。（戏为六绝句）[1]

这是大家熟悉的诗句。但最后一首却隐含一个奇特现象。说它奇特有三层意思。第一层意思是在同一句里重复用了两个“师”字。杜甫作诗很考究，即便是“戏为”也不会胡来，想必这里的用字重复是别有用心。

第二层意思是并没有哪个具体的人被称为“吾师”（或“汝师”)。对中国人来说，“师”是一个极尊敬的称呼，意思不仅是老师，而且还有师傅、大师的意思，相当于英语的 guru 或 mentor。唐宋诗里的“吾师”大多是具象的。如杜牧的“江南为客正悲秋，更送吾师古渡头”；李中的“松下偶然醒一梦，却成无语问吾师”，等等。[2]

无特指的“吾师”不多。比如郑谷的“爱日满阶看古集，只应陶集是吾师”；陈襄的“若有名山归便隐，一编周易是吾师”，都是指某著作，自然也就包含著作者，尽管有的著作者已不知为谁。[3]杜甫本人亦有这样的用法。

即使最抽象的“吾师”，也不外乎白居易的“澹然无他念，虚静是吾师”和陈师道的“至洁而纳污，此水真吾师”。[4]把“转益多师”这样一个动宾结构（相当于英语里带 ~ing 的动词短语）比作是师傅，除了杜甫没见过其他人这样做过。

第三层意思最奇特——因为在那个被杜甫称为师傅的动宾结构中，动作的实施者并不是什么其他人，而毫无疑问是诗人他自己。这等于

1. 这是组诗六首中的最后两首，尤其最后一首，带有总结性的意义。
2. 以上诗句依次引自：杜牧《江南送左师》；李中《访章禅老》。
3. 以上诗句依次引自：郑谷《读前集二首》；陈襄《白头》。
4. 以上诗句依次引自：白居易《夏日独直，寄萧侍御》；陈师道《次韵苏公涉颍》。

是说“我的师傅就是我自己的转益多师”，这样一来好像跟“我的地盘听我的”没有什么两样。当然，杜甫转益多师自有他的标准（比如“别裁伪体亲风雅”即是）。但这中间体现出的自主意识，绝对叫后世小儒不敢想见。

杜甫不否认前辈大师为“师”，但他拒绝卖弄自己是某某大师的门下弟子，而仅仅将转益多师的学习方法奉为尊师，这是他最高超的地方。

世界上的知识，也受到市场经济的影响，因而也难脱俗气。除了不多的极卓尔不群、特立独行者之外，大多数人做学问、想问题的时候都要以某一种别人的知识作为流通货币。第三世界国家知识分子身上的压力最为沉重，他们一方面要学习西方，致力于改变本国人民的生存处境；另一方面要学习社会，致力于把本民族文化的精髓用世界通行的方式记录下来和总结出来，并在此基础上实现某种有本民族特色且具世界意义的整合。

无奈他们中间很多人的选择，要么是当西方知识片段的二道贩子，要么是愤愤然地要恢复本国学术的“千年道统”（其实也是有选择的一些片段），要么则在二者之间玩蹦极。

无论什么时候，有决心、有本事做杜甫那样的人都不会多。但教育越标准化，那样的人或许就越不多。这一点，文化大革命看得很清楚——即令“反叛”，也是同一个模子，同一种样式的反叛。

见贤思齐还要转益多师，对别人的经验，本来应该看见什么可用，就把什么用起来，并整合到自己的系统中来。这是一种很自然的态度。但现实生活中，却很少见到这样的坦坦荡荡的器量。然而不在学问上跳出这样那样的自我束缚，伟大文明又如何创造？民族崛起又从何谈起？

禅宗师傅说：“见与师齐，减师半德；见过于师，方堪传授。”[1]佛教自东汉传入中国，至慧能成为禅宗六祖，以六百多年的积累才达到

1. 释怀海言，引自林谷芳《千峰映月》（太原：山西出版集团，2007），44 页。

如此境界。这样的水平，从现代人关于资本主义的见识上，能见到吗？从他们关于国学的见识上，能见到吗？从他们关于这个模式、那个主义的见识上，能见到吗？

83. 杜甫的“转益多师”之二

只要一立门户，一搞宗派，一纠缠谁是哪个师傅的徒弟或哪个领导“线上”的人，人们就肯定做不到转益多师。无论学什么，都会有一些精彩被自己的宗派眼界、门户立场给屏蔽掉了。这也是为什么无论为学还是为政，做管理还是做研究，一个狭隘、保守的关系网所能孕育出的成果，永远会有一些系统性的缺憾。

相比中国社会根深蒂固的徒弟不能超过师傅的旧戏班子精神，杜甫是一个很超前的榜样。其榜样力量之所在，正如后世评论家所指出，是他的论诗绝句（“戏为六绝句”），开创了以一组绝句作为评论的模式。仅以这种形式发表论诗作品的，就有金人元好问、宋人戴复古，到了清朝更形成风气，参与者包括汪琬、王士祯、袁枚、赵翼、洪亮吉、宋湘、张问陶、彭蕴章、姚莹等，甚至一直流传到现代。

但是，这还不是杜甫的最伟大之处。他的榜样作用，尤其是他以自己“转益多师”的作为最终达到唐诗顶峰境界的事迹，鼓励着所有后世诗人实现别具一格的突破。唐朝以后，现代之前，歌词戏词除外，被称做诗的东西，以形式而论，一千多年，并无重大突破；但历代都有佳作，都有创新，也跟没有一个具体的师傅，也没有一个谁传承谁的道统有关。

相比之下，宋代倒有江西诗派的一个类似族谱式的东西；但江西诗派是宋代儒者的所有实践活动中一个挺黯淡的案例。[1]

1. 江西诗派，宋代文学流派。黄庭坚为开创者，成员大多为江西（宋代江南西路）人。作诗讲究“点铁成金”、“夺胎换骨”，即取古人作品的语言融入诗中，或对旧有的意象加以引申。

更有趣的是，杜甫的精神，从后世那些表面上看对他不敬，有所不屑，甚至直截了当有所厌烦的论诗篇章中却一直闪烁这熠熠光辉。比如方孝孺说：

举世皆宗李杜诗，不知李杜更宗谁？
能探风雅无穷意，始知乾坤绝妙词。（《谈诗五首》）

赵翼说：

李杜诗篇万口传，至今已觉不新鲜。
江山代有才人出，各领风骚数百年。（《论诗五绝》）

宋湘说：

学韩学杜学髯苏，自是排场与众殊。
若使自家无曲子，等闲铙鼓与笙竽。（《说诗八首》）

张问陶也说：

名心退尽道心生，如梦如仙句偶成。
天籁自鸣天趣足，好诗不过近人情。（《论诗十二绝句》）

老作家孙犁去世前，曾屡屡以唐诗无派而诗坛繁荣为例告诫晚辈，暗含对官场、文坛（其实也是一个小官场）上拉帮结伙、排斥异己的现象的深切不满。[1] 其实，何止唐诗无派，从某种意义上说，天下好诗全都无派，全都超越了派别的定义，尤其不是宗派现象。

大千世界处处都有精彩。但只要一立门户，一搞宗派，一纠缠谁

1. 刘宗武《孙犁》，《财经》，2002 年 7 月 20 日，104 页。

是哪个师傅的徒弟或哪个领导“线上”的人，人们就肯定做不到转益多师。无论学什么，都会有一些精彩被自己的宗派眼界、门户立场给屏蔽掉了。这也是为什么无论为学还是为政，做管理还是做研究，一个狭隘、保守的关系网所能孕育出的成果，永远会有一些系统性的缺憾。

几年前我在采访诺基亚全球设计总监时，曾问具备什么样的资历才配到诺基亚任设计师，是否必须名校出身、名师推荐、大厂背景、大国公民什么的？对方回答“只有两条——只需勤于想象和乐于协作，没有别的”。当时听罢，还颇受感动。

然而仅仅几年后，诺基亚在智能手机的竞争中竟兵败如山倒，命悬一线。据说，一个原因，就是此前一段时间的公司高层团队成员竟全是芬兰人。无意识中的知识残缺、视野狭窄，却足以叫一个伟大组织自己打垮自己。这不能说是危言耸听。

于是人们更加体会到杜甫学艺经验之精深——最伟大的艺术（包括管理艺术）必定不可能是源自仅仅一个师傅或一个流派；你的成就，完全取决于你的转益多师。

84. 管理必须以道德为指引——向“国学”学什么之一

正像高山大海影响着整个人类的生存环境那样，你所在组织的道德氛围，任何组织成员在工作中的道德状态，对你电脑上的财务报表，以及你的生涯事业，都是基本的保障。一旦出现道德疏忽，一个组织就会像海啸冲击下的物质世界，连技术上和管理上的最起码标准都无法维持。

在管理学院和商学院里的书店里，这几年摆上了越来越多的伦理学著作。

在中国书店里管理书和财经书的书架上，也摆上了不少讲国学的书。

当然，所谓国学，一个主干，就是儒家的道德学说。

可是总有些人不屑："国学也顶GDP吗？""《论语》里也有生产力吗？""这是一个金钱万能的时代——道德又值多少钱？"[1]

这种论调，反映着一种追求马上见效、马上变现的社会风气。在那里，对学习型组织、创新型社会等概念，都有一个错觉，那就是认为非要精通一门什么科技，起码也得是一门实用技能。在那种眼光看来，凡是抱着一本《论语》在读的人，不是太有钱，就是太傻。

不过有两件事足以让人醒悟：

一件是2008年全球的经济衰退。危机的爆发并非如有人所说，纯属"黑天鹅"现象[2]，事前没有征兆，完全出乎想象。只要随手翻阅一下危机前一两年的美国财经报道，负面消息已有很多。亚裔人士看到大批无业人员居然也购置了新房，纷纷议论"不符合经济规律"。只不过由于大批金融专家明知危险，却心存侥幸，贪欲旺盛，已不能自持。

第二件是2011年中国的高铁危机。追尾惨剧发生后，有人揭露，之前几年，在各种媒体上信誓旦旦，说高铁绝对安全的这样那样专家，竟有整整一批。出于基本常识，一个工程尚未完工通过检验，本来谁也无法为它是否能达到预期技术标准和管理水平打保票。却怎么会面对公众，随口戏言，或自信至此，罔顾理性？

世界上很多人为的灾难，都是由脱离了道德指引的"大无畏科学精神"（其实是浑不吝式的蛮干）造成的。单纯技术（包括金融创新）层面上的自信，规模越大越会生出大乱子来。无论在曾经弥漫清教精神的美国（那里据说仍有高达80%以上的企业家把价值观列为获得成功第一要素），还是在自称具有五千年文明的中国（儒家文化，延绵不绝），这样的案例逻辑同样低级，结局也同样令人骨寒。

1. 笔者曾在英文《中国日报》上写过几篇专栏文章讨论这个问题，每次读者反馈中都有类似言论。

2. "黑天鹅"现象指不可预测的偶发重大事件。17世纪之前，欧洲人认为天鹅都是白色的，而当欧洲的航海家在澳大利亚发现黑天鹅后，之前的观念完全颠覆了。

可以想见：技术的问题，是无法用同样的技术来防范的。

管理的问题，也是无法用同样的管理来矫正的。

技术和管理都不得不以道德为指引。

在日常工作中，提起道德，人们就觉得似乎遥不可及，就像说起地球上某处的高山大海。然而正像高山大海影响着整个人类的生存环境那样，你所在组织的道德氛围，任何组织成员（包括你自己）在工作中的道德状态，对你电脑上的财务报表，以及你的生涯事业，都是基本的保障。一旦出现道德疏忽（moral disengagement），一个组织就会像海啸冲击下的物质世界，连技术上和管理上的最起码标准都无法维持。对此，社会心理学家早已警告。[1]

经济学思想史家罗伯特·海尔布鲁诺（Robert Heilbroner）提醒学生，亚当·斯密的“看不见的手”，本意并非仅仅市场经济“幽灵似的”化身，而是上帝意旨。在他伦理学著作《道德情操论》里，“看不见的手”发挥着奖赏着个人德行和维持着社会稳定的更重要作用。[2]

管理学家德鲁克也强调，当物质供应已不再是主要难题的时候，社会需要开始向精神价值回归；没有这种回归，不但不能实现物质与精神的平衡，而且也无法将物质的效用实现得尽善尽美。

新技术手段和新管理方法却时而让人们产生错觉，以为凭借它们，可以绕过那些千古不变的文明准则，可以化解更大的风险，可以允许更多的懈怠。这样的想法，倘若付诸实践，就会加害社会却仍不以为然。一个企业，一个组织，一旦产生这样的行为，等到别人（这个“别人”包括经济危机、社会谴责和法律制裁）来加以纠正的时候，势必付出惨重代价。

1. 见 Kerry Patterson et al, *Influencer* (NY: McGraw-Hill, 2008), pp95-100，理论框架是大心理学家阿尔伯特·班杜拉（Albert Bandura，1925- ）的社会学习理论。

2. 罗伯特·海尔布鲁诺（1919~2005 年）的传世之作是 *Worldly Philosophers*（一译《世界哲学家生平》，其实应译为《世俗哲学家评传》)。关于亚当·斯密“看不见的手”的论述，见 Rober Heilbroner（ed.）*The Essential Adam Smith*（NY: W.W. Norton, 1986），pp57-58; pp119-123。

唐朝归仁和尚在乌江边霸王庙的题诗里说：

羞容难更返江东，谁问从来百战功。
天地有心归道德，山河无力为英雄。
芦花尚认霜戈白，海日犹思火阵红。
也是男儿成败事，不须惆怅对西风。（《题楚庙》）

文明的准则就像大自然一样，对无论满身霸气还是满肚子诡计的人并无特别关爱。想绕过它、回避它、轻视它、挑战它的人都失败了——不服气也没用。

85. 聆听心灵的对歌——向“国学”学什么之二

管理者无须满口孔孟，只要和员工一道按照同样的道德标准行事，并且以身作则，就能把这种宝贵的社会能量开发出来。学者说国学不是古董；儒学没有教条，也是这个道理。

正像上一篇讨论所揭示的那样，中国社会上还有不少的人，没有兴趣考虑什么道德不道德的话题。这种厌烦，实际上折射出另一个社会层面的道德问题。这些问题，不仅包括人们常说的坏现象的蔓延，而且也包括现代组织里的好现象的缺失——尤其是榜样的风范、真诚的公心。[1]

不错，一些企业已意识到需要搞一些道德教育。有的给员工播放老板讲话，有的给中层干部测验领导语录。任何学习，尤其自上而下

1. 领导力研究近年来尤其提倡领导人的自知和自省，以及自我的诚心。见 Bill George, et al: “Discovering Your Authentic Leadership,” in *On Leadership*（Boston: Harvard Business Review Press, 2011）pp163-177.（比尔・乔治：《修炼你的真诚领导力》，哈佛商学院出版社）

者，如果无法让学习者看到身边的榜样，就不会产生真心的拥戴。从文化大革命一直到现在，那种没有真实榜样的学习从来没有起到过提高凝聚力的作用。即便叫员工背诵《论语》也会这样。

然而道德永远在运行着。在广大民间，在社会的一个更深的层次，道德的潜流却无时不在流淌：

那里有孤身一人，辛苦持家，为了让孩子在一个良好社会环境下成长而不惜三次迁居的孟母——以及含辛茹苦供下一代读书学艺的天下父母。

那里有从江南到岭南的崎岖山路上，走在“满肚子不合时宜”的下放干部苏东坡身边的不离不弃的恋人[1]——以及在残暴的政治运动中拒绝背叛亲情、友情和人道的所有的人。

那里有在貌似太平的年月里上书痛哭“当前形势糟糕透了！”的青年贾谊，或疾呼“大雅久不作，吾衰竟谁陈？”[2]的中年李白——以及在政治僵化、吏制腐败的年代，直言政事、疾呼亡国的所有儒者。

那里也有凭借信誉，凭借管理而遍布四方的晋商钱庄——以及所有兢兢业业，在克己达人中默默经营的世界各地的中国商人。

管理者无须满口孔孟，只要和员工一道按照同样的道德标准行事，并且以身作则，就能把这种宝贵的社会能量开发出来。学者说国学不是古董；儒学没有教条，也是这个道理。[3]

1. 钱塘女王朝云，天生丽质，原为歌伎，苏轼幸之。朝云曾道“学士一肚皮不合入时宜”，苏轼说：“知我者，唯有朝云也。”在苏下放生涯中一直侍奉左右，后纳为常侍，病逝于惠州，葬于丰湖湖畔。苏作挽联曰：“不合时宜，唯有朝云能识我；独弹古调，每逢暮雨倍思卿。”

2.《大雅》为《诗经》中最为凝聚政治意义的一部分，包括西周人歌颂楷模、传承历史和批评时政的篇章。此两句充满儒家关怀，还借用有《论语》“子曰：甚矣，吾衰也”和《礼记》“命太史陈诗以观民风”的典故。意为诗道不振，世道低迷，诗人老去，此心谁听？

3.“国学不是古董”出自马一浮“泰和会语”；“儒学没有教”条出自杜维明“21世纪的儒学”（手稿）。马一浮（1883~1967年）是现代新儒家的早期代表人物，杜维明是当代新儒家的代表。

华夏文明的渊源是西周。在大约三百年时间里，它孕育了儒家传统，以及它所承载的民间的善，民间的责任意识和政治关怀。那种连孔子都为之神往的成就，是建立在反反复复的道德学习基础上的。今人读《诗经》，每每为它的爱情歌谣所倾倒。但《诗经》的另一主要部分，就是民众（当然民众定义不同于现代）对为政者的评判和讽咏。可以想象，那时人们是怎样在每一个节日之夜，围绕篝火高声齐唱一首接一首的歌曲——作为对权力的鞭策和警示，也作为相互的道德教育。那才是作为一个群众现象的发自内心的学习过程。

谁也无法欺骗上天。以文王为榜样，去赢得民众信任和追随吧——

……

上天之载，
无声无臭。
仪刑文王，
万邦作孚。[1]（《文王》）

认真听取意见吧！虚心接受批评吧！只有这样，才会成人有德，弟子成才——

不闻亦式，
不谏亦入。
肆成人有德，
小子有造。
……（《思齐》）

一个伟大文明，就是在这样的歌声中成长起来的。

一次社会创新，经济腾飞只是一个方面，依照马克斯·韦伯的逻

1. 载，行事；臭，同嗅；仪刑，效法；孚，信。

辑，它也应该是一种洋溢着精神活力的群众现象。[1] 没有人力、物力的投入，固然无法创新；但管理者的经验证明，当人们为了道德信念而工作时所创造的效益，要远远胜于单纯追求个人回报。

国际上一些学习型组织的倡导者，无论各自学术背景如何，也都越来越倾向于强调学习的精神层面。麻省理工学院的彼得·圣吉（Peter Senge，风行一时的《第五项修炼》作者）创办的组织学习研究会已明确声称它所关注的是一个“跨商业、科学以及精神”的交叉领域。[2]

无论时代如何变迁，社会条件如何不同，如果没有人们发自内心的道德学习，如果这种学习没有变成在真实榜样带领下的一个群众现象，一个文明（或作为它一部分的一个组织、一家企业）还有什么别的办法不断创造和自新？

86. 榜样的力量是无穷的——向“国学”学什么之三

> 企业家和经理人更应领悟这一份儒家遗产的重要性：中国社会永远需要榜样。就像西方人离不开制度化的宗教活动那样，中国人也向往自己身边有社会公认的知识领袖和道德楷模，就像早年的基督信徒或儒家弟子那样，得到他们喜爱的践道者的带领和陪伴。

学习的意义至少有如下三个层面：

一是做人必须要学习。想“做人”或成为社会一分子、一个责任，就是要先接受教育。

二是做受社会尊重的人就要多学习，同时多帮助他人学习。老师之所以受人尊重，原因即在于此。

1. Max Weberm, *The Protestant Ethic and the Spirit of Capitalism* (NY: Charles Scribner's Sons, 1958).（中译本：马克斯·韦伯《新教伦理与资本主义精神》）

2. Peter Senge, *The Art & Practice of The Learning Organization* (NY: Crown Business, 2006).（中译本：彼得·圣吉《学习型组织的艺术与实践》）

三是不但要多学习，而且还要毕生学习。知识不能像硬盘装入电脑那样简单就能完成——况且电脑软件还要不断升级。书本知识和社会实践，或显性知识和隐性知识的整合，以及一个人所能发挥的社会作用，尤其是他或她的道德感召力，都需要很多的磨炼。因而学习和实践也就变成了密不可分的一个毕生工夫。这样学习也具有了使徒践道的意义，其他任何外在变化，文凭、财富、职务、身份，等等，都不能使一个人在社会上体会高贵。

理解这一点很重要。唐诗里说："万物有丑好，各一姿状分。唯人即不尔，学与不学论。"儒家传统留给中国的一份遗产，就是对于所有人的所有行为都提出了一个"学与不学论"的评判标准。这样一种文化的要求其实是社会的一种深层规范。

否则，人们解释不了为什么自从科举形成制度，中国演变成为一个没有血缘贵族，由大量平民官僚操作社会管理的国家，却可以维持社会的基本平衡和稳定？[1]

为什么在迄今为止的现代化转型过程中，尽管有大量牺牲，中国并没有像某些国家那样出现某个组织及其成员以瞬时身份转换（比如加入纳粹党）换取道德上的"铁券丹书"，转而对其他社会成员大开杀戒的现象？[2]

为什么在社会大动荡的年代，中国社会对那些草莽英雄、山寨霸主，"一革命就当委员"的投机者或"直升机式干部"会充满无穷的轻蔑？[3]

为什么晚清儒者能够那么自觉地开始向西方学习、为什么清末以来的中国人的自强复兴之路，一直是一个对外学习、对内思辨的过程？

人们也解释不了，为什么一个掌握着现代国家一切资源、阵容空

1. 唐代世族势力逐渐式微。宋代已被现代研究人明确认为是平民社会。明代亦然。元代和清代有贵族，但也已无法做到贵族全面专政。

2. 铁券丹书，古代帝王赐给功臣享受优遇或免罪的凭证，用丹书写在铁板上。这里指通过身份的转换获得政治许可加精神优越感。汉娜·阿伦特所著的《极权主义的起源》就分析了20世纪三四十年代的人类政治大灾难现象，包括德国的纳粹主义和苏联的大肃反。

3. 不是针对具体某人而言，而是针对一种政治现象。

前庞大的组织，仍然要为自己提出做学习型政党，建立创新型国家的要求？

社会变迁仍在继续。企业家和经理人更应领悟这一份儒家遗产的重要性：中国社会永远需要榜样。就像西方人离不开制度化的宗教活动那样，中国人也向往自己身边有社会公认的知识领袖和道德楷模，就像早年的基督信徒或儒家弟子那样，得到他们喜爱的践道者的带领和陪伴。提出这一点不是主张“人治”。而是提醒人们注意到一个基本事实：这个社会没法接受不具道德感召力的管理，否则人们会感到很不习惯、很不舒服，很多时候也无所适从。

在管理实践中，这样的教训可谓无处不在：

道德是一个企业最好的品牌。三鹿奶粉打的广告难道不多吗？一夕崩溃，谁还惋惜？同样道理，管理者个人的最好品牌也在于他或她的声誉、威信和调动社会资源的能力。

纠正不义是凝聚力的开始。一个组织对一个人不公，就会影响整个团队的士气，影响每一个基层成员对个人未来的打算，以及影响每一个管理人员在员工中的感召力。

无法带动青年的企业无法发展。一个有竞争力的组织，它的管理团队不能是同龄人俱乐部，更不能是同乡会、同学会或CEO的“复制品”。否则这个组织后继无人。

好吃好玩的企业家、经理人很少是能带团队的。原因很简单，那就是他没有时间与员工、与同事说话。

说了不做，或说了做不到的领导人永远是叫人瞧不起的。从这一点上说，企业家、经理人一旦自我放任懒得再做榜样，员工也就不再把他们当榜样看待。在一个没有榜样的组织里，既谈不上法治，也谈不上人治，因为它没治。

一个战斗力、竞争力最强的组织（尤其在一个农民社会），经常是需要由了解社会、熟悉经典、擅长交流、以身作则者来带动学习，鼓动士气的。在古代，这样的人就是岳家军、戚家军的指挥官本人；在革命战争年代，还要再加上政委和书记。[1]

有学者说儒家政治学的关键就是教育。[2]因而也可以说，儒家管理的要害就在于榜样；做一天管理，就要做一天榜样。

上面引的那首唐诗[3]，是杜牧弥留之际给儿子的嘱咐，接下来几句是：

……

学非探其花，要自拔其根。

孝友与诚实，而不忘尔言。

根本既深实，柯叶自滋繁。

念尔无忽此，期以庆吾门。（《留诲曹师等诗》）

87. 在百家争鸣中兼收并蓄——向“国学”学什么之四

在这个世界里生活和工作，最合适的做法，或许不是按照一套预先设定的形式和教条去与人交往，而首先再一次展示华夏民族曾向世人展示过的，那种在百家争鸣中发展壮大的器量和能力。

一说起儒家道德，马上就能听到各种意见的纠缠。一些人打起建立儒教大旗，另一些人则坚持儒家反动的口号。这样那样的主张，给人的印象，好像一个 13 亿人社会的精神文明，靠一番人为提倡或行政贯彻就能搞定。这些主张，在有管理经验的人看来，都不可行。

1. 一些细节，见王树增《解放战争》（北京：人民文学出版社，2009）。

2. 台湾著名学者龚鹏程教授所说，来自于笔者对龚鹏程的采访笔记。

3. 指“万物有丑好，各一姿状分。唯人即不尔，学与不学论”。杜牧的儿子杜晦辞小名曹师。

黑格尔曾说过一段充满诗意的话：

（精神的）传统并不是一个保管员，虔诚守护前人对它的授予并将其转授来者，如此而已；也不是一种形态万变但原始规律从无变化，也无从发展的自然过程。它不是一尊无动于衷、毫无情感的雕像，而是一条具有自己生命力的大河，距源头越远水势越大，越显波澜壮阔。[1]

儒学是从百家争鸣的文化生态下生长起来的，尽管有那么多的竞争，从战国末期到秦汉之交又承受了那么大的打击，却没有停止生长，就像大山里的一片梅树，根本没有龚自珍“病梅馆记”里描写的那副样子。只不过后来有人把这种树移植到了皇宫御花园里，反倒长得不那么好了。一些现代儒学大师自己也有这样的说法。

从逻辑上说亦然。行政权力，其实是在国家利益、公众福祉名义下对暴力和强制的垄断；如同孙子对战争的定义，皆属不知其所害而不能善其所用的东西，属于“器”的范畴。稍不节制，就对人性造成腐蚀，对知识造成污染。人们的精神家园，最好应远离它的污染。

精神上的东西不是复印机，不能仅仅靠简单复制就能实现它的价值。复制得再精湛也未必有精神的内涵，反倒容易被造假币者利用。

要让华夏文明的大河汇集更大的水势，向更远的地方自由奔流，一个负责任的态度，是通过千千万万社会组织以及我们各自的实践和参与，为它注入新的创造性和感召力。

从实践理性上讲，在一个多民族、多宗教又具有很多内部差别的国家，没有再搞一回“罢黜百家，独尊儒术”条件了。一方面，儒家传统从未远离中国社会，虽几经劫难，却如林过野火，山色如炭；一经春雨，仍露出斑斑驳驳的青翠；而在另一方面，儒学的制度化和行

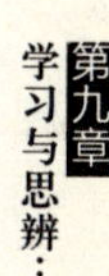

1. G. W. F. Hegel (trans. T. M. Knox and A. V. Miller), *Introduction to the Lectures on the History of Philosophy* (Oxford: Oxford University Press, 1985), p10.

政化如何操作，既然是前无古人的事业，后人怎么做也是无中生有。

还应注意的一个情况，是正当一些中国人疾呼回归儒学，甚至创立儒教的时候，另外一些掌控着中国最先进生产力的人却在大踏步地走出国门，到五洲四海去发展事业。他们不可能像旧殖民主义者那样，无论走到哪里，都带上自己的炮舰和教堂；他们也不可能用一种让世界人民感到陌生的（同时华夏文明里也未曾存在过的）行为去参与和领导未来的全球化进程。

全球化的世界，必然也不是一个学术传统主导的世界，而是一个各种传统汇聚交流的色彩缤纷的世界。在这个世界里生活和工作，最合适的做法，或许不是按照一套预先设定的形式和教条去与人交往，而首先再一次展示华夏民族曾向世人展示过的，那种在百家争鸣中发展壮大的器量和能力。

海外华人社会，既没有把儒学搞成政治，也没有把它搞成宗教。然而大道无形，古老的儒家传统，却为他们兼收并蓄各国文化，与各宗教、各民族人民相处往来（战争动乱及政客挑拨除外），并在世界各地扎根发展提供着源源不断的精神动力。

也许，一个真正伟大的文化，如苏东坡所说的那样，就像看起来空空如也，却能囊括四时美景的一座亭子。站在亭子里瞭望四周，能够占据大自然的所有角度，获得山外有山的广阔视野，以及产生很多的思想、很多的激情：

水轩花榭两争妍，秋月春风各自偏。
唯有此亭无一物，坐观万景得天全。（《涵虚亭》）

亭子是中国人的创造。
它本来就是为远行者而建造的。

88. 知行合一，参与现实——向“历史”学什么

光靠读互联网上或听广播上的那些古人的两性奇闻或宫廷黑幕，或者净看古装电视剧里的打情骂俏、钩心斗角，现代人无法了解到华夏民族在历史上那些富有创造性的年代里的精神风貌。

商学院的学生总想读案例，财经媒体上也总是刊载有很多的案例。这是否属于明茨伯格所说的“偷窥”欲，或流行语言叫做的“意淫”，可以另作讨论。总之，一个社会对案例（尤其成功案例）的需求，几乎赶上了大宗商品。

实际上，只要是工作稍微带点管理性质的人们，每天都在案例中生活。你的工作、你就职的企业、你的客户、你的同行业伙伴或竞争对手，这些都是你最熟悉的案例。只要你习惯于从各个角度观察事物，就连商学院教授也未必会比得上你的发现——因为他们根本就不了解你所能见到的东西。

还有一种案例，我们都在其中生活，因而是一些可以彼此比照判断的共同案例。这些共同案例，就是我们民族的历史。有很多著名事件、关键阶段，都是关于战略的大案例，相关的方方面面，既有记载，也有悬念，可供人们反复琢磨、讨论再三。

但是在怎样回顾历史这个问题上，长期存在一个“两条路线的斗争”。一种态度，是古装电视剧和历史评书的态度：一些细节说得很精彩，甚至添油加醋，不过要说启发思想，那就算了。

另一种态度，是杜甫、李白、李商隐、杜牧等人所代表的唐朝的态度。那时的人讽咏历史是为了知行合一，参与现实。宋朝时常被动挨打，总有人鼓吹“汉唐大政”。汉与唐，除了都曾国力强盛、幅员广大之外，的确还有精神上的一种传承。在读唐诗的时候，人们时而可见汉代英雄的身影，比如从“汉家战士三十万，将军兼领霍嫖姚”里

见到霍光；从“但使龙城飞将在，不教胡马度阴山”里又想到李广。[1]

还有唐人留下了这样读书笔记。像这样读史可不是读读而已，而是读得摩拳擦掌、涕泪横飞的想象力的参与：

四百年间反覆寻，汉家兴替好沾襟。
每逢奸诈须挼手，真遇英雄始醒心。
王莽弄来曾半破，曹公将去便平沉。
当时虚受君恩者，漫向青编作鬼林。[2]（李山甫《读汉史》）

有时不仅是想象力的参与，可以说是行为上的前赴后继。很多青年士大夫都向往东汉班超投笔从戎的榜样。班超的经历可不是基层锻炼，外放镀金，而是率领集外交、政治、军事为一体的精英小分队，几乎赤手空拳地为大汉帝国维系了在辽阔中亚地区的权威。[3]有一首名作这样写道：

燕台一望客心惊，箫鼓喧喧汉将营。
万里寒光生积雪，三边曙色动危旌。
沙场烽火连胡月，海畔云山拥蓟城。
少小虽非投笔吏，论功还欲请长缨。[4]（祖咏《望蓟门》）

一个民族如果不标榜前辈英雄，也造就不出来现代英雄；一个组织如果不嘉奖有独立责任感的敢于担当者，它培养出来的接班人也难免是些平时开会口若悬河，而危机一来，找不着北的人。

1. 以上诗句依次引自：李白《胡无人》；王昌龄《出塞二首》。霍光，名将霍去病异母弟，是汉武帝的重要谋臣。汉武帝死后，他受命为汉昭帝的辅政大臣，执掌汉室最高权力近二十年。

2. 挼（ruó）手，两手相揉搓；青编，史册。

3. 黎东方《细说秦汉》（上海：上海人民出版社，2002），271-274 页。

4. 燕台，燕昭王所筑的黄金台；蓟城，燕国国都；三边、胡月，边境之地；长缨，长的绳子，“请长缨”用来比喻主动请求担当重任。据《汉书》记载，西汉时，南越国尚未归附。一个叫终军的官员主动请求汉武帝赐给长缨，说将使命必达，缚住南越王，带回到宫门前。

事实上，光靠读互联网上或听广播上的那些古人的两性奇闻或宫廷黑幕，或者净看古装电视剧里的打情骂俏、钩心斗角，现代人无法了解到华夏民族在历史上那些富有创造性的年代里的精神风貌。被抽干了精神的历史是无法积累的，剩下的只是一堆古墓里的干骨头；这时说什么“崛起”，说什么“腾飞”，也不会具备真正的文化底蕴，只会是声嘶力竭地干吼。

89. 胜负之道，带兵之道——向“兵法”学什么

所谓三十六计，都是随时可用也随时可破。法家理论，曰法曰术曰势，用多了都会激化矛盾，引火烧身。连同后来一套又一套的驭人术，其实都是把最丑恶、最腐败的社会资源吸附在权力周围，把最具人格感召力，最智慧的社会资源推向边缘，甚至推给对手的败国之术。

有人说做生意、办企业不是打仗，因而学兵书（《孙子兵法》）没用。

也总会有人说打市场、拼效益如同打仗，从兵书上头学一些方法，大有好处。

前一种意见，乍听有些迂阔：战场杀戮是竞争，市场拼搏也是竞争，以古之血腥竞争之策略应用于今之和平竞争之中，何过之有？岂不妙哉？

但后一种意见，也经不起细想：一场大战，难免是交战双方私欲膨胀、意气嚣张、不顾手段、不计成本的拼搏。倘若今之市场竞争似此无所顾忌，专以背信、欺人、骗钱、违法为能事，岂不天下大乱？

的确，在实际操作的层面，战场杀戮与市场拼搏是大不相同的两件事：

战争的落脚点是消灭对手。企业竞争则主要是自强。市场经济生生不息，永远有竞争对手存在；发现机会，顺应潮流，组建联盟，规

避风险才是正途。

战争一旦打响，出生入死，瞬息之间，因而不顾手段，不计成本。但企业竞争，却任何时候都不可以这样——不顾手段，即受制裁；不计成本，即会亏本。

因涉及主权，战争有严格的敌我界限，不用叛将，不用二臣。但企业竞争，由开放型产权所决定，更讲究不计前嫌，因人适用（这一点有些古代战争反倒做得不错）。

然而，在另外两个层面上，中国兵法（而不是广义上的计谋书）对现代企业还是很有用的：

一是胜负之道——没错，竞争要用计谋。但计谋的目的，说白了就是要降低成本，避免那种出于意气，瞎打乱拼，横生枝节，甚至以无谓牺牲换取低效胜利。从这一点上说，《孙子兵法》对带兵者提出首先判断"主孰有道"的要求，至关重要。无道之君，心里没有可与不可、当与不当的标准，只满足于胜利，而不关心成本，因而从本质上说，战略家与无道之君无法合作。

历史上充满胜者失道、胜亦不胜的案例。凡目空一切、狂霸一时的胜利都是短暂的，必然都被吸取教训、把握平衡的后来者取而代之。秦隋两朝，不乏骁勇善战之将，但其兴也勃，其亡也忽，主要原因，就是无道。

二是带兵之道——越是做不到身先士卒的人，越痴迷从鬼谷子到厚黑学，从明清权术到路线斗争那一套，结果身边越聚拢不起来高质量的社会资源，成不了大器。他们留下的遗产，从管理的角度看，也往往是一地鸡毛，难以收拾。

我们看到：所谓三十六计，都是随时可用也随时可破。法家理论，曰法曰术曰势，用多了都会激化矛盾，引火烧身。连同后来一套又一套的驭人术，其实都是把最丑恶、最腐败的社会资源吸附在权力周围，把最具人格感召力、最智慧的社会资源推向边缘，甚至推给对手的败国之术。

希望学习古人谋略的人，应把重点放在古人书中正的和反的，说到的和没说到的“道”的层次上，以案例中人的言行、业绩，和政治遗产几相比对，从中悟出普世意义。

清人赵藩写过一副赞颂诸葛亮的对联[1]，值得所有的战略发烧友玩味再三：

能攻心则反侧自消，自古知兵非好战；
不审势即宽严皆误，后来治蜀要深思。

90. 创建学习型组织的起点

让我们再反思一下中国人历来神往的“风云际会”：那些案例里最要紧的东西，其实并非君臣情谊，而是超越森严序列和繁文缛节的人与人的配合，是知识上和能力上的互补……这样一种内部关系，才是任何组织开始学习和容纳知识的起点。

从某种意义上说，现代化就是工程师化。

现代化的管理，在很大程度上也是工程师管理。泰罗制的发明者泰罗（Frederick Taylor）是人类历史上第一个像观察机器那样系统观察工人操作，进行分解测量，提出优化方案的人。他就是一位机械工程师，泰罗制当时在美国就称为“科学管理”。

从那时到现在，在日常流程管理中，泰罗一百多年前提出的基本方法仍未过时，但是没有人再把它称为科学管理了。[2] 自从微软、英特

1. 光绪二十八年（1902 年），赵藩的学生岑春煊被任命为四川总督。一上任岑春煊就血腥镇压当地风起云涌的“义和拳”运动，但“今日击退，明日复来”，于是愈加施以强力；同时还大量罢免当地官吏，官场人人自危，人送绰号“官屠”。此时，赵藩也到了四川。得知上司岑春煊不久后要游武侯祠，为了规劝他，便写下这副对联挂到了武侯祠。

2. Peter Drucker, *Management: Tasks, Responsibilities, Practices*（NY: Harper & Row, 1974），p181.（中译本：德鲁克《管理：任务、责任和实践》）

尔等科技企业相继聘请人文学科和社会科学专家介入管理，甚至让文化人类学家参与研发、设计的报道来看，现代管理实践的前沿，早已远远超越泰罗。

在流程管理已达到相当合理和严密的基础上，决策正确与否就显得越发重要。如果要把现代市场经济中企业的决策过程加以系统观察的话，就发现它比以往任何时候都更加倚重不同背景、不同学科、不同思路和侧重点，以及不同解决方案之间的交流、对比、辩论和融合。"百家争鸣"不只是一段理想化的历史故事，也不只是学者风范、贵人雅量，而是现代人不得不遵循的行为准则。

管理大师德鲁克说，企业项目是不能以学科来划分的；所有以满足最终用户需求为目标的工作必然都是跨学科的。对此不应给予单纯技术意义上的理解。哈佛大学心理学家霍华德 · 加德纳（Howard Gardner）指出，人们必须做到既有专业精神，又有综合能力；既能眼光独到，又能做到尊重他人和崇尚道德才能适应一个急剧变迁和信息超载的时代。[1]

在经济危机中，美国 Long Now（一译"长久"）基金会举办过一场历史学家尼尔 · 弗格森（Niall Ferguson）与未来学家彼得 · 舒瓦茨（Peter Schwartz）的辩论，双方都提到，未来世界的领导者，一定都要具有跨学科、跨文化的背景。[2]

只有通过社会科学和人文学科对管理的介入，才有希望把企业发展成为既具竞争力（最起码不在市场中迷失方向）同时又体现人道精神的新型组织。管理这样的跨学科协作，没有人有资格自称天然领导，要求别人都听从自己发号施令。唯一的办法，就是组建一支包括社会科学和人文学科专家在内的管理班底。

1. Howard Gardner, *Five Minds for the Future* (Boston: Harvard Business School Press, 2007)。霍华德 · 加德纳为认知心理学和教育学专家，以提出多元智能（multiple intelligences）理论著称。本书中文一译《迈向未来的五种人》，有误，应为《走向未来所必备的五大心智能力》。

2. 在美国视频网站 Fora.tv 上可以找到这场辩论的录像。

唯一的办法就是排他的办法。建立一个多元化的学习型组织，或者为一个组织营造一种多元化的学习气氛，最需要排除的一种东西，就是它的行政化倾向。

对行政化的节制不仅仅是一个一般意义的管理问题，比如如何让领导开阔视野，如何让青年脱颖而出的问题。一个组织，假如行政化太严重，尤其是建立在同一类知识背景的同一批人的基础上的那种，必然就会对内部的知识多元化形成障碍。

让我们再反思一下中国人历来神往的“风云际会”：那些案例里最要紧的东西，其实并非君臣情谊，而是超越森严序列和繁文缛节的人与人的配合，是知识上和能力上的互补，是谁也离不开谁。于是人们的对话，不仅更具平等交流的性质，而且还具有了相互启发、相互校正的内涵。这样一种内部关系，才是任何组织开始学习和容纳知识的起点。

这也是为什么“风云际会”的出现，往往是会在一个事业草创、典章礼仪尚未“健全”的时候。陆贾的“马上说诗书”，诸葛亮的“隆中对”，李靖的《李卫公问对》，这些都反映了一种超越行政的智力交流。距离我们最近的成功案例，莫过于中国在80年代成立的那批专门研究农村发展、经济改革和政治改革的政策咨询机构了。一批青年学者，在老一辈政策研究者的带领下，引进学术，开展实验，为日后政府全面推进改革做了重要铺垫。

然而为什么到了朝代中期，社会上听到的却总是“人生在世不称意，明朝散发弄扁舟”的喧嚷；“江头未是风波恶，别有人间行路难”的愤懑；“莫嫌举世无知己，未有庸人不忌才”的积怨；“我劝天公重抖擞，不拘一格降人才”的呐喊呢？[1]

向来的解释，是责怪个人，什么小资产阶级“计较个人得失”云云。其实一个重要原因，就是行政化倾向过于严重，把一个社会的各学科

1. 以上诗句依次引自：李白《宣州谢朓楼饯别校书叔云》；辛弃疾《鹧鸪天》；查慎行《三闾祠》；龚自珍《已亥杂诗》。

有用人才全都推倒了决策圈外。这时尽管危机四起、国家管理迫切需要人才，可“风云际会”的情况却再不会出现了。

91. 对德鲁克的误读：不了解文化渊源怎能读懂精髓?

在极左年代，伟大的知识都被冠以“科学”称号，似乎不是科学就是反动；而一切的文艺都被视为政治从属。没想到改革开放这么多年后，仅仅这么短小的一段话，在译文中仍断然抹去了“自由”，片面夸大了“科学”，足见极左年代的影响在中国社会的知识语汇中仍留有难以磨灭的伤痕。

理解一个文化是不容易的事。

理解一个非己方文化则更难。

可是在现代社会，急功近利的开放，浮光掠影的学习，吃喝玩乐的竞赛，物质财富上的攀比，让不学习的人们往往对彼方习以为常但具有文化渊源的东西抱有很浅薄的理解。

这样的情况，在对国际理论的翻译和转述里，可谓比比皆是。把蒋介石的英文译名再翻译回中文搞错了，只不过是技术上的笑话。而某些看起来不那么好笑、不那么明显的错译（因为大量读者都不去核对原文)，把文明的源流给生硬地掐断了，却以讹传讹，在公众中形成不那么容易被纠正的影响。

这样的例子，“文革”前和“文革”中的政治理论文章中就有不少，且不赘述。近年来，理论著作的翻译质量更加参差不齐，有些很重要的书里也有错误。

管理学家德鲁克有一个观点，那就是管理不是技术、不是科学，而是艺术。但这样艺术如何定义，怎么解释？他本人流下来的话却并不算多。在有限的论述中，最受人重视的，是他在20世纪80年代末的一段论述：

管理学属于传统上自由艺术（liberal art）的范畴——称为“自由”因为它包括知识和自我认知、智慧和领导力的最基本要素；称为“艺术”则因为它又讲求实践和应用。管理者从人文学科（the humanities）和社会科学的各个领域里汲取知识和见识——包括心理学和哲学，经济学和史学，还要涉猎自然科学和伦理学。但他们必须学以致用，获得成效——无论是为了行医救人还是育人子弟，无论是架设桥梁还是开发并销售一套“用户友善型”的软件程序。[1]

然而，在已出版的中文译文中，这段话的翻译却有两个比较大的问题。一是将“liberal art”译为“人文艺术”；二是将“the humanities”译为“人文科学”。[2]

应该指出的是，“liberal arts”（自由艺术）的概念，源自罗马时代，倡导者中最著名者，就是伟大哲学家西塞罗。之所以叫自由艺术，是因为与“自由人”的概念（并非现代意义的公民）密切相关，意思是身为自由人应必备的基本知识。[3]

而“the humanities”（人文学科）也不应译为“科学”。首先，原文原本无“science”（科学）一词；而西方作者使用这个短语的目的之

1. 英文原文见 Peter Drucker, *The Daily Drucker*（NY: HarperCollins, 2004），p15；出处为 Peter Drucker, The New Realities（NY: Harper & Row, 1989）.

2. 中文译文的流行版本为《德鲁克日志》（上海：上海译文出版社，2006）。

3. 罗马学者西塞罗于公元前1世纪创造了这个术语。自由艺术的含义，就是作为一个自由人理应获得的，符合其社会角色的教育。在这里，自由人指不是像奴隶那样只能靠单纯的体力和技能维生的人，而是拥有足够的闲暇和物质条件进行学习的贵族。相应地，整个教育过程，也是受教育者一个规范行为、塑造品格、接受知识、继承经典、理解和崇尚社会价值的过程。

到公元5世纪罗马帝国解体前后，形成了人们后来所说的七大自由艺术，包括语法、辩证法、修辞、几何、算术、天文和音乐。

到了现代，按照西方人的一般理解，自由艺术指的是旨在传授一般性知识，目的在于提高学生理性思维、开发智力潜能的课程，包括有文学、语言、哲学、历史、数学和基础科学，与之相对应的，是侧重职业、技能和技术的各种专门课程。

一，恰恰也是为了与自然科学加以区别。它所涵盖的内容，也正是发端于希腊哲学及文艺名著的思辨与艺术，与中国人所谓的“国学”或大体相近，原本即非科学。[1]

在极左年代，伟大的知识都被冠以“科学”称号，似乎不是科学就是反动；而一切的文艺都被视为政治从属。没想到改革开放这么多年后，仅仅这么短小的一段话，在译文中仍断然抹去了“自由”，片面夸大了“科学”，足见极左年代的影响在中国社会的知识语汇中仍留有难以磨灭的伤痕。

有关这段译文的争论，并不是为了没事找事，纠缠细枝末节。而是为了指出：如果谁要想了解管理是艺术，艺术又是什么的话，从以上德鲁克的言论里便可获得一个具有重大影响的西方管理学者的解答。不过很可惜这段言论的译文处理有所不当，不能为读者提供他们理应得到的服务。

在德鲁克看来，人文学科等知识领域，都是包括在自由艺术的范畴里的。而管理，或有关管理的学问，是自由艺术的一个特殊的、侧重实践、讲求实效的“经世致用”的层次。

顺着这个逻辑推导下去，要想成为合格的管理者，一个人就必须在哲学等人文学科的诸多领域都有所涉猎。德鲁克甚至都没有仅仅把管理定义为一门侧重数学和经济学的自由艺术——他首先提到的是心理学和哲学。非但如此，还要“理论与实践相结合”，管理者必须在日常工作中卓有成效地运用个人的知识，以成就企业的正确而可靠的领导力。

问题是，纵观今天的管理教育，从成熟经济到新兴市场，从西方到东亚，哪有讲究什么“自由艺术”的？在西方，2008 年全球衰退后

1. 西方人文学科中包含了“经典”这门学科，经典是指古希腊和古罗马文化，这点与中国人所说的国学类似。对经典的研究被认为是人文学科的基石之一。西方综合大学对课程设置的自我介绍中，经常采取人文学科（the humanities）、自然科学（sciences）、社会科学（social sciences）三大类并列的方式，足见人文学科相对于其他两大称为“科学”的领域的区别。

才刚刚有了一点。在我们这边，很多人仍然是在以工程师的眼光看世界，好像天下除了冷冰冰的“科学”之外再无学问，也没有任何东西可尊重、可照顾、可顾忌、可爱惜。

这也恰恰是很多“工程问题”一不小心演化为社会问题的一个原因——从GDP至上论到一切为了报表、为了规模、为了纪录、为了指标而摈弃道德、作践人格、败坏文化、牺牲同胞的做法，如此接二连三、层出不穷，一定不能说都是鼓励事件，一定是因为一个全社会奉为共同的管理法则出了毛病。

在此还需要说明的是，在汉语里，以前也不是没有对自由艺术有过通行的翻译。大约自民国时期始，曾被译为“七大自由艺术”，或“自由七艺”、“三学四科”，等等。最下工夫的翻译，大概是在香港，应该这一传统在香港没有间断。在那里“liberal arts”译作“博雅教育”或“博雅七艺”。这样的译法，雅倒是雅，足以用来对应中国的国学教育或所谓儒家六艺，但对被译者似有不公，因为无法体现这一术语在文明史上的渊源。

可以预见，今后，“liberal arts”这个术语是会在后危机时代的管理论著中不断出现的。一些西方管理学院已明确表示将更加重视人文教育。不过这种教育，一旦人们了解到“liberal arts”的历史渊源和真实含义，就会理解到，它不仅仅意味着给管理学院的学生教一些文学欣赏而已。打个比方，那不是向刚入学的清华本科生教唐诗欣赏（虽然唐诗从整体上说也是博大精深），而是向经管学院的研究生开《论语》研修班。

显然，论规模，论深度，在汉语里，与西方的“自由艺术”真正相接近的东西，不是什么大学文科，也不是后来定义越来越宽泛、粗浅的博雅教育，而是中国人常说的以先秦学术为起点的“文史哲”（当然研究儒家学说及社会影响应是主干），是对华夏文明超出技术、物质层面的一个大总结。

不过在字面上，或许“liberal arts”这个术语无论怎样翻译都不容易被现代中国的青年人所理解。倘若仅仅使用“自由艺术”四字，不加解释，他们可能还是不知所云。可能需要在管理学院里专门开一门课或一个讲座，为他们提供比较全面的历史背景和说明。这样就会帮助他们与国际上的管理思想更好地融会贯通。

开办这样一门课或一个讲座绝对是必要的。目前发达国家的管理研究正呈现从泰罗制的纯技术传统向人文传统的大幅调整，不知道西方的人文传统，也就难以理解当前的这一调整，也难以借他人的眼光回过头来审视中国人的人文传统，更无法做到在未来国际化的管理过程实现两个甚至多个人文传统的合力与互补。

最浪费时间的，是看到别人有所调整，自己也跟着调整，知其然而不知其所以然。结果调整了半天，既欣赏不到人家的精髓，也发掘不了自己的优势，只不过是热闹一场。就像古人嘲笑的：

只眼须凭自主张，纷纷艺苑漫雌黄。
矮人看戏何曾见，都是随人说短长。（赵翼《论诗五绝》）

再加上这回是个洋戏班子，翻译又不给力，岂不更是荒诞？

第十章

创意、品牌与营销

应怜屐齿印苍苔，小扣柴扉久不开。
春色满园关不住，一枝红杏出墙来。

——叶绍翁（南宋，江湖派诗人）《游园不值》

92. 从产品工厂到意义工厂

一个社会创造的各种品牌，都与它的源远流长的文化传统中那些基本原型所遥相呼应，比如创世英雄、江湖好汉、梦中情人、亲密伙伴，等等。中国人常用的一个说法叫“寄托”。寄托就是承载着一些没有在字面上明写的意义。成功的品牌都有着各自“寄托”，都是一个文明的经典故事和意象的重述或延续。

市场化的改革，使中国完成了很多举世瞩目的壮举；2008 年大衰退以来，更是扮演了全球经济火车头的作用。不过我们还有两项短缺，到了应当予以关注的时候：一是在形而上的领域，一直还没有出现举世瞩目的大思想家（更确切地说是伟大思想）；二是在日常生活的领域，一直还没有出现举世瞩目的大品牌。

这不是一个偶然现象，不是像一件被淘汰的旧电器旁边放了一只烂苹果，二者互不相干。我们缺的这两样东西——大思想家的思想和为世人称道的品牌或其他具有世俗社会典范价值的东西——折射出的是同一个社会环境里的，具有同样渊源的问题。

三十多年前的思想解放运动，为改革开放清除了很多障碍，功垂后世。但也不必讳言，每一代人都有自己的英雄主义，也都有着自己的局限。发动和参与那场运动的人们，有着太强的解决眼前问题（那时很多地方的人民连温饱问题都未解决）的紧迫性，还来不及对社会变迁所必然涉及的方方面面加以琢磨。

于是，人们有时看到好像四处都有突破，柳暗花明，甚至异军突起，不久却因动力不足，新生事物大多归于沉寂。一茬一茬的企业速生速死，就像蘑菇一样，人们都已眼见。人们为之困惑的企业“长不大”的问题，有政策上的原因，还有超出宏观经济学的更大原因，包括整个社会对思想上的远见卓识和营销上的精湛用心的不崇尚、不鼓励、不支持，甚至不容忍。

一个社会是无法仅仅依靠吃一场思想解放运动的老本而持续发展的，每一代人都要为文明的生存作出新的贡献。今天的中国人和中国企业，有条件去超越上一代人知识上、眼界上，以及经验上的种种局限，去把自己的创造推上举世瞩目的境界。

思想和品牌的核心都是意义。当然，商业文化不能代替严肃思想，不能代替学者的理论和智慧。不过商业文化却为芸芸众生与文明传统之间搭建桥梁、编织纽带，让他们在日常活动和细小选择中，不断温习社会的价值，并不断定义和校正自己的文化归属。

一个蓬勃向上的时代，一个堪称世界领袖的大国崛起，必然会聚集得起、表现得出思想上和文化上的巨大力量。在国际政治上“不扛大旗”的大国崛起或许值得赞许，但在思想上、文化上（包括商业文化上）不独树一帜却是不可想象的。正如在美国最风光的时代，人们就把麦迪逊大道和好莱坞称为美国的两大意义工厂。[1]

国家如此，企业亦然。不可能设想所有企业永远做大做强；有些企业，出于市场考虑不便做大，有时还要避免扩张，故意缩减。大或不大，并非具有普世意义的标准。对于企业生存真正要紧的，是拥有相对稳固的顾客群体和市场地位，也就是《孙子兵法》所说的“立于不败之地”的境界。

营销研究学者菲利普 · 科特勒（Philo Kotler）说：“只有优异品牌才能持续创造高于行业平均利润率的收益。”[2] 在后现代社会，消费者更

1. 麦迪逊大道，纽约曼哈顿一主要商业大街，因多家国际知名广告公司总部都集中在这条街上，因此成为美国广告业的代名词。

2. Philip Kotler, *Marketing Insights From A to Z* (Hoboken, NJ: John Wiley % Sons, 2003), p10.

加渴望真实感受、亲切记忆，以及值得回味的意义。他们在心理层面上而不是温饱层面上的选择，将决定企业的存亡。

从品牌管理、产品设计、销售策划，到客户关系管理，人们通常所说的所有的营销，无论操作者有无意识，其实都是经营意义，都是在与社会进行意义层面的对话，都是在通过顾客的心理体验和社会的文化渊源之间建立一种意义的关系。

正如出了差错不道歉，不采取办法缓和顾客情绪的做法，马上就能叫顾客想起欺压民众的官府。这一方面是源自现实生活的衙门作风的泛滥；另一方面，也是源自中国文化里自古以来对“黄衣使者白衫儿”[1]的抗议和批判，以及更加深层的民怨、民愤的概念。

反映着一个社会里大多数人都能理解和接受的意义的，经常是形象和故事，以及在这些形象和故事里的一些为数不多并且万变不离其宗的基本原型。正像“欲将西湖比西子，淡妆浓抹总相宜”[2]在很大程度上代表了中国人的审美情趣，“永忆江湖归白发，欲回天地人扁舟”也在很大程度上反映了儒者的人生向往那样，西施和范蠡的故事，乍一提起，好像突兀，却是深深铭刻在大多数社会成员心头的共同的记忆。

这些基本原型，如同意义的“流通货币”。一个社会创造的各种品牌，都与它的源远流长的文化传统中那些基本原型所遥相呼应，比如创世英雄、江湖好汉、梦中情人、亲密伙伴，等等。中国人常用的一个说法叫“寄托”。寄托就是承载着一些没有在字面上明写的意义。成功的品牌都有着各自“寄托”，都是一个文明的经典故事和意象的重述或延续。

比如苹果电脑标志上那只被啃了一口的苹果，正是源自著名的《圣

1. 白居易《卖炭翁》。

2. 苏轼《饮湖上初晴后雨》。

经》典故，象征着独立行为者的不羁的思想。[1]

很多企业，无论自己品牌的名称和标识是什么（这些东西经常是很难改动的），都一方面千方百计通过为它增加意义，包括一代又一代创业者的经营故事和诚信事迹；另一方面通过技术创新和设计创意改进产品（或服务），提高市场知名度。有的大企业，还通过持续致力于某一企业社会责任领域，树立公众榜样的形象。[2]

曾几何时，中国企业的品牌，虽谈不上很多的文化积淀，起码也富有时代气息。比如以长虹象征彩电，以联想暗示无纸办公，等等。即便一些洋字码的品牌，虽然代表什么不好说，好歹也反映出对外开放的意思。

可是随着公款消费的炽烈，行政权力的泛化，垄断企业的横行，最近一个时期出现了新一代的品牌和广告。它们充满了对物质占有的炫耀，对行政官僚的谄媚，对所谓成功人士（其实是贫富分化中的幸运者）的追捧——那些以老皇帝、老干部形象的广告，以及打着国事活动场所专供、特供商品旗号的产品，所表现的，只有盛权之下的社会想象力的扭曲。

如此虚张声势，如此浅薄傲慢，足以媲美文化大革命中的假大空。假大空的买卖是自欺欺人的买卖。倘若后危机时代中国经济的要务是振兴内需的话，这种权力营销，反映出的却是对大众消费的日趋轻蔑，纯属倒行逆施。它让文明的传统、大众的向往，就像一座已被发现却无人采掘的金矿，被一心追逐权力者弃之不顾而日趋荒废。

幸好，市场经济的大潮，“不为尧存，不为桀亡”[3]。中国的改革开

1. 苹果电脑的一句广告口号就是“think different”（非同凡想）。关于苹果标志的含义还有说法是纪念计算机科学之父图灵，他因食用毒苹果死亡。不过，苹果公司最早的标志是牛顿坐在苹果树下读书的一个图案，后来被简化为“缺口苹果”。按照设计师罗勃·简诺夫的说法，事实比传说远远来得更简单一些，“仅仅是我喜欢而已。如果真的要解释的话，我觉得我最初设计那咬的一口是为了让 LOGO 看起来是个苹果，而不是樱桃”。

2. 出自笔者对中欧国际工商学院副院长约翰·奎尔奇（John Quelch）的采访笔记。

3.《荀子·天论》。

放不会就此止步。一旦后垄断时代到来，新一代的企业家、经理人必将会重新发掘那些曾经赋予了我们伟大文明的意义。正像一首宋诗里说的：

宁子阳愚饱谙事，贾生恸哭漫多愁。
无言天道何须问，毕竟人间春复秋。[1]（张耒·宁子）

93. 一件“大路货”如何做成千古绝唱

为广大顾客提供新的逻辑、新的定义，是很多大路货在再次创新，卷土重来，甚至达到登峰造极境界的一个妙法。

假如唐宋文人可凭自己的创作到纳斯达克去上市，什么样的作品会最受欢迎？或许你会不假思索地说：“那当然是最富想象力的了”——就像市场上最新颖的发明那样。

不过对不起，市场有时不是这样的。最富想象力的发明可能卖不动，因为“最伟大的产品都不是实验室的产物，都是营销的产物”[2]。一件商品，有什么必要买它呢？消费者心里经常打鼓。比如说，“待到秋来九月八，我花开后百花杀”[3]这样的枭雄诗，想象委实不凡，但读起来，一切与“我”不同之人又作何感想？

实际的情况，是市场上绝大多数的被消费者追捧的创新产品，就基本设计而言，其实都是从平淡无奇的大路货演变而来的；只不过厂

1. 宁子，即宁武子，春秋时卫国大夫宁俞，谥号武。《论语》载孔子称赞他：“宁武子，邦有道则知，邦无道则愚，其知可及也，其愚不可及也。”北宋理学家程颐对“邦无道则愚”解释为：“邦无道能沉晦以免患。”

2. 语出英特尔公司前高管层成员威廉·达维多（William Davidow）。

3. 黄巢《不第后赋菊》。

商独具慧眼，适当调整演变的路数，迎合了大众消费者迄今尚未表达的心愿。

农耕社会永远都有赞美春天的需求；这个社会中的那些喜欢舞文弄墨的人，一到春天也要面对着绚烂多彩的春花春草情不自禁摇头晃脑地吟唱起来。当然，他们不可避免会重拾前人的意境，重用熟知的笔法，但偶尔地，也会有人能在那么多前人积累的基础上有所创新，经营出别具一格的意境来。

在这方面，有一个堪称经典的案例，是宋朝一位很不出名的平民诗人写的一首小诗。这首诗直到现在，老少妇孺都能记得：

应怜屐齿印苍苔，小扣柴扉久不开。
春色满园关不住，一枝红杏出墙来。（叶绍翁[1]《游园不值》）

第一、第二句说尽管敲了老半天的门，院子主人也没回应，大概是怕我的木鞋踩坏了台阶上的青苔。但不开门也罢，第三、第四句说，反正院子里盎然的春意是锁不住的，那墙头伸出的一枝杏花，不就是绝妙一景吗？

诗中意境的每一个构件，从绽放的杏花，到高高的墙头，再到紧锁的院门，都是被前人使用过的。这一点，钱钟书先生等不少专家都指出过。但从整体上看，这短短四句，却为什么那么打动人心，与众不同？按经济指标衡量，这样的效益，简直堪称奇迹。奇迹的效益，却是怎样创造的？在唐诗里，杏花的意象起初并不多见。王维的“屋上春鸠鸣，村边杏花白”[2]，应算是很早的一个杏花陪伴农舍的意象了。只是到了中唐以后，接近晚唐，诗歌里的杏花才逐渐多了起来。

1. 叶绍翁，生卒年不详。南宋中期诗人，长期隐居钱塘西湖。
2. 王维《春中田园作》。

到了南宋，整个国家的经济重心都被无可奈何地压向了“杏花春雨”中的江南。随着这一过程，杏花——而不是太华贵的牡丹（大体说是北方的花），太娇柔的桃李（没听说“城中桃李愁风雨”吗？），或太淡雅，太具文人气的梅花——才被当做了平民社会里春到人间的一个象征。

在叶先生作诗的南宋晚期，红杏出墙这个意象（并不带有现代八卦新闻里的低俗含义）早已被众多前人使用过。比如说温庭筠的“红花初绽雪花繁，重叠高低满小园”；吴融的“一枝红艳出墙头，墙外行人正独愁”；王安石的“独有春花如唤客，倚墙斜日数枝红”；陆游的“杨柳不遮春色断，一枝红杏出墙头”；以及张良臣的“一段好春藏不尽，粉墙斜露杏花梢”。[1] 所有这些诗句，即使身为诗人的叶绍翁全都没有读过（可能性不大），后人也绝不会把他的“一枝红杏出墙来”算做他的独创。

说到墙头之花——并非仅仅杏花，前人案例更多。仅在七言句中，还有戴叔伦的“却是梅花无世态，隔墙分送一枝春”；元稹的“春来偏认平阳宅，为见墙头拂面花”；白居易的“墙头半露红萼枝，池岸新铺绿芽草”；韩偓的“树底草齐千片净，墙头风急数枝空”；汪藻的“桃花嫣然出篱笑，似开未开最有情”，等等。[2]

仅在“形象思维”这个层次上，人们看不出叶占有任何优势。他既算不上第一梯队的先期进入者，也算不上第二梯队的奋力赶超者。再加上围墙阻隔、院门紧闭，种种不利条件似乎都在为一个既没官当，又非望族的小文人规定着他的命运。那就是重蹈前人的“多情却被无情恼”的路线，要么去一再诉说无奈，要么去反复描摹平庸。

出人意料的是，诗人选择了反叛。他高呼出了一句“战斗口号”，

1. 以上诗句依次引自：温庭筠《杏花》；吴融《途中见杏花》；王安石《杏花》；陆游《马上》；张良臣《偶题》。

2. 以上诗句依次引自：戴叔伦《旅次寄湖南张郎中》；元稹《压墙花》；白居易《日渐长，赠周、殷二判官见》；韩偓《残花》；汪藻《春日》。

那就是他的“春色满园关不住”这样看来极不雕琢、全无意象的一句。但就是凭借着这样一个转折，他把所有围绕着围墙、院门，以及可望而不可即的鲜花的失落感一扫而空，让俏立墙头杏花以及在所有墙头开放的花自己走出了各自封闭、狭小的空间，而来到一个开放的天地。

一枝小花，正是由于“春色满园关不住”的颠覆性的重新定义，才超越了纯自然的描写以及只限于个人际遇的寄托，让人们感受到了一种“唯有春风不世情”[1]的“沛然而莫之能御”的力量。树有主，花有主，春光却没有主；墙能隔，门能隔，春光却隔不断；春天的美丽和生机是属于天下一切人的。如此这般，叶绍翁在无数前人灵感积累的基础上，通过对一种产品（吟咏杏花的诗歌）的普世性的重新定义，终于推出了一款契合广大“消费者”（即读者）心境的经典设计。

为广大顾客（甚至以前被忽视或新出现的顾客群体）提供新的逻辑、新的定义，是很多大路货在再次创新，卷土重来，甚至达到登峰造极境界的一个妙法。

生活就是创意，当然也可以被不断再创意。市场需求的定义必将随着知识的丰富、修养的提高而一再受到颠覆。当那一刻来临，从各个角落里应运而生的新的实践、新的愿望，也会像从院墙后边伸出的灿烂花朵，迎着春风，冉冉招展。想要做未来生意的人，也不妨想一想将怎样参与这样的满园春色。

---

1. 罗邺《赏春》。

94. 体验经济：为权贵服务还是为人文服务

无论是什么样的特色服务，服务的提供者不能仅仅想到的是眼前的付款者能够满意，更要想到全社会、全世界具有同样支付能力者都能够对同样服务感到满意。因而对所有的服务在满意度上的最终考量，只能是人文的考量，也就是以人文价值为最高标准的判断。

大家都说是个“关系社会”，古来如此。从古到今记录下来的文学，歌颂太平的，阿谀权贵的，以及官员之间的相互逢迎的，可谓比比皆是。但幸好文学自有文学的标准，公认的上乘之作，永远是与所有人的对话。

那里有天下勇士的激情：

葡萄美酒夜光杯，欲饮琵琶马上催。
醉卧沙场君莫笑，古来争战几人回？（王翰《凉州词》）

那里有天下离人的幽思：

君问归期未有期，巴山夜雨涨秋池。
何当共剪西窗烛，却话巴山夜雨时。（李商隐《夜雨寄北》）

那里有天下友人的怀念：

休遣玲珑唱我诗，我诗多是别君词。
明朝又向江头别，月落潮平是去时。（元稹《重赠乐天》）

——有具体的场景、具体的人，却传达出一种所有人都能分享的体会。

一个时代的讽刺，却是随着“体验经济”这样字眼儿的翻译引进，社会却好像弄不清楚到底要让谁体验，体验什么了。有一些人对体验的理解，竟不外乎少数人对社会资源的超额占有和尽情挥霍。

互联网泡沫期间，一位寻求风险投资的青年，曾向我介绍过这样一个商业计划：“商务旅行者都有虚荣、餐饮、娱乐的要求。你要到北京来，只要上网告诉我，我就在北京全给你搞定了：住酒店，我给你安排总统包间；坐车，我给你安排奔驰到机场接送；宴请，我给你安排山珍海味；给你请京城名记发消息、做专访；给你找当红模特儿陪跳舞、陪喝酒……”

“等等，”我打断他，“这叫什么服务？”

“www.high-entertainment.com”[1]，他毫不犹豫地说。

“假如我想听场戏，逛一次博物馆，访问一个画廊呢？”

“现在谁还顾得上这些？”

听到此，我笑了（心想，叫“三陪 .com”岂不更响亮）：“谢谢您找我谈您的计划，真了不起。不过我马上还有个会议。等我给您打电话吧！”

难道这就是体验经济吗？这只是穷奢极欲的现代化而已，除了越吃越胀、越喝越晕、越玩越累之外，还能有什么体验？在这样的体验中，傻的还只是当事人；对旁观者来说简直就是活生生体验杜甫诗里的那种“朱门酒肉臭，路有冻死骨”式的社会分化。先是经济的畸形、文化的败坏，而后是法纪的腐蚀、制度的崩溃——没有一个让人瞧得起的政府会不想办法遏制这种“体验经济”发展到肆无忌惮的地步。

人们越是接近物质基本需求的满足，选择越是多样，社会就越崇尚个性，市场上也就必然会产生各种特色服务。但为一些人提供的特色服务不能是建立在牺牲或践踏其他人权利之上；所有这些特色的标

1. high，高的；entertainment，款待、娱乐。

准，必须是适用全社会的，它们的服务，也必须是对一切人都敞开大门的。

以互联网媒体为基础的“认知盈余”[1]时代，从本质上说，是普通人创造资源和拥有市场的时代。最强有力的发展都是通过分享，通过扩大共同利益网络而取得的。比如随着微软、苹果的兴起而形成的，由上千上万各国服务提供商组成的商业生态系统。[2]任何妄图自成一体、与世隔阂、闷声独占社会资源的土财主俱乐部，以及各种垄断者和兼并者的联盟，都是会很快就会像早晨的露水一样消失掉的。

没经验的生意人总是以为为权贵服务最好赚钱。实际不然。那些人往往最难伺候，因为他们最不讲理，最不懂尊重服务，也最不会欣赏真正有品位的服务。他们是营销专家称做的“坏客户”。[3]为他们服务惯了，一旦世道发生变化，说不定对真正市场经济反倒无法适应了。

因而无论是什么样的特色服务，服务的提供者不能仅仅想到的是眼前的付款者能够满意，更要想到全社会、全世界具有同样支付能力者都能够对同样服务感到满意。因而对所有的服务在满意度上的最终考量，只能是人文的考量，也就是以人文价值为最高标准的判断。在这一点上说，为人文服务也就等于为人民服务。

---

1. 认知盈余（cognitive surplus）是一种来自全世界网民的能力。有两个元素，第一，所有人的闲暇时间和才能；第二，新媒体让民众乐于创造和分享。详见 Clay Shirky, *Here Comes Everybody: The Power of Organizing Without Organizations*（NY: Penguin, 2009）（中译本：克莱·舍基《未来是湿的：无组织的组织力量》）。作者的基本观点是借助网络便利，普通人更加容易建立组织，发挥影响。例如在伦敦地铁爆炸案中，公民们用手机提供了比摄影记者更完备的实时记录等。

2. 关于商业生态系统，见 Marco Iansiti and Roy Levien, *The Keystone Advantage: What the New Dynamics of Business Ecosystems Mean for Strategy, Innovation, and Sustainability*（Boston: Harvard Business Press, 2004）（中译本：马尔科·扬西蒂、罗伊·莱维恩《共赢：商业生态系统对企业战略、创新和可持续性的影响 》）。作者主要观点是当今世界上已出现了这样的经济现象：那就是在类似基石物种式的企业周围，形成了由大批企业汇集起来的相互依存的商业生态系统。

3. Jeffrey Fox, *How to Become a Marketing Superstar* (NY: Hyperion, 2003), pp15-17.（中译本：杰弗瑞·福克斯《如何成为营销巨星》）

中国古贤说端茶童子，只要尽心，亦是圣人——当然也就用不着非要嬉皮笑脸、言不由衷地为权贵服务了。

丽思卡尔顿酒店（Ritz-Carlton）全体员工的座右铭，即“我们是为女士们和先生们服务的女士们和先生们”[1]，意思是我们的服务员都是“女士们和先生们”，所以他们最懂得怎样向作为顾客的女士们和先生们提供怎样的服务。

钱离开了人就没价值。市场经济不等于精神境界、慈悲心肠、文艺品位和学术思辨，但它的发展，离不开与所有这些东西的配合，如果出现失衡与偏废，必为天道、人道所不容。

在一个行政独大、垄断大行其道的地方，由于眼前利益诱惑，总有一些自命年轻敢闯之士争前恐后去做红顶商人的生意。幸好，一般不愿四处题词的朱镕基总理，2002年在参观杭州胡雪岩故居后留下的这些文字，已经把他们将来要面对的结局揭露无遗：

> 胡雪岩故居，见雕梁砖刻，重楼叠嶂，极江南园林之妙，尽吴越文化之巧。富埒王侯，财倾半壁。古云：富不过三代。以红顶商人之老谋深算，竟不过十载。骄奢淫靡，忘乎所以，有以致之，可不戒乎？[2]

这个题词也是在与所有人的对话——看看胡雪岩的尴尬命运，天下商人，“可不戒乎”？

1. 英文原文为：“We are Ladies and Gentlemen serving Ladies and Gentlemen.”
2. 埒（liè），等同之意。当时，胡雪岩富有的程度与国王诸侯相当。其耗资巨大的宅子建于1872年，历时3年。而从建成到其破产，还不到十年。2002年5月5日，朱镕基同志偕夫人劳安和女儿朱燕来在浙江省杭州市参观了胡雪岩故居。这次他不但在红木厅签名留念，回到宾馆后又送来了题词。（《朱镕基讲话实录》第四卷，P361）。

95. 经营品牌的关山，比守卫军事要塞更具挑战性

在战争中，要占据“一夫当关，万夫莫开”的、对战局有着决定性影响的高地。否则即使拥有千军万马，其实际效用也会大打折扣。在竞争中，要想立于不败之地，关键的，也在于能否建立起比较坚强的品牌。

每一个时代的人们，都有一些字眼儿是经常要议论的。在历史上的中国北方，享受不到现代和平的奢侈，人们经常议论的东西是军情、是边关。现代人很难设想，在尚武的唐朝社会，那些东西曾与他们的生活多么接近：一部《全唐诗》中竟然两百多首都提到了“关山”[1]，在数量上甚至超过了“梅花”。[2]

那里有李白的高唱：

明月出天山，苍茫云海间。
长风几万里，吹度玉门关
……（《关山月》）

杜甫的伤叹：

……
河汉不改色，关山空自寒。
庭前有白露，暗满菊花团。（杜甫《初月》）

戴叔伦的月下长歌：

1. 关山，在甘肃省天水市张家川回族自治县境，横亘于张家川东北，绵延百里，是历史上有名的难越之山。

2. 当然仅带“梅”字的篇什数量远不止这个数目。可是带“关”字的（其中经常是作为“某某关”的地名组成部分）也更多。

一雁过连营，繁霜覆古城。
胡笳在何处，半夜起边声。(《关山月二首》)

以及王维笔下的紧急军情：

十里一走马，五里一扬鞭。
都护军书至，匈奴围酒泉。
关山正飞雪，烽戍断无烟。(《陇西行》)

那些字眼儿，那些话题，几乎就像现代人生活中经常接触到的市场和企业。不过，关于竞争的学问告诉我们：和平时代的竞争，与战争年代的争夺，在有一点上是非常相似的。那就是要想取胜，就得先抢占有利的地形——在古代战争中，那就是险要关山，在现代商战里，应该就是企业的品牌定位。

无论是在战争还是竞争中，优势都不能仅是一个概念，还要有实实在在的基础。在战争中，要占据“一夫当关、万夫莫开”的、对战局有着决定性影响的高地。否则即使拥有千军万马，其实际效用也会大打折扣。(当然这种古代战争中的高地，在现代战争已为制空权所取代。)在竞争中，要想立于不败之地，关键的，也在于能否建立起比较坚强的品牌。否则即使你拥有很强的生产能力，你的生意也未必能赚到利润，企业发展也不可能有靠得住的长远计划可言。

管理学家一再劝告企业把自己从以生产 / 产品为中心工作方式转变到以营销、顾客为中心的工作方式上来。[1] 这也反映出，称职的企业领导者，必须像“宰相必起于州部，猛将必发于卒伍”[2] 那样，具有从营销管理和品牌管理中积累出来的全局能力和战略意识。当中国不能

1. Roland Rust et al: “Rethinking Marketing,” in *Harvard Business Review on Reinventing Your Marketing* (Boston: Harvard Business Review Press, 2011), pp1-18.
2. 语出《韩非子·显学》。

再依靠廉价人力在世界市场上竞争的时候，以国际营销专家带领企业发展的趋势，已成为时代必然。

在古代战争中，一座关城，其实就是一个进可攻、退可守的作战平台。在商业竞争中，一个品牌，尤其一个经过多年培育、在相当数量消费者心目中以建立了信誉的品牌，更可以为企业发展发挥一个意义平台的作用。然而与古代勇士枕戈待旦、以高度警惕维护要塞的心境相比，很多现代企业，对待自己品牌的态度，却显得过于轻率：

——一些老品牌，毫不留恋地抛弃了。前改革时代整整一代上海品牌，现已所剩无几。

——一些历史品牌的经营者，从来不屑于向消费者讲述它们的历史故事。任何一家中国白酒厂商始终难以说出一个真实、详尽的品牌故事，而国际酒业品牌，则坚持以自己几百年创业，维护品质的故事开辟市场。

——一些新品牌，鼓噪了一阵就不加以维护了。

——一些明星品牌，不但从形象、从意义上不做提升，而且出现品质退步，甚至陷入质量丑闻。

经营品牌，是一项接连不断的创造意义的工作。因此，从人文的角度上看，它比守卫军事要塞更具智力的挑战性。一些美国管理学者甚至提出，要让营销经理人接受包括心理学、人类学、社会学和经济学在内的、广泛的社会科学训练，学会像行为科学家那样对待顾客，观察他们，采集有关他们的信息，与他们交往和向他们学习，并把所学到的东西综合起来，用于工作。[1]

如果未来企业领导人会是这样一批既有实践经验，又有科学见识

1. Roland Rust et al: “Rethinking Marketing,” in *Harvard Business Review on Reinventing Your Marketing* (Boston: Harvard Business Review Press, 2011), pp1-18.

的哲学王式的人物，也可以说他们是新时代的“儒将”吧！

96. 杨万里自创品牌的启示：有人格才更有意义

一个品牌的声誉，也靠的是它的故事，以及这些故事所传递给消费者的一种总括的意义，那就是它的品牌人格；不能仅仅靠它的产品多样性以及不菲的资金投入。

结合着人格的品牌，才具有着鲜明的意义。

一个品牌不断得到它的拥有者和经营者的人格支持，那么它将更加强大。

宋朝杨万里学诗的经历，正好也是一个案例。当时诗坛，一直被江西诗派所垄断，有点像现在的语文教学。这种情况，对于内心充满想象力的人来说，当然是难以忍受的。于是杨终于在 36 岁（按照古人标准早已不再年轻），下定决心“要入诗家须有骨”，“不听陈言只听天”，大摇大摆地走上了自创“品牌”的道路。[1]

这就像一个体育明星不甘心老是穿舶来的运动衣出场，随即将自己的名字也变成了一个体育用品品牌。

或者像几个美国人因不满美国长期缺少欧式咖啡屋，用美国特有的连锁方式开办了这个国家的第一个咖啡屋连锁店。

然而一个品牌的创立，并不是最大考验。怎样不断为它注入意义，如同从一个起点到万里长征，才是难上加难。

一个文明的盛大，靠的是它的艰难曲折的历史上的故事，以及这些故事体现的精神承载，思想创造；它的物质和它的数据，只不过是

1. 以上诗句依次引自：杨万里《留萧伯和仲和小饮二首》；《读张文潜诗》。江西诗派开创者黄庭坚曾倡导“取古人之陈言入于翰墨”。

它的盛大的另一种证明。

一个品牌的声誉，也靠的是它的故事，以及这些故事所传递给消费者的一种总括的意义，那就是它的品牌人格；不能仅仅靠它的产品多样性以及不菲的资金投入。[1]

杨万里的诗被时人称为“诚斋体”[2]。他对诚斋体或他的品牌人格的投入，很多时候显得并不费力。他的大量写景篇什，浅白之中洋溢着自然活力，千变万化，钱钟书先生说“带有着现代摄影记者猎取景物事件的敏捷”。这种印象，与他对某些宋诗有如假山、盆景的批评，可谓天壤之别。

作为一个想象力得到解放、精神生活一下子变得轻松许多的人，杨万里自己也说：“好诗排闼来寻我，一字何曾拈白须？”意思是我才用不着为拼凑诗句而冥思苦想呢！[3]

与此同时，杨从未放松给自己的品牌注入更多的意义。

以一个人的名字命名的品牌，或任何对顾客来说是洋字码的商标，如果没有超出这个名字或这些洋字码的意义，就不可能与他们有任何沟通、有任何感受。

在一个国家里行销的普普通通的商品和服务，到了另外一些国家里，甚至会被贴上品牌拥有者原本从未想到的标签，比如新殖民主义云云。

一个品牌的人格，也如同一个人的人格，都是需要不断修炼，甚至不断校正，才能牢固树立起来的。诚斋体里摄影记者式的对景物事件的捕捉看起来是浅白的，但在对自然活力的浅白再现之中，还屡屡透出一种不服气的精神。比如：

十日都无一日晴，牵船客子总斜行。

1. 品牌故事不可平庸，见 David Aaker, *Brand Leadership* (NY: Free Press, 2000)。

2. 杨万里号诚斋，故称为诚斋体。

3. 杨万里《晓行东园》。排闼（tà），推门。

一川黄犊朝朝饱，岸草何曾减寸青？（《近岸》）

夏欲尽头秋欲初，小凉未苦爽肌肤。
夕阳幸自西山外，一抹斜红不肯无。
（《闰六月立秋后暮热追凉郡圃》）

雪与新春作伴回，捣霜为片雹为埃。
只愁雪虐梅无奈，不道梅花领雪来。（《戊戌正月二日雪作》）

春草是老牛啃不光的；晚霞是秋风抹不去的；梅花不是在经受风雪的摧残，而是召唤着风雪同它一起来游戏的。相比之下，对于自己一辈子都未能脱身的官场，杨万里却没有兴趣浪费笔墨。只有这样持续不懈、坚持到底（在杨的案例里是坚持到死）的意义的注入，终于使他的诗成为了群星灿烂的唐宋诗坛上最后一块品牌。

杨万里的不服气精神，钱钟书先生未曾涉及，但胡适却体验得真真切切。1960 年，他曾将杨的一首诗抄给因举办《自由中国》杂志而被蒋介石指示"刑期不得少于 10 年"的传媒人雷震。[1] 这一首诗一般宋诗集中不选，甚至杨万里选集中都不选，但胡适为什么选？读了，你自可意会：

万山不许一溪奔，拦得溪声日夜喧。
到得前头山脚尽，堂堂溪水出村前。（《桂源铺》）

1. 关于胡适与雷震的关系，见范泓《万山不许一溪奔》，《南方周末》，2002/10/24，22 版。

97. 梅花诗和“苹果”：别让个人形象压倒品牌形象

在社会媒体大流行的时代，有营销专家指出，企业领导人如果过度致力于提高个人品牌以及个人粉丝，就有可能把公众注意力偏离了公司整体声誉和产品品牌，反倒给企业长期发展造成混乱和伤害。这一点，苹果 CEO 乔布斯在退位之前就非常注意。深具魅力的他的每一场“重头戏”，都是为了支持苹果品牌，而不仅仅是为了宣传自己。

开公司，办企业是很实际的事情。世界上的凡人大抵不可能又办公司，又撰写哲学论文，又当青年导师，又模仿历史上革命党领袖的面貌出现。然而有一些年轻和不再年轻的 CEO 们却偏偏热衷于此道，仿佛不这样，公司就显不出足够的档次。

久而久之，却往往事与愿违，主业经营没有搞好，文章和讲座也显不出什么超人的功力，还致使员工外出时遭到业内人士的调侃：“你们老板到底是干什么的？是企业家还是文人？”

任何东西不可处理得太夸张——否则就会造成一个扭曲的印象。古代文学里的梅花就是这样一个例子。

自古以来中国文化人就有一个梅花情节，认为它姿色灵秀，还能在雪中绽放，最契合自己卓尔不群的心境。但想想历代梅花诗，在描写上，如果跟牡丹相比，却经常比不上刘禹锡“唯有牡丹真国色，花开时节动京城”的气派；与菊花相比，比不上陶渊明“采菊东篱下，悠然见南山”的潇洒；而与荷花相比，比不上杨万里“接天莲叶无穷碧，映日荷花别样红”的生机，或李商隐“秋阴不散霜飞晚，留得枯荷听雨声”的“无生机”；即便与描写桃花、梨花，甚至杨花（柳絮）的作品相比，似乎都没有显出过格外的精彩。[1]

想来想去，过去一千多年里，对梅花的最佳描写，也就是西湖隐

1. 以上诗句依次引自：刘禹锡《赏牡丹》；李商隐《宿骆氏亭寄怀崔雍崔衮》；陶渊明《饮酒》；杨万里《晓出净慈送林子方二首》。

士林和靖先生的“疏影横斜水清浅，暗香浮动月黄昏”[1]那两句。女诗人朱淑真说：“当时寂寞冰霜下，两句诗成万古名”[2]，反过来也说明除那两句之外，别的描写（包括林余下的诗句），不提也罢。

说真的，梅花大概是被中国文人最为滥用的一种东西。无数文人都想借梅花来自我标榜或埋怨世道。但他们越添加个人寄托，梅花的天生丽质也越显得无足轻重了。这让人想起来在品牌管理中，管理学者内容毕竟胜于外表（substance over style）的说法。那些在宣传上、广告上为一个产品、一家企业乱贴伟大标签的人不晓得，贴了半天，毕竟还是涂脂抹粉，不是天生丽质，反倒叫人瞧不起。[3]有人哀叹梅花“虚名每被诗家卖，素艳常遭俗眼嗤”[4]就包含了这个意思。

一家企业（以及公司简介、产品广告，等等），无论怎样牵强附会地把自己跟貌似伟大的话题联系起来，这些话题，都代替不了它给消费者带来的体验。它仍要小心翼翼地改进产品，小心翼翼地服侍顾客。倘若真的能叫消费者感到些许的惊喜，所表现出来的想象力就已足够，并不需要费更多口舌来讨论人类大同、民族兴亡、国学真谛、科学前景。

在中国这样的经历了长时间的革命动荡的社会，有些口号，人们都很熟悉，但他们对这些口号的理解和体验，却很可能悬殊极大。将这些口号回收利用，可能会吊起部分人的胃口，但对于整个社会而言，未必具有同样的吸引力。

毕竟，梅花就是梅花；人们很容易看得出以个人宣言代替梅花的人未必真的爱梅。

在社会媒体（social media，如微博等）大流行的时代，有营销专家指出，企业领导人如果过度致力于提高个人品牌以及个人粉丝，就

1. 林逋《山园小梅二首》。
2. 朱淑真《吊林和靖》。
3. Mainak Dhar, *Brand Management 101* (Singapore: John Wiley Asia, 2007), pp39-40.
4. 郑如英《咏梅诗》。

可能把公众注意力偏离了公司整体声誉和产品品牌，反倒给企业长期发展造成混乱和伤害。这一点，苹果CEO乔布斯在退位之前就非常注意。[1] 深具魅力的他的每一场“重头戏”，都是为了支持苹果品牌，而不仅仅是为了宣传自己。

乔布斯懂得，苹果就是苹果；他从未允许自己的形象压倒苹果，是因为他真的爱苹果。

98. 被大话拆台的品牌，何不以梅花本色示人？

本来不错的品牌，不错的设计，偏偏让自己的不实宣传给拆台。这就好像一树梅花，因嫌自己不够艳丽，偏偏要把自己装扮得像桃花，反倒扭曲了本色。

2011年9月，阿迪达斯麾下品牌锐步遭到美国联邦商贸委员会勒令向消费者支付2500万美元的赔偿，理由是没有任何可信数据支持该品牌两款运动鞋广告中的说法：能增进（女性）后部曲线变得更美，甚至与其他款式运动鞋相比差异高达28%。锐步表示认罚，但发表声明说原因并非认同当局裁决，而只不过是为了避免法律纠纷的拖延给公司造成进一步损失。[2]

更加难堪的是，根据全球业内权威媒体Advertising Age（《广告时代》杂志）数据，其中一款涉事鞋子的广告花销在2009年高达2300万美元，占锐步全年媒体预算的80%以上。此后，在2010年和2011年上半年分别达到3100万美元和1000万美元。由于当局裁决，几年

1. 引自John Warrillow: “Tim Ferriss on the Pitfalls of Personal Branding”（约翰·沃里洛：.蒂姆·费里斯谈关于个人品牌陷阱）约翰·沃里洛是美国作家、演说家和天使投资人；蒂姆·费里斯是美国天使投资人，畅销书《每周工作4小时》的作者。

2. 据《纽约时报》官方网站上的报道：Andrew Martin and Anahad O'Connor: “Reebok to pay settlement over health claims.”

来的广告信息已属违法，不可延续，巨大花销，付诸东流。[1]

本来不错的品牌，不错的设计，偏偏让自己的不实宣传给拆台。这就好像一树梅花，因嫌自己不够艳丽，偏偏要把自己装扮得像桃花，反倒扭曲了本色。

名不副实的大话，在说大话的人看来，无非是扯着嗓门儿叫卖的一种——只不过用了些“技术手段”加强了嗓门儿而已，不算罪过。

其实说大话远不如叫卖。叫卖是招揽买卖，而说大话却是断送生意。尤其是品牌产品，这样一来就把自己的一贯价值、一贯品格全都玷污了。就跟锐步一样，人家叫你骗子，你有口难辩，因为你无法证实你的大话，即便你的大话或许不会伤人。

每到商家把话说到大得没边的时候，即便大话尚未被揭穿，人们也会觉得其中有些蹊跷。至少在你无法解释自己的大话之前，人们会觉得无法了解你的为人，无法与你对话，无法参与你的生意，也无法与你共同发展。

不幸的是（对消费者，对整个经济，对厂商都是不幸），社会上总是有一些品牌，名字起得就过大，也总是有一些广告语，话说得也过大。

其实，越是在快速传播的时代，人们越喜爱简洁、透明、准确的信息，越受不了华而不实和名不副实的折磨。

汉语自有很独特、很简单亦很感人之处。有的话说一次，看一眼，叫人永志难忘。关键是那些想词的、找话的人，要真正热爱生活，付出心血去琢磨自己文化里的精髓，而不去追赶平日所见的那些俗艳的涂抹、浅薄的吹嘘，以及言不由衷的掩盖——要学会怎样既不夸张，又有品位地跟顾客说话。

记得20世纪90年代刚到香港工作时见到的给我印象最深的两句广

1. 据《广告时代》网站报道：Natalie Zmud: “Reebok agrees to $25M settlement over butt-shaping shoes.”

告语，是写在双层巴士上的对青少年的劝诫："大好青春在你手，切勿吸毒毁一生"，意思很通俗，也很不俗；很浅显，也很深刻。"这才是跟中国人说中国话"，我想。"在英语里，同样的意思倒是怎么说？"站在过街天桥上，望着印有着这副对仗的巴士摇摇晃晃驶过混杂着汽车废气和鱼腥味的街市，一丝赏心悦目的感觉竟油然而生。这也是人在香港的一种独特感受，在一片看上去毫无伟大崇高可言的熙熙攘攘俗人世界里，时而却发现一个别具一格但一晃而过的细节，让人感到经典并不遥远。

如此说来，王安石的一首小品，在所有可想到的、不带明显寄托的咏梅诗里应该也算得上是绝唱了：

墙角数枝梅，凌寒独自开。
遥知不是雪，为有暗香来。(《梅花》)

梅花颜色淡雅，让人一时难以分辨树上的白色是花还是雪。但只因清香袭来，有心人才可断定，毕竟从残雪中绽放了新花。区区 20 个字，并没有为"增加 28% 的美感"而消耗更多的形容词或口号。平易中的意义，最值得回味。

99. 满足情感需求：梅花在市场上为何受欢迎

人们有物质的需求，也有情感的需求。正如你坐在路边咖啡桌边欣赏过往行人，有人张显雄风，有人挥洒青春，有人外露财富，有人深藏风度。世界上有一些品牌和商品，就像"四分之一英寸大小的钻孔"那样，是具有非常具体的实用功能的；还有一些品牌和款式，则是被人们用来与自己特有的性格和心境进行搭配的。

有一个现象值得注意，古往今来，虽然专门描写梅花的好诗词不多，稍带有梅花意象的诗词却给人印象远远超过很多其他的花，几乎有点无处不在的架势。

《全唐诗》中带“梅花”的有一百五十多首，带“梅”字的更多，竟占九百四十多首。在宋诗里，人们的一般印象是爱梅情绪更加蔓延。从市场研究的角度来看，对梅花的需求肯定是蛮大的。

有需求就得界定它的特性——比如说它反映的是哪一类群体的需求？代表着哪一个细分市场？如果在各类读者中做个调查，得到回答或许还是众说纷纭。事实上，营销专业人士的经验证明，动不动就细分市场是靠不住的，消费者调查有时也是不可靠的。

哈佛商学院教授克莱顿·克里斯坦森（Clayton Christensen）与合作者曾有一个案例：一家快餐企业想要提高奶昔的销售，先是找来喜欢吃奶昔的各界代表提建议，但建议实施后销售并无改善。于是转而求救于消费行为调查专家，通过观察对比和事后访谈，了解到 40% 多奶昔购买者都是早晨驾车赶路的上班族，在年龄、性别、收入层次上并无细分。他们的目的就是先小吃一口，以保证上午 10 点钟左右感到不饿。一杯奶昔可单手取放，便于驾驶，既不油手，又不太干（比如贝果面包）。于是公司通过为此类消费者提供更多便利提高了销售。[1]

营销研究大师西奥多·莱维特（Theodore Levitt）有句名言：“人们需要的并不是一只四分之一英寸的钻头，而只不过是一个四分之一英寸大小的钻孔。”听起来有点俗，但指出了按用途来结构市场的逻辑。以同样逻辑，亦可以说人们需要的并不是梅花，而只不过是梅花所代表、所象征的意义。

人们有物质的需求，也有情感的需求。正如你坐在路边咖啡桌边欣赏过往行人，有人彰显雄风，有人挥洒青春，有人外露财富，有人深藏风度。世界上有一些品牌和商品，就像“四分之一英寸大小的钻孔”那样，是具有非常具体的实用功能的；还有一些品牌和款式，则是被

---

1. Clayton Christensen et al: “Marketing Malpractice: The Cause and the Cure”, in *Harvard Business Review on Reinventing Your Marketing* (Boston: Harvard Business Review press, 2011), pp87-91.

人们用来与自己特有的性格和心境进行搭配的（当然也有搭配得不合适的时候，那就成为了滥用）。

说实在的，游人赏梅之梅，与文人想象之梅，是不一样的。应该说，人们喜欢梅花更多是为了满足自己在文化上和情感上的需求，而不仅仅是观赏。在萧条季节里，甚至风雪中，那种枝头绽放小花的景象，十分契合人们的处境孤独、心境寂寞，尤其是当他们情感受到压抑却蕴涵冲动的时候。“驿外断桥边，寂寞开无主”也好，“俏也不争春，只把春来报”也好，大抵都有这一层意思。[1]

从这里，人们看到了李白的“笛奏梅花曲，刀开明月环”的暗思，听到了王维的“来日绮窗前，寒梅着花未”的探问，感受到了谢枋得的“梅自知春近，松应耐岁寒”的信念，察觉到了刘伯温的“野梅烧不尽，时见两三花”的预示。[2]

帮助人们讲述自己故事，宣泄自己的情感，找到自己的寄托，平衡自己的心理——从这个意义上说，梅花的确做到了“待到山花烂漫时，她在丛中笑”了。在后现代时代，人们在这方面的需求谁能说不更大？社会的供给谁能说不更稀缺？广播节目里的深夜絮语，书刊市场上的“心灵鸡汤”，所面对的，大体都属于这样的需求。就整体而言，这些也是社会“情感资产”和情绪稳定的不可或缺的维护。

大部分的“心灵鸡汤”和深夜絮语，都是为了独处中人所准备的。人们往往不愿独处。但社会学家认为，由于社会压力增大，加上不得不通过技术手段进行日常沟通，“学会独处”比以往任何时候都会对身心有益；独处甚至带给人们愉悦。[3] 中国经典的梅花诗，恰恰是独处中人的精神伴侣。

---

1. 以上词句依次引自：陆游《卜算子·咏梅》；毛泽东《卜算子·咏梅》。
2. 以上诗句依次引自：李白《从军行》；王维《杂诗三首》；谢枋得《送张子高归延平》；刘基《古戍》。
3.《独处，是一种快乐的途径》，《参考消息》，2011/3/10，12 版（法国《费加罗报》一篇文章的编译）。

这也就不难理解，为什么最近有调查显示，当今中国，仍有87.5%的人“还在读诗”，尽管喜欢当代诗歌的仅有8.3%。[1]

但调查并未说明，人们读诗更多的是在独处的时候呢？还是在与他人相伴或聚会的场合？我猜应该更多的是在独处的时候。

这一调查也没有说明，在当今中国仍在读诗的人们，他们是否也喜欢吃奶昔？是否也需要买钻头？我猜他们既喜欢吃奶昔，也需要买钻头——他们都是现代社会里既要努力改善自己的物质生活，也不愿牺牲自己的精神生活的人。

100. 谁在消费梅花——赢得女人便赢得市场

女人是一个社会的“半边天”；她们不仅参与生产，而且参与消费（甚至是消费者的主力）；同时她们不仅创造文化，而且也拥有文化。成功的营销，要为女人服务。成功的广告，要让女人喜欢。成功的品牌，无论是什么用途，都要讲得出能打动女人心的故事。

梅花有一个优势，那就是它可以被说成女人故事。

本来，在先秦文学里，几乎见不到梅花的影子。直到南朝时宋人写的《荆州记》才有记载：“陆凯与范晔为友，江南寄梅花一枝，来诸长安与晔，并赠诗曰，折花奉驿使，寄与陇头人。江南无所得，聊赠一枝春。”[2] 至此，梅花诗和梅花情结也逐渐在士大夫中流行。

1. 黄冲，刘子曦：《作为一种文化眷恋，民调显示87.5%的人还在读诗》，《中国青年报》，2011/9/13，7版。

2. 关于陆凯和范晔的两人身份历来颇有疑问。历史有记载的两个陆凯，一个在三国时担任过吴国的荆州牧和左丞相，一个是南北朝时北魏官员。而写《后汉书》的范晔是南朝宋人，但其活动年代与两个陆凯对不上。在《荆州记》中两次引用的这首诗，另一次作路晔，而非范晔。据聂世美《陆凯〈赠范晔〉诗考辨》考证，陆凯与范晔不同代，又不同时，范晔一生未到长安一带。范晔当做路晔为是。

不过自那时始，在外奔波的都是男人。他们歧路分手，异地相思，折梅相送，千里赠诗，所表达的是男人的情怀。但渐渐地，内容跃出了形式，它被赋予了一种更多的情感寄托。

——在“借问梅花何处落？风吹一夜满关山”[1]里，已没有了真实的梅花，只不过笛曲名为“落梅花”。正当明月当空，笛声如诉，塞上征人，彻夜不眠，又何尝忘记家乡的梅花？

——在“知心唯有梅稍月，来照寒窗夜读书”[2]里，村舍寂静，灯窗一孔，窗外梅花映月，如红袖添香，叫独自攻书的学子又怎能不一腔眷恋，从心而生？

——在“天地寂寥山雨歇，几生修得到梅花”[3]里，梅花又被当做了外族入侵、国破家亡、文明凋敝、世道更迭中不屈的君子气节的象征。

——在“雪满山中高士卧，月明林下美人来”[4]里，被称为“美人”的梅花仙子的出现，让自命清高、不肯流俗的士大夫终于找到了可与之共歌共舞、共饮共醉的精神伴侣。

于是梅花被赋予了一种性别。而且，很难得地，它也被赋予了兼有英雄和女性，或超人和妇人的两种品格。因此人们也不难理解为什么一种描写起来很难，甚至就其本身而言其实没什么好描写的小花，竟然能够被唐宋明清的中国人赋予了那么多的意义。一个东西被无心滥用自然是件可惜的事，但任何东西如果被滥用也总得有其社会基础，它也得是先被大家喜爱而后才会被滥用的。

世界上任何好事都不可能只由一部分人长期把持。随着梅花被当做了女人，越来越多现实中的女人也参与了进来，直接用它去讲自己

1. 高适《塞上闻笛》，据《唐人万首绝句选》的版本。《全唐诗》的版本是“胡人吹笛戍楼间，楼上萧条海月闲。借问落梅凡几曲，从风一夜满关山”。见王士禛（选）《唐人万首绝句选》（北京：华夏出版社，2001），146页。

2. 陈泷《自赋小隐》。

3. 谢枋得《武夷山中》。

4. 高启《梅花九首》。

的故事。明清两季，女子识文断字、结社往来的增多，促成了女人文学在江南、在京城的兴起。其中一个热门题材也是咏梅。

说这些难道跟营销有什么关系吗？有人会问。当然有。女人是一个社会的“半边天”；她们不仅参与生产，而且参与消费（甚至是消费者的主力）；同时她们不仅创造文化，而且也拥有文化。成功的营销，要为女人服务。成功的广告，要让女人喜欢。成功的品牌，无论是什么用途，都要讲得出能打动女人心的故事。真正置女人于不顾的营销，恐怕只有中国的白酒，因为它要讲的，是权力的故事，完全是另外的一套。

营销专家说，要钓鱼就得到有大鱼的水域去钓。[1] 世界上的很多生意，都是由女人决定的。这是经济基础（同时也是很多社会学的道理）所决定的。据美国大约 10 年前的一项调查发现，女人掌管着 75% 的家庭财务，决定着 88% 的市场销售，每 11 位女性中间就有一位拥有自己的企业，女性在拥有 50 万美元以上资产者中间的比率，已达 43%。[2]

更值得关注的是，无论在发达国家还是发展中国家，大学生的女生比率都在逐年攀升。在美国，二十多年前开始女生就已占据了美国大学生的多数。2011 年数据显示男生仅占全美大学生总数 42%。[3] 在中国，新华社引用教育部数据显示，在 2008 年全国普通高等学校招收的六百多万本科生中，女生占 54.7%。厦门大学本科生中的女生比率 2008 年占 51%, 2009 年占 52.5%，2010 年占 53%，2011 年占到 55.6%。

这些数据说明了什么？它们似乎预示着，在未来商业文化中“女人话语”的主导地位，以及以男人占主导地位，甚至以钱权结合为成功象征的“男人话语”的必然没落。一兴一衰，这是一个重大的挑战。

美国资料显示，1990~2000 年，参加健身运动的女性人数增加超

1. Jeffry Fox, *How to Become a Rainmaker* (NY: Hyperion, 2000), pp18-19.（中译本：杰弗瑞·福克斯《如何成为造雨人》）

2. Bernice Kanner, *Pocketbook Power*（NY: McGraw-Hill, 2004）.

3. 薛涌《美国大学的阴盛阳衰》（原载新浪博客）。

过了100倍；进入21世纪初，全美5800万健康俱乐部成员中，女性比例已占52%。尽管这一过程使日常穿运动鞋的女性人数从1995年的42%增长到超过50%，仅购运动鞋一项，女性消费就达50亿美元。可是直至20世纪90年代末耐克的重点仍是为男性，这正好为锐步异军突起提供了空间。此后锐步在欧美亦一直坚持主打女性市场的市场定位。[1]

由于市场经济的推动，也有中国企业在学讲女人故事。能讲到男女咸宜的经典梅花诗（而不是矫情制作）的地步，仍然不多。讲故事的解决方案在哪里？人们还在寻寻觅觅。或许，宋代一位不知名的比丘尼的话，能让那些寻寻觅觅中人体验到更多的灵气：

尽日寻春不见春，芒鞋踏破陇头云。
归来笑拈梅花嗅，春在枝头已十分。（宋尼《悟道》）

101. 境界的竞赛：积聚小差异，创造大差异

长期的小打小闹，却为接下来的某一次大差异化创造一种市场上的消费饥渴。人们像久旱求甘露一样期待着生活中的变化，就看那个“某一次”什么时候真的来到。

很小一种商品，或小到一张B5纸大小，又有工业标准，又有成本限制，到底能做出多大“花”来？跟年轻人交换想法，时而会听到这样的问题。但倘若这样的话从自称经验丰富的营销经理嘴里说出来，问题可就大了。

1. 数据见Bernice Kanner；关于锐步，见Alice Tybout and Brian Sternthal: “Brand Positioning”, in Alice Tybout and Tim Calkins（ed.）, *Kellogg on Branding*（Hoboken, NJ: Wiley & Sons, 2005）, p21.

摆在眼前的"花"就是苹果电脑——所有不相信科技，不相信设计，所有不相信巧妙创意再加适当投资就可再造一个产业的人，都应从中获得教训。差异化是一个无限的游戏。虽然经常差异化带给顾客的差异并不算大，就像这款电脑与那款电脑之间的差别，所谓差异化只不过是附加功能上的小打小闹。

然而长期的小打小闹，却为接下来的某一次大差异化创造一种市场上的消费饥渴。人们像久旱求甘露一样期待着生活中的变化，就看那个"某一次"什么时候真的来到。事实证明，市场上的这种转机，很多时候都不是正当如日中天的大牌企业提供的，一定的机遇，一定的危机和危机意识，大家都会事后总结，但关键的，就是一种非要追求大差异化而不是仅仅满足小差异化的"语不惊人死不休"的决心。品牌专家阿尔·里斯（Al Ries）和杰克·特劳特（Jack Trout）说，没有一个品牌是仅仅靠抄袭别人的风格（as a me-too brand，意思是我也这么干）就能建立起来的。[1]

这就像唐诗，论题材无非几大类，因此对于作者来说，每一次创作，都是一次与前人和与自己的比拼。这样的情况，在一个大题材上，如登高望远，几百年下来，后人能读到的诗篇就是数不胜数，各有千秋，活像一个产业。在一个小题材上，比如描写洞庭湖景的七言绝句，每一首不过28个字，但万顷波涛上的四时美景再加爱情传说，诗人梦境，却让人感到一首比一首更奇特。

盛唐政治家张说的一首是较早的一个例子：

巴陵一望洞庭秋，日见孤峰水上浮。
闻道神仙不可接，心随湖水共悠悠。（《送梁六自洞庭山作》）

1. Al Ries and Jack Trout, Positioning: The Battle for Your Mind（NY: Warner Books, 1982）.（中译本：阿尔·里斯、杰克·特劳特《定位：有史以来对美国营销影响最大的观念》）

等到李白与友人结伴“到此一游”，风光也变得更具神韵：

帝子潇湘去不还，空余秋草洞庭间。
淡扫明湖开玉镜，丹青画出是君山。
（《陪族叔刑部侍郎晔及中书贾舍人至游洞庭五首》）

崔季卿的诗景象更加开阔晴朗，只不过余味淡了些：

八月长江万里晴，千帆一道带风轻。
尽日不分天水色，洞庭南是岳阳城。（《晴江秋望》）

刘禹锡选择的是夜晚游湖，隔着月光下的湖面眺望君山，写下了这首公认的绝唱：

湖光秋月两相和，潭面无风镜未磨。
遥望洞庭山水翠，白银盘里一青螺。（《望洞庭》）

当现实景物几乎都已被写遍，到了晚唐。于是出现了方干的超现实版：

曾于方外见麻姑，闻说君山自古无。
元是昆仑山顶石，海风吹落洞庭湖。（《题君山》）

到了名不见经传的唐温如登上擂台，竟然在众多大手笔面前毫不畏惧，好像前人俱老矣，而作为青年书生的他却正好醉得悠然。于是他的一首，竟被誉为唐人洞庭诗的压卷之作：

西风吹老洞庭波，一夜湘君白发多。

醉后不知天在水，满船清梦压星河。(《题龙阳县青草湖》)[1]

到了宋朝，讲传说，造意境，这些都不是当时人的强项。在洞庭湖的题材上还怎么跟前人竞争？别急。写文章是宋人拿手好戏，恰好有人重修了岳阳楼。范仲淹一篇《岳阳楼记》，不仅写了“衔远山，吞长江，浩浩汤汤，横无际涯；朝晖夕阴，气象万千”的湖上风光，还抒发了“先天下之忧而忧，后天下之乐而乐”的儒者胸襟，达到了风光与胸襟互美的境界。

至此，似乎洞庭诗也告一段落，文也告一段落——就像手表终于做成了 Swatch（斯沃琪），电脑终于做成了 iPad（苹果牌平板电脑）。

102. 小篇什亦是大文章：用细节与顾客对话

顾客（或读者）最关心的却不在于篇幅长短、金额大小，而是服务的体验。所以从商家的角度来看，提供具有经典意义的小服务、小项目，具有长期维系客户关系，提高整体盈利水平的作用。其价值，远非当下交易的金额所能反映。

后现代的营销理论说，在互联网时代，品牌拥有者不再是商家，而是社会。[2] 企业必须与广大顾客合作，才能坚持自己理想的品牌定位。

没错，要想实现合作，必须通过对话。但没有必要喋喋不休，或占用巨大资源，甚至竭尽阿谀逢迎之能事。有些对话，可以非常简短，所体现的关怀也可以非常细小，但从中反映出来的那种社会的和人文

1. 唐温如，生平概无记载。后据中山大学陈永正教授考证，实为生于元末明初，名珙，浙江会稽人。其作《题龙阳县青草湖》原题《过洞庭》。康熙年间编《全唐诗》收录此诗，实误。对唐作的赞誉，首见沈祖棻《唐人七绝诗浅释》（上海：上海古籍出版社，1981），266-267 页。

2. Charlene Li and Josh Bernoff, *Groundswell*（Boston: Harvard Business Press, 2008）, pp78-79.（中译本：查伦·李、乔希·贝诺夫《公众风潮：互联网海啸》）

的积淀却会深得叫人产生很多联想。正如唐人早就知道，从简短的对话里，完全可以营造出伟大的艺术来。

——这是诗人给邻居邀请：天要下雪了，我这儿有酒，屋子里也暖和，来喝上一杯吧？

绿蚁新醅酒，红泥小火炉。
晚来天欲雪，能饮一杯无？[1]（白居易《问刘十九》）

——这是船上民女向邻船篙手的询问：听你口音，咱们是同一个家乡的人吧？接下来的话可多了，你就想象去吧：

君家何处住？妾住在横塘。
停船暂借问，或恐是同乡。（崔颢《长干曲四首》）

——这里没有对话，只有眼神的交流，却胜过千言万语。一位农家子弟，春天出去打工，秋后却两手空空回到家来——听到的是全家人的哀叹和责怪，只好默默坐在院子里，看着趴在门口的小狗：

归来无所剩，骨肉亦不喜。
黄犬却有情，当门卧摇尾。（潘图《末秋到家》）

——即使李白也不会总是痛饮酩酊大醉，慷慨高歌；有时他是一个很安静的男人，当他心里在跟大山聊天的时候，难道你不想凑过去听听吗：

众鸟高飞尽，孤云去独闲。

1. 醅（pēi），没有过滤的酒；新酿酒未过滤时，酒面浮起酒渣，色微绿，细如蚁，是为“绿蚁”。

相看两不厌，只有敬亭山。[1]（李白《敬亭独坐》）

这些，是酝酿多时的设计还是挥笔即就的创作？今人不可确知。但有一点却可以说是毫无疑问的，那就是写出这些伟大文学的人对读者需求的把握。他们懂得以极恭谦的心态来与大家交谈，以尽量满足他们内心的渴望。

当然，这些篇什，在学者看来，实在是太小了；他们着眼的是鸿篇巨制。正如没有什么经济学家或金融分析师会在意一个 5 元钱的交易是怎样谈下来的。但顾客（或读者）最关心的却不在于篇幅长短、金额大小，而是服务的体验。所以从商家的角度来看，提供具有经典意义的小服务、小项目，具有长期维系客户关系，提高整体盈利水平的作用。其价值，远非当下交易的金额所能反映。

于是想到“9 · 11”前美国有家叫中西捷运（Midwest Express Airlines）的小型民航公司。这是家专门针对商务旅行者的民航公司。乘客一登机，就会发现整个机舱全是头等舱布局，清一色皮沙发，没有中间座位。四周还飘逸着美式家庭烤巧克力小饼的香味。仅在高空烤制小饼这一项服务，据说已十分烦琐，因为机上烤箱里只能几块儿几块儿地烘烤，比在家庭厨房烤制还要费事。可是公司就是通过这些大公司不屑一顾的细节来招揽顾客，即使开着很多中国人可能从未听说过的老掉牙的麦道 DC-9 型客机，却连续被评为全美最佳服务航空公司。[2]

2010 年，中西捷运的股东，共和航空控股公司宣布，将其与麾下另一航空公司边疆航空公司（Frontier Airlines）合并。然而尽管公司品牌消失，巧克力小饼作为传统标志仍然得到保留，而今在边疆航空公

1. 敬亭山位于安徽省宣城市区北郊，原名昭亭山，晋初为避帝讳，改名敬亭山。属黄山支脉，东西绵亘百余里，大小山峰 60 座。现在是国家级森林公园。

2. Andy Milligan and Shaun Smith ），*Uncommon Practice*（Edinburgh: Pearson Education Ltd, 2002），pp36-43.（中译本：安迪 · 米利根、肖恩 · 史密斯《不平凡的做法》）

司所有超过 200 英里航程的航班上提供。[1]

几块巧克力小饼有什么了不起的？是的。一切细节都没什么了不起。不过假如一切细节都被削减，一家企业还怎么表达对顾客的关怀，怎样与他们对话？正如美国哲学家、哥伦比亚大学校长尼古拉斯·莫瑞·巴特乐（Nicholas Murray Butler）说过的："只顾牟利的企业注定失败，而竭诚服务的企业总会成功。"美国人说开餐馆不但要卖牛肉，还要卖刚出炉的烤牛排上的"滋滋声"，也是这个道理。

103. 拉大旗作虎皮：从东晋扇子到酒店称谓的关系营销

有一种聪明过火，是把业务完全锁定在个别人物的特殊关系上，久而久之却把自己的独立性和自由发展的机会也给出卖了。另一种聪明过火，是干脆把政治关系当做是广告，而对自己的产品、服务是否适销对路并不在意，结果也难免失信于市场，连同自己的政治关系一起沦为行业笑柄。

Guangxi（汉语拼音的"关系"）进入西方商学院的词汇已有相当时间了。

关系营销（英语用的另外一个词），在操作上也包括中国人所谓的拉关系。

流行的所谓社交网络，或"社会技术"（social technologies），都是用来建立关系的。

英语里有一句名言："每个人都是某人的某人。"[2] 也就是说每个人都有自己的社会关系。

1. 据边疆航空公司网站介绍。

2. 英文原文为："Everybody is somebody's somebody." Jeffrey Fox, *How to Become a Rainmaker*（NY: Hyperion, 2000）.（中译本：杰弗瑞·福克斯《如何成为造雨人》）

拉关系，做生意，案例古已有之。东晋时一位乡下的制造商不知怎么跟当时名士谢安拉上了关系，于是提出让谢在城里代理自己的产品——无非就是一些蒲草编成的扇子而已（也就是蒲扇）。借助谢的名望，就这么一个小生意三做两做竟做得异常火暴，这家蒲扇的价格也一涨再涨，甚至跟丝绸制品差不多。后人有诗为证：

东山导骑出岩阿，能使枯蒲贵绮罗。
却恨卞和无禄位，中宵抱玉泪成河。（刘基《题安石蒲葵图》）[1]

诗的后两句却是有关一个悲剧，说的是战国时一位平日默默无闻的楚人卞和，因为把一块谁也分辨不出真假的璞玉（玉是包在里边的）献给国王，反倒被说成是骗子而被斩断双脚。他怎么不会拉上个某位著名人物当他的代理，至少是帮他说两句求情的话呢？

比如奥运一来，平时对体育没有多大兴趣的人都会有所关注。互联网服务商发现每次奥运会都是“大金矿”，因为这期间它们的浏览量都会大幅攀升。2008 年北京奥运会还没开幕，各家互联网服务商就纷纷拉上奥运会赞助企业或与奥运沾得上边的人物搞这样那样的活动，于是就像一家人攀上了镇上一门大户的亲事，让整个村子的气氛都显得好像与众不同起来。像这样拉关系，在组委会严禁非赞助厂商直接利用奥运做宣传的情况下，当然不失为一个营销策略。

“拉大旗作虎皮”，只要不违法，亦不可见怪。有人说市场是一个媚俗的机制。从这一方面看，不仅的确如此，有时还相当过分。从另一方面看，可以社会本身就是一个媚俗的场所——不过这也没什么，要不然就显不出不俗的定义到底有多么“不俗”，不是吗？

不过凡事有度，不可太俗。参加某些活动的时候，人们经常可以

1.《安石蒲葵图》，描绘谢安卖蒲扇的画；安石，谢安，字安石；蒲葵，叶可制蒲扇；东山，在今浙江上虞境内，为谢安隐居之地；导骑，出行时的前导，形容谢安出行声势浩大；岩阿，山湾。中宵，半夜。

发觉，在中国有特别多自己不知道的“著名企业家”和“著名艺术家”，还有些人专门出没在这种场合不厌其烦地向别人介绍那些“著名企业家”和“著名艺术家”。可是一走出活动场所，或某个特定社会“生态圈”，霎时间就会发现社会上几乎没有人知道这些“著名企业家”和“著名艺术家”；某些人即使知道，一提到他们的名字，也只是报以淡淡一笑而已。

战国的卞和固然是不善于推销自己（尽管本意是要把自己推销出去），但习惯性拉大旗作虎皮者，也不是不必承担风险：

有一种聪明过火，是把业务完全锁定在个别人物的特殊关系上，久而久之却把自己的独立性和自由发展的机会也给出卖了。另一种聪明过火，是干脆把政治关系当做是广告，而对自己的产品、服务是否适销对路并不在意，结果也难免失信于市场，连同自己的政治关系一起沦为行业笑柄：

……

有似泛泛者，附离权与贵。

一旦恩势移，相随共憔悴。（白居易《秋池二首》）

尽管中国人向来重视关系，甚至可以说中国是一个关系社会，但并未提倡过抛弃个性，无条件依附某种关系的；而是提倡讲究道德，管理关系。古人说“随人作计终后人，自成一家始逼真”[1]；他们是并不崇尚关系混子的。这里的逻辑，与管理学者所提倡的原则是相通的：企业最重要的“关系资本”，并没有那么神秘，并不是什么官场高人、政府内线，而无非是广大客户和上下游商业伙伴。为他们提供优质服务，就已经是在维系与他们的关系。[2]

1. 黄庭坚《以右军书数种赠邱十四》。

2. Philip Kotler, *Marketing Insights From A to Z*（Hoboken, NJ: Wiley & Sons, 2003）, pp151-154.

当然，另外还有一种关系资本，同样具有社会意义，却并不牵涉具体的个人或机构，比如企业与自然的关系，与文化的关系，以及与媒体的关系。这些关系，都不用花钱，但如果利用得当，都能成为无可估量的资源。悦榕庄度假村集团（Banyan Tree Hotels and Resorts）特别注重选址周围的景观和人文。董事会主席何光平说，这样做是为了给顾客营造与世隔绝的浪漫记忆。越来越多的企业都在借助环境题材做营销，谁说环境的大旗不可拉来作虎皮？

“榕树”（banyan tree）的称谓，就已然带给了人们对东南亚独特风情的联想。而“香格里拉”（Shangri-La）的品牌，更是西方文艺与东方传说的结合。[1] 其意境之高雅，连品牌拥有者都不愿大肆使用，因而才在香格里拉酒店集团麾下增添了盛贸酒店（国贸饭店）和嘉里饭店两个服务系列。

社会媒体的普及更是百倍放大了“好事不出门，恶事行千里”的效应。很多企业，如中国奶制品行业里的一些企业，还来不及认识社会媒体和社会技术，就已经被它们打得头破血流。如果说，在业已建立严密秩序的现代社会，人人放枪的人民战争将难以再现，人人发表的“人民战争”却在很大程度上决定着企业声誉和营销业绩。

当市场经济与其他社会因素混合，有的关系或许不拉不行。但关键不在于拉哪面大旗作虎皮，而在于什么样的关系最有助于企业实现自己的发展战略。况且市场经济，本质上说，就是一个关系的世界。“每个人都是某人的某人”的说法，也可理解为“你有你的关系，我有我的关系”，或“你有你的虎皮，我有我的虎皮”。有创造力、竞争力的商家，注定是要通过为天下人服务来证明自己的成功的，他们都不能让自己因受到一两个特殊关系的束缚而失去经营其他关系的自由。

1.“香格里拉”一词源于英国小说家詹姆斯·希尔顿（James Hilton）1933 年出版的小说《失去的地平线》（ Lost Horizon），原指昆仑山西端藏区某一神秘山谷，景色美丽，社会和谐。此小说又被认为是藏文化里香巴拉传说的现代版本。

104. 让每一条商业街都变成一本诗集

这些地方的妙处，并不在于大工商业的居高临下、日益臃肿之大，而在于民间的特色密集、目不暇接之小。像这样的地方，无论你在一个城市里居住了多久，每次到那里去逛，都会觉得像浏览一本口袋版的诗歌选集。

中国进入一个城镇化的时代。

本来，每个地方都有自己的故事和名胜，每个城市更应该是凝聚着这些地方特色的场所，就像一座放大了的人文博物馆。在这样一种商业环境下，五花八门、各具特色的中小服务业企业也会如雨后春笋成长，透出清新、洋溢生机的灵气来。

当然，在一个人口众多的国家，有一些具有强大功能的公共基础设施（交通枢纽什么的）是必要的。但各种中小服务业企业在社会功能却不可忽视。仅就业一项，它们为社会提供的就业机会始终为大工业所不可比拟。在每一 GDP 单位中，服务业所提供的就业机会超过制造业的 60% 以上。仅就服务业占 GDP 比重而言，中国不但落后于发达国家，甚至落后许多亚洲发展中国家。[1]

这一点，稍微懂点营销的人都能理解：大工业提高效率的逻辑，是用越少的人生产出越多的产品；而服务业（尤其中小服务业）提高收入的逻辑，是尽量体贴顾客，服务者的亲力亲为是免不了的。

无奈的是，不少行政官僚的教育背景，却远离人文价值。在他们主持下的商业街改造，经常不为中小服务业的发展保留足够空间。结果完工以后，服务的种类、花样并未大幅增加。有的商业街，沿街全是板着脸孔的大型设施，从头到尾就像是一篇空洞无物、虚张声势的政论文章，让人扫一眼都感到心里累得慌。

1. 来自笔者的笔记。2011 年 3 月，笔者参加了北京美国商会举办的史蒂芬·罗奇（Stephen Roach）关于中国经济的报告会。史蒂芬·罗奇是耶鲁大学教授、前摩根士丹利公司（亚洲）主席。

然而无心插柳柳成荫。从一些以前并不起眼的、古旧建筑成堆的地方，却能发展出一些新的文化特色。北京 798 艺术区就是一个案例。这些地方的妙处，并不在于大工商业的居高临下、日益臃肿之大，而在于民间的特色密集、目不暇接之小。像这样的地方，无论你在一个城市里居住了多久，每次到那里去逛，都会觉得像浏览一本口袋版的诗歌选集。

其实，哪怕是很狭窄的街道、很小的店铺，能带给顾客很多的体验，让他们感到很大的与众不同。这就像唐诗中只有 20 个字的五言绝句，用心去写，带着激情，带着想象，都能带给人迥然不同的审美体验。

——有的神思飘荡：

云月有归处，故山清洛南。
如何一花发，春梦遍江南。（许浑《长安早春怀江南》）

——有的道理隽永：

竞爱松筠翠，皆怜桃李芳。
如求济世广，桑柘愿商量。（李中《感事呈所知》）

——有的侠气昂扬：

游人武陵去，宝剑值千金。
分手脱相赠，平生一片心。（孟浩然《送朱大入秦》）

——有的忧心深长：

强欲登高去，无人送酒来。

遥怜故园菊，应傍战场开。(岑参《行军九日思长安故园》)

按照管理学者所说，物质的制作，与文化的创作一样，都是人文的表达。[1] 一个商业区的建设同样可以做到街中有景，景中有意，路转峰回，柳暗花明，让生意和文化相互融合。让人产生这样感觉的地方，才是一个城市的可逛之处，也才能成为这个城市的品牌。这种地方品牌效应，是单凭行政手段无法打造的，非要通过发挥民间的创造力才能做到。

105. 成就中国品牌的大道：从五湖四海来，到五洲四海去

现在，中国企业现在早已完成了初步的到世界各地“摸情况”的阶段。可以设想，很快地，或许整整一代青年精英都会像当年知识青年上山下乡那样，随着中国企业国际化的步伐，到世界各地去创立自己的事业。中国企业，也要学会像大唐帝国那样，任用越来越多的国际人才做宰相或军区司令。

不久前，一位朋友在香港作国际投资基金经理的朋友，被公司调到美国去了一阵，任务很简单，就是去“mingle”。

这个词的原意，是不认识的人相互介绍、建立关系，现已成为公司团队建设的必修科目，高级职员更不可豁免。

时隔不久，另一位朋友，某跨国公司中国总部的一位财务主管，接到通知要阖家迁往美国西海岸某城市。这是一个长期的“mingle”项目，一“mingle”就是两年。

“伊战”、“阿战”轰轰烈烈期间，很多国际企业却悄悄开始了它们的国际化人才培训计划。会计师服务和咨询公司普华永道

1. John Sherry, Jr.:“Brand Meaning”, in Alice Tybout and Tim Calkins (ed.), *Kellogg on Branding* (Hoboken, NJ: Wiley & Sons, 2005), pp47-48.

(PricewaterhouseCoopers）计划用5~10年选拔公司合伙人中的有潜力者，派到第三世界国家偏远地区去“磨炼解决问题的能力”和“拓宽全球视野”。[1]

之后的变化更加令人瞩目。发达国家有的企业，甚至把总部搬出老巢，移师海外。总部位于伦敦的汇丰控股就一直在议论把总部迁往香港。著名的喜达屋酒店度假村集团（Starwood Hotels & Resorts Worldwide）也把集团总部“临时安置”到了上海。[2]

在中国历史上的汉朝、唐朝和清朝，之所以能在一段较长时间里维系一个幅员广大的帝国，在制度上都有不少手段促进国家的统一。其中一条，就是加强中央政府对各地人才的教育、搜罗、调配、使用。中央政府就是各地人才来“mingle”的中心场所。地方举荐和科举取士都是“从五湖四海来”，经过一阵子“mingle”以后，还要把这些人才再派往其他地方的岗位上，这也就成了“到五湖四海去”。

士大夫的很多文学，为这样的人才管理战略提供了脚注。当北京人舒位来到贵州少数民族区域，也像王洛宾那样学会了当地人民“阿哥阿妹”的山歌：

折得芦笙和竹枝，深山酬唱妹相思。
腊花染袖春寒薄，坐到怀中月堕时。(《白苗》)

当安徽人施闰章来到北方，对严峻环境的领悟，并不亚于现代的农垦战士：

河朔风沙白日黄，桃花独笑短篱旁。
一年春色唯看汝，驻马谁能不断肠？（《道中折桃花》)

1. “It Takes a Village – And a Consultant”, *BusinessWeek*, September 6, 2004, p85.
2. “Starwood CEO Makes a Move to China”, *The Wall Street Journal*（Asia）, June 7, 2011, p24.

当湖南人谭嗣同来到关中，也会像唱“西北风”那样来表达心中的震撼：

终古高原簇此城，秋风吹散马蹄声。
河流大野犹嫌束，山入潼关不解平。（《潼关》）

正像洪昇所说：“不睹江山奇，谁知天地大？”[1]年轻人，谁要是舍弃不了个人生活习惯（比如对大米饭、火锅或羊肉泡馍的偏好），或者受不了跟外地人一起工作，在这样的体制下，应该是没有什么个人前程可言的。

现在，中国企业早已完成了初步的到世界各地“摸情况”的阶段。可以设想，很快地，或许整整一代青年精英都会像当年知识青年上山下乡那样，随着中国企业国际化的步伐，到世界各地去创立自己的事业。中国企业，也要学会像大唐帝国那样，任用越来越多的国际人才做宰相（COO）或军区司令（销售主管）。在中国商人走向世界的过程中，除了可以指望有一个足以抵御外侮的祖国后方之外，既没有坚船利炮可倚仗，也不可能像建立滩头阵地一样建立几个只说中国话（甚至某个中国方言）、只卖中国产品的商业城就能把生意融入当地社会。他们必须越来越多地与每个地方、每个国家的人民分享“中国机会”，把“中国机会”本地化。

在与当地人民分享机会方面，海外华人的成功企业，已具备了相当经验。一个案例是马来西亚的皇家雪兰莪公司（Royal Selangor）。作为全球最大的主打白镴（一种做礼品的锡合金，英文 pewter）的礼品提供商，公司已发展成为该国政府和人民都引以为豪的企业。这不是因为它恪守家族企业的传统，而是因为它组建了有职业经理人参加的

1. 洪昇《晓渡扬子江》。

董事会，并成功收购和管理了西欧北美的传统品牌。按照现任 CEO（创始家族的第三代传人）的说法，公司已实现了“家族拥有”和“职业管理”的最佳结合。[1]

本来，“大道本无我”，华夏文明的先贤认为，最大的善一定是让天下人都会受益的。[2] 这也正如唐人笔下的大好春光，无处不在：

芳草和烟暖更青，闲门要路一时生。
年年检点人间事，唯有春风不世情。（罗隐《赏春》）

或者中秋明月，映照万里：

无云世界秋三五，共看蟾盘上海涯。
直到天头天尽处，不曾私照一人家。（曹松《中秋对月》）

中国商人只能以这样的境界来定义中国这块品牌，才有可能在五洲四海站稳脚跟。

1. 案例见公司网站，以及 Asia Inc.（2004/5）相关报道。
2. 李颀《送暨道士还玉清观》。

后 记

每一代人的考卷

2011 年 5 月，就在出版社约我出这本书以后不久，我跟着一个红色旅游团访问了一次西柏坡。

1949 年 3 月 5~13 日，在这里召开过划时代的中共七届二中全会。会议结束 10 天后，作为“中央五大书记”的毛泽东、周恩来、朱德、刘少奇、任弼时就带着当时的中共中央全班人马，以及家属和警卫部队，乘坐 11 辆吉普车和 10 辆卡车，一路烟尘滚滚，开往了北平。

从这个太行山下的小村庄——中共中央最后一个设在隐蔽农村的驻地，到北平，明、清两朝长达近 600 年的旧都，仅 360 公里。尽管当时路况不好，但乘坐美式野战吉普车走完这段路，与二万五千里长征，甚至两年前毛泽东和中共中央转战陕北的一千多公里路程相比，简直微不足道。但上路时，毛的心情却格外郑重其事，他把这段行程称为“进京赶考”。

还有人回忆，在一旁的周恩来说：我们应当都能考试及格，不要退回来。毛又说：退回来就失败了。我们决不当李自成。直到今天，“决不当李自成”这句话仍屡屡见诸网上言论和影视作品，足见中国人都对这句话耿耿于怀，不愿忘记。

人们对“不当李自成”喜爱有加，因为它直白、它血性，像一声战斗号角，不过却往往相对轻视“进京赶考”的说法，也许觉得只是诙谐，是雅趣，像羽扇纶巾间的谈笑。不过这样的理解，显然与随之而来的“不当李自成”的军令状式的表达不相吻合。

唯一可想见的解释，就是中国共产党人，当在他们走进城市，接管政权的时刻，根本不是像后世宣传文艺中的那样，一路上纵情歌酒，指点江山，一股子超人风范。他们穿着粗布的棉衣棉裤和老棉鞋，一家人挤在一辆刚从战场上缴获的吉普车上，别无家庭财物。那种物质上的寒酸，以及心态上的紧张，与旧时从乡村赶往京城的考生相比，的确有些相仿。

走进考场去接受决定命运的裁决，尤其是没有前人经验可供参考，充满了不确定性的那种大考，这样的心情，恐怕只有1977~1978年作为“文化大革命”结束后第一批参加高考的人们最有体会：没有人觉得自己有充分准备，会稳操胜券——不管已熬过多少通宵，已多少遍温习过书本上的要领。因为在此前十多年里正规高考在中国从不存在，而自己在十多年里也从未参加任何文化考试，必然生怕出岔子。

然而问题是，在1949年的春天，当三大战役结束，人民解放军基本平定北方，即将大举渡江，蒋介石败局已定的时候，难道世界上还有什么东西，叫胜利者们在建立全国政权的最后一段里程上，仍然意气收敛？而古城北平，只剩有长满衰草的城墙，空旷无人的皇宫，还有什么东西，叫他们觉得就像走进考场的学生那样心情忐忑？

在他们面前，所有往昔的艰难险阻都已无须顾虑。但彻底的辩证法必然是要有所畏惧的。从他们“进京赶考”的自况里，流露出来的就是一种对历史的敬畏。

那时的中国共产党之所以能够兑现“不当李自成”的承诺，正是因为它的精英团队，从整体上讲，是怀着那种做学生式的谦卑走进历史的考场的。同样是造反者，他们的行为做派，与此前那些趾高气扬来到考场却被判不及格而退回的人物，比如李自成、洪秀全，以及曾经跟在他们身后的形同山呼海啸的追随者们，形成了鲜明对照。

蒋介石又何尝没有进考场的机会？抗日战争胜利后，很多人视他为民族英雄。曾经在北平参与领导共产党地下活动的张大中[1]曾对我说过，当时的民众情绪曾让共产党人感到“工作很难做”。但是国民党的“接收大员”来后，“不出三个月，三青团（国民党外围组织的成员）连坐公共汽车都不买票了……他们自己给群众做了反面教员。”

蒋曾把自己当做国家的天然主宰，但他却缺少对历史的敬畏，更没有能力以这种敬畏去约束自己的部属。[2]

其实，如何“不当李自成”，并不是到1949年才成为中共领导者们内心纠结的事的。

早在抗日战争胜利之前的1944年3月，郭沫若就有一篇论述李自成起义教训长文，《甲申三百年祭》，发表在重庆的《新华日报》上。《新华日报》是共产党在当时国民党统治区公开出版的报纸。对李自成，郭的评价，是其所以成功，在于“欲取天下以人心为本”的初衷，而所以失败，又在于胜利后骄傲、腐化，从而失去人心的蜕变。

郭文刊行后，蒋介石的御用文人陶希圣等，即以王朝继承者的口吻，指责那篇文章“为匪张目”，“影射时局”，“是民族主义的羞辱”云云。《中央日报》（国民党中央喉舌）等党媒接连发表文章对郭文进行“防毒消毒”，“毫不姑息、毫不放松”。

而在延安的毛泽东指示中共中央机关报《解放日报》将其全文转载，供干部学习。中共中央特别要求“首先是高级领导同志，无论遇到何种有利形势与实际胜利，无论自己如何功在党国，德高望重，必须永远保持清醒与学习的态度，千万不可冲昏头脑，忘其所以，重蹈李自成的覆辙”。各解放区都为郭文发行了单行本。

1. 张大中（1920~2007年），1940年3月加入中国共产党。张大中在北京燕京大学读书期间，曾在平西抗日根据地妙峰山交通站工作。历任中共地下党北京燕京大学支部书记、北京地下党学委委员兼大学工作委员会书记，《北京日报》社长，中共北京市委常委、宣传部长、秘书长等职。
2. 可参看蒋介石《中国之命运》。

同年11月，毛在给郭的信中说："你的《甲申三百年祭》，我们把它当做整风文件看待，小胜即骄傲，大胜更骄傲，一次又一次吃亏。如何避免此种毛病，实在值得注意。"他还说"我虽然兢兢业业，生怕出岔子，但说不定岔子从什么地方跑出来；你看到了什么错误，希望随时示知。你的史论、史剧有大益于人民，只嫌其少，不嫌其多，精神决不会白费的，希望继续努力"云云。

信中反映出的"生怕出岔子"的心态，应该说，于其后的四年内战中贯穿始终。人民解放军从战略防御转入外线作战和巩固东北解放区，然后再转入战略进攻的每一步胜利，不仅仅是通过流血牺牲换来的，而且也都是通过强化管理赢得的。从争夺民心到重建社会，从扩充兵源到征集粮草，都体现出中国历史上前所未有的效率，以及实现这一效率所必然要求的，对无视历史教训的种种傲慢行径的无情处罚。

正是在这样的基础上，在著名的七届二中全会报告结束语中，才有可能提出这样的要求：

夺取全国胜利，这只是万里长征走完了第一步。如果这一步也值得骄傲，那是比较渺小的，更值得骄傲的还在后头。中国的革命是伟大的，但革命以后的路程更长，工作更伟大、更艰苦。这一点现在就必须向全党讲明白，务必使同志们继续地保持谦虚、谨慎、不骄不躁的作风，务必使同志们继续地保持艰苦奋斗的作风。

在今天不少人听来可望不可即，说到做不到的两个"务必"的后边，为什么都有"继续"这两个字？这里暗含了一种对"已然"的确认：在整整一代中国共产党人中间，已然形成了这两种作风。但确认的目的，并非为了宣传。字里行间并无天下霸主、舍我其谁的炫耀，以及唯我正确，直到永远的虚妄。人们读出的，仍是那种面对历史当考生式的敬畏——除了"不当李自成"的誓言，甚至还有一种在面对尚待担当的历史重任时，自我渺小的感觉。

在今天的中国大地上，60年前中国共产党人“进京赶考”所留下的遗产无处不在。其中重要一项，就是覆盖各行各业以及城市、乡村；沿海、内陆的每一个角落的，成千上万的被称做“单位”的组织。[1]

展望未来时，人们对“单位”，尤其是改革开放前的那种，有很多不满，很多批判。但回顾往昔时，人们不可否认，它们是中国历史上第一次在传统血缘、亲族组织和国家政权之间出现的，由陌生人组成的或可以容纳陌生人参与的，接受同样法律约束和同一的中央政府政策指引的新的组织形式，以及由这种组织所构成的一个新的社会层次。

这种社会组织结构的改变，为历代统治者、改革者和造反者皆不能企及。论其规模，论其深度，远远超过革命前的洋务运动，口岸开放，以及在西方经济危机和帝国主义战争的缝隙里发展起来的如同星星点点的本土资本主义。

这一次变革，就其对历史延续性的突破，在中国，或许只有两千多年前以郡县制取代分封制的变革可与之相匹敌。在不到一代人的时间里实施如此浩大的社会工程，代价之巨，全民承受；无数牺牲，皆可歌泣。但它所蕴藏的意义，远非中央集权行政制度的延伸。把这一变革仅仅限定为现代版的秦政，不啻是对它的贬低和贱卖，是糟蹋了它的价值。而以去行政化的和法治的手段从这一基础上为现代市场经济培育出为数众多的竞争性主体来，又成为这一变革势在必行的第二步。

思想解放和改革开放以来，中国已有相当数量的“单位”挣脱了行政桎梏，按照市场经济的规则把自己改造成为自负盈亏、合作竞争的企业或并无明确行政归属的团体。整个社会随之释放出来的活力很

1. 历史学家许倬云对“单位”制度的评价，见马国川：《历史学家许倬云：一次辛亥革命就够了不要再做》。“文化大革命”的思路，是用不正规的宗派程序颠覆这种业已建立的、带有普遍性的正规制度，而改革开放的思路，是实行政企分流，使相当一部分的“单位”摆脱行政桎梏，进入良性竞争。

快就赢得了世人瞩目。被改造过的"单位"提供了一种新的可能性：那就是在自主管理的基础上，发展为在法治框架之下的，经营和发展共同利益并同时增进社会福祉的公民组织。

根据最新数据，这些组织包括有4000多万家企业，其中中小企业和非公有制企业超过4200万户，占企业总数的99.8%。此外还有聘用人数超过1000万的行政机关、政党机关和社会团体，以及聘用人数达4000万的126万个事业单位（包括学校和医院）。在农村，还有2800多个县的大约400万个村庄（农村集体）。

古代中国之所以表现得结构脆弱，发展缓慢，一个原因，是没有超越传统的血缘、亲族组织之上的一个组织层次。以老大帝国之高高在上，面对着散漫自在的芸芸众生，这样的制度构造，并非孔子、老子或其他古代圣人的具体设计，而在很大程度上源于历史的因循。[1]

那时的个人进取，在"齐家"与"治国"之间，几乎找不到另外的途径。即令是按照儒家的思路，"齐家"并非就能直接过渡到"治国"，在不少时候，二者都有抵触。[2]郡县制只不过是一种行政制度。行政逻辑是对当前统治方式的固定，也是对除此之外的一切社会空间的挤占，容纳不了多少民间的自发因素和首创精神。

而自主管理的现代企业和现代组织，遵循的却是另外一种逻辑。市场经济的本质，是开放的和参与的。它的发展，使千百万平民子女可以在修身齐家和跻身政坛之间，凭借自己的才学和喜好，从各种各样的组织里找到成就自我、参与社会的渠道。当今中国，真正有服务意识和竞争能力一代企业家和职业经理人，无论个人背景如何，都应

1.《赫逊河畔谈中国历史》（北京：三联书店，1997），6-10页；黄仁宇《中国大历史》（北京：三联书店，2007）。

2.语出《大学》中"物格而后知至，知至而后意诚，意诚而后心正，心正而后身修，身修而后家齐，家齐而后国治，国治而后天下平"。刘俊田等（译注）《四书全译》（贵阳：贵州人民出版社，1988），5-6页。儒家传统里这个矛盾，哲学家张申府就点到："讲群而不兼从群出发，而但从小己或家出发，积两千多年的习染，遂弄到始终一盘散沙……"张申府："续所思58"，张申府《所思》（北京：三联书店，2008），145页。

该是沿着这条逻辑脱颖而出的。

当然，一个社会，总要解决大量难题；现代生活，总是让人多有不适。正因为人们的生存环境离往昔越来越远，才在内心情感上对传统越来越亲近。对于企业家、经理人来说，日常工作越处于时代前沿，越无所参照，才越珍惜前人智慧和历史教训。

企业家和辅佐企业创业的人，都是明知人生必然受到各种局限，却不甘心认命，力求通过知人、自知、认知世界而突破局限，有所创造的人。[1]这样一种追求，使他们对研读历史产生了近乎天然的兴趣。

中国各地书店的经管书籍摊位，足以反映出一代中国商人学习历史的热潮，虽持续多年，仍热度未减：中国本土的企业，独立经营的时间不长，成功案例较少，加之数量众多，国际国内生存环境都相对险恶，企业家、经理人都盼望从华夏民族的悠久历史中汲取有关现实问题的更多启示。

有所不足的，倒是在供给一方。不少历史题材的书，只讲故事，缺少思辨——有些道理，从古到今已反反复复，并无更深挖掘；很多细节，却近乎捕风捉影，只供茶余饭后消遣。

然而真正精彩的历史学习，是让人回味无穷的故事，以及禁不住一遍一遍地找回来重新琢磨的话题。它必须具有一种双重的双向批判的特点：在第一个层次上，既要揭示历史人物所处环境中的不合理性与合理性，也要揭示历史人物在对所处环境作出回应时，思想上和行为上的不合理性与合理性；在第二个层次上，既要对历史作出批判的总结，也要以同样的批判逻辑，反身应用于读史者自己，以清理他或她本人的思想和行为。

更具体地说，造反是有理的；但作为历史中人，后来的造反者，不但要对前朝的“正统”（比如明朝）作出批判，对前朝的造反者（比

1. 这是哲学家以赛亚·伯林对“真正的历史研究”的定义，见 Isaiah Berlin, *The Crooked Timber of Humanity* (NY: Random, 1992), p68-69.

如李自成）也要有足够批判；不但要对前朝政治（比如明朝政治）有一总括的批判，同时也要以这一认识审视自己的现实，包括自己和自己同代人，以便用新的思想对旧时谬误，加以纠正，也包括对自己先前出于无意识而承袭的旧时谬误加以纠正。这样才能用新的方法对旧时遗产加以整合，包括那些尚未发挥最佳效益或可以转移用途的遗产，从而创造出容量更大、更具活力的，新的社会组织。

会看一件事，才会办一件事。人的一切成功来源于理性的应用。[1]对企业家、经理人来说，学习的目的，是获得思想上的自主，而思想上的自主，将落实到实践上自由。当然这种自由不是为所欲为；它应该是事业上义无反顾的抉择，战略上驭势而行的果决，以及应付日常工作时所表现出的游刃有余。

今天的世界，与1944年略有相似。旧的势力和旧的秩序都在削弱，新的思路和新的格局尚待形成。此时整整一代中国企业家、经理人正处于国力渐强、时机渐佳、年富力强、事业巅峰的状态。一场全球衰退还在延续，但用不了多久，或许一切对中国企业发展可想象得到的物质障碍在整个世界将不会存在。到那时能保证中国企业不犯错误、“不当李自成”的，大概也只有领导它们的企业家和经理人在思想和精神层面上的自我把持。

这是一种对人性的极大的挑战。

这是一场历史的大考。

我站在新建的西柏坡纪念馆里，看到很多组织的领导人带着自己的员工部属，一队一队接踵前来。六十多年前在这个村子里开会的，全是半辈子出生入死而置生死于度外的人，而六十多年后来这里的参

1. “人的成功源自理性的运用”，语出历史学家 JH Plumb，接下来的一句话说：“历史学家的使命，就是为此进行教育、进行宣告、进行展示，使人类增强信心，去完成一个长期而艰巨的任务，去消除自古以来相互之间所存在的紧张与不和。”见 JH Plumb, *The Death of the Past* (NY: Macmillan, 2004), p142.

观者，看得出大多是少年得志、平步青云的人。

然而一个社会，总是要在不断克服事先想不到的艰难和危局的过程中发展的。一个人口越来越拥挤，资源越来越匮乏的地球，更是期待有大风大浪中成长起来的大智大勇者，以新的理论、新的方法，建立新的，更加高效率的组织，改善大众的生存状态。

面对纪念馆里当年与会代表的群像，我找到了那个被安上了我父亲名字那个人。孔子说，"祭如在"[1]；我也觉得那个与记忆中不大像的人似乎在凝视着人群中的我。他问说："你的答卷写好了吗？"我只能说："还没呢。还要回去接着写。"

不过我的卷子不再是在战场上创造历史。这并不是一个遗憾，更何况像那样创造历史也是当时的人不得已为之；那个时代已一去不复返。在一个战争阴影虽日渐消失，但变革风云仍滚滚聚集的时代，如何更加有意识地以命运主人的胆识和历史考生的谦卑，在汲取全世界知识财富的基础上去创造思想的自由和实践的精湛，这个，我想，才是这一次历史考试的主题。

感　谢

在本书的写作过程中，特别得益于社会媒体的普及，以及新媒体为我提供的与读者及时交流的机会。我必须感谢我的编辑董荣明先生对我的长期帮助；感谢我的所有的老师；感谢我所供职的每家企业、每个机构的同事；感谢我在英文《中国日报》从事顾问期间所接触到的所有被采访者；以及感谢我的家人。

作为对现有历史文献管理学意义的解读，本书对各种原始材料的

1.《论语·"八佾"》中"祭如在，祭神如神在"。孔子祭祀祖先的时候，便好像祖先真在那里；祭神的时候，便好像神真在那里。杨伯峻（译注）《论语》（香港：中华书局，1984），27页。

采用，未免会有错误、疏漏或没有交待清楚的地方。这些问题，诚恳欢迎指正。然而我最期待的，是结合理论、联系实践的思辨层面的交流和批判。总之，读者有任何意见，都可到本书的主页（http://www.hmba.info）上加以发表。

张晓刚

2011 年 10 月

图书在版编目（CIP）数据

历史是个商学院 / 张晓刚著. -- 长沙：湖南科学技术出版社，2012.1

ISBN 978-7-5357-6978-7

Ⅰ. ①历… Ⅱ. ①张… Ⅲ. ①中国历史－通俗读物②企业管理－通俗读物 Ⅳ. ① K209 ② F270-49

中国版本图书馆 CIP 数据核字（2011）第 259979 号

上架建议：企业经营管理

历史是个商学院

作　　者：张晓刚
出 版 人：黄一九
责任编辑：林澧波
监　　制：伍　志
特约编辑：董荣明
装帧设计：崔振江
出版发行：湖南科学技术出版社
（湖南省长沙市湘雅路 276 号　邮编：410008）
网　　址：www.hnstp.com
印　　刷：三河市鑫金马印装有限公司
经　　销：新华书店
开　　本：700mm × 1000mm　1/16
字　　数：300 千字
印　　张：24.5
版　　次：2012 年 1 月第 1 版
印　　次：2012 年 1 月第 1 次印刷
书　　号：ISBN 978-7-5357-6978-7
定　　价：38.80 元
（若有质量问题，请致电质量监督电话：010-84409925）